슈퍼 스톡스

3년에 10배 상승하는
대박 주식을 찾아라

슈퍼 스톡스

켄 피셔 지음

이건 · 김홍식 옮김 | 신진오 감수

중앙books

비상시국에 사용할 비밀병기,
슈퍼 스톡

    펀더멘털이 뛰어난 슈퍼 컴퍼니Super Companies에 투자하면 높은 투자
수익률을 거둘 수 있다고 생각하는 사람들이 많습니다. 하지만 실제로
투자를 해보면 그렇지 않습니다. 누구나 인정할 만큼 펀더멘털이 뛰어난
슈퍼 컴퍼니라면 많은 투자자들의 관심이 집중되면서 이미 높은 주가를
형성하고 있기 때문입니다. 다른 기업에 비해 상대적으로 압도적인 성
장률을 보이고 있고, 당분간 그런 성장률이 지속될 것으로 확신을 가지
고 예상할 수도 있습니다. 하지만 바로 그런 이유 때문에 투자자들이 앞
다투어 달려들어 너무 비싼 가격에 투자할 수밖에 없습니다. 결과적으로
투자자의 입장에서 수익률은 높지 않은 경우가 많습니다.

    게다가 조금이라도 성장률이 둔화되는 조짐이 보이면, 실망감과 우려
감에 휩싸여 큰 폭의 주가 조정을 보이기도 합니다. 결론적으로 슈퍼 컴

퍼니라고 해서 엄청난 투자수익률을 보장되는 슈퍼 스톡은 아니라는 것입니다.

켄 피셔에 따르면 슈퍼 스톡이란 주가가 적게는 5년에 3배 이상(연복리 25%), 크게는 3년에 10배(연복리 115%) 상승하는 종목을 말합니다. 정말 어마어마하게 상승하는 대박 종목인 것입니다.

주식에 투자하는 사람이라면 자신이 투자한 종목이 이렇게 상승했으면 하고 소망하는 꿈의 주식이겠지요. 이렇게 비현실적인 수익률을 제시하는 사람은 십중팔구 사기꾼이라고 보면 틀림없습니다. 그렇게 엄청난 수익을 챙길 수 있다면, 조용히 자기 돈이나 불리면 그만입니다. 무엇 때문에 입 아프게 남에게 가르쳐 주겠습니까? 그런데 켄 피셔는 이런 슈퍼 스톡을 찾아낼 수 있다고 공개적으로 자신합니다. 도대체 어떻게 가능하다는 말일까요?

장래가 유망하여 투자자들의 관심을 한 몸에 받던 슈퍼 컴퍼니라도 성장하다 보면 피치못할 문제가 발생합니다. 제품에 하자가 발생할 수도 있고, 경영이 미숙하여 실수할 수도 있습니다. 아이들이 크면서 겪게 되는 성장통과 같다고 보면 됩니다. 문제가 발생하면 투자자들은 위험 관리 차원에서 약간은 소극적으로 발을 빼게 됩니다. 이렇게 조심하는 태도들이 조금씩 모이다 보면 결국에는 큰 폭의 주가 조정을 불러 일으킵니다. 첫째로 뛰어난 성장세를 구가하던 슈퍼 컴퍼니였는데, 둘째로 누가 봐도 심상치 않은 완벽한 결함으로 문제가 발생했고, 셋째로 많은 투자자들이 우려하여 큰 폭의 가격 조정이 수반됩니다. 켄 피셔는 바로 이렇게 문제가 발생한 슈퍼 컴퍼니에서 슈퍼 스톡이 탄생한다고 보고 있습니다. 그런데 문제를 극복하지 못하고 역사의 뒤안길로 조용히 사라지는 기업들도 대단히 많습니다. 과연 켄 피셔는 어떻게 옥석을 판별해 냈을까요?

켄 피셔가 제시한 조건은 다음과 같습니다. 첫째, 자체 자금 조달을 통해서 약 15~20%의 장기평균성장률을 창출한다. 둘째, 5%가 넘는 장기평균 세후순이익률을 창출한다. 셋째, PSR 0.75 이하에서 매수한다. 이를 알기 쉽게 해석하면 이렇습니다. 회사에 문제가 발생했으니 성장이나 이익이 예전만큼은 안 되겠지요. 하지만 아무리 악화되더라도 장기적으로 볼 때 어느 정도는 의미 있는 수준은 유지되어야 합니다. 문제가 생겼다고 바로 적자로 전환되거나, 자금이 부족하여 부채에 의존하여 연명하는 상황은 아니어야 한다는 것입니다. 마지막으로 매출은 꾸준하게 유지되어 PSR이 0.75에 해당할 정도로 주가가 저평가되어야 한다는 것입니다. 이런 기업은 조금만 회복되면 또는 회복될 조짐만 보여도 주가가 용수철처럼 튀어 오른다는 것입니다. 이런 의미에서 켄 피셔가 추구하는 슈퍼 스톡은 일종의 턴어라운드 스타일로 저는 이해하고 있습니다.

이 책의 가장 중심 개념인 PSR은 주식의 시가총액을 매출액으로 나눈 값입니다. 주가를 주당매출액으로 나눈 값이기도 합니다. 켄 피셔는 자신이 이 개념을 최초로 고안했다고 주장하는데요. 주식 투자의 세계에서는 그 말이 맞는 것 같습니다. 하지만 PSR은 실제 생활 경제적으로 익숙하게 접하고 있는 개념입니다. 예를 들어 어느 식당이나 가게를 인수할 때 흔히 연간 매출액에 해당하는 금액으로 거래합니다. 이익을 기준으로 하지 않는 이유는 회계 자료가 잘 정리되어 있지 않기 때문이기도 할 겁니다. 또 어느 정도 매출만 가능하다면 이익이야 새로 인수한 사람이 하기 나름이라는 생각도 있겠지요. 그러니까 이익보다는 매출이 가능한가에 주목하는 것입니다.

기업도 마찬가지입니다. 문제가 발생해서 일시적으로 이익이 줄어들면 PER은 급격히 악화되겠지요. 그러니까 저PER에 투자하는 전통적인 가치투자전략으로는 접근하기 어려워집니다. 그런데 이익은 악화되더라도 매출이 꾸준히 유지된다면 회복할 가능성이 높을 것이라는 관점이지요. 매출액을 조작했을 가능성도 있지 않느냐 우려하는 분들도 있을 겁니다. 매출액은 손익계산서상에 가장 상단에 위치하고 있기 때문에 상대적으로 가장 조작하기 어렵습니다. 그러므로 PER로는 판별하기 힘들 때, PSR은 꽤 괜찮은 대안이 됩니다.
어차피 말이 나온 김에 PSR을 조금 깊이 따져 보겠습니다.
PSR의 공식은 이렇습니다.

$$PSR = \frac{P}{SPS}$$

PSR: 주가매출액배수
P: 주가
SPS: 주당매출액

그리고 내재가치를 구하는 일반적인 공식은 다음과 같습니다.

$$V = \frac{EPS}{(r-g)}$$

V: 내재가치
EPS: 주당순이익(장기평균)
r: 할인율
g: 성장률(장기평균)

내재가치를 구하는 공식의 양변을 SPS로 나누면 이렇게 됩니다.

$$\frac{V}{SPS} = \frac{EPS}{SPS \times (r-g)}$$

이렇게 P 대신 V를 SPS로 나눈 값은 주가가 내재가치와 일치할 때의 PSR을 의미하며, 이 값을 적정PSRfundamental justified PSR이라고 부릅니다. 다시 말해 이익과 성장률을 감안할 때 마땅하게 인정받을 만한 PSR입니다. 식을 보면 EPS가 클수록, r이 작을수록, g가 클수록 적정PSR은 커져도 괜찮습니다. 또 EPS/SPS는 순이익률입니다. 그러므로 켄 피셔가 언급했듯이 순이익률이 높을수록 적정PSR은 커져도 괜찮습니다. 그런데 실제 PSR이 낮다면 상당히 저평가되어 있다고 볼 수 있습니다. 켄 피셔는 PSR이 0.75 이하라면 저평가되어 있다고 절대값을 기준으로 보았습니다. 어느 정도 이익과 성장률이 유지된 기업이라는 사전 조건을 충족하는 경우로 한정했기 때문입니다. 그러므로 켄 피셔가 무조건 PSR이 낮은 종목을 권했다고 오해하지 않기를 바랍니다.

켄 피셔는 자신의 후속작인 《3개의 질문으로 주식시장을 이기다》에서 PSR에 대해 이렇게 소회를 밝히고 있습니다. "1997년 제임스 오쇼네시James O'Shaughnessy는 일반적으로 사용되는 다양한 투자지표와 PSR 중 어떤 것이 높은 수익률과 실제로 연관이 있는지 살펴보기 위해 기획한 《월스트리트에서 통하는 지표가 무엇인가?What works on Wall Street》라는 베스트셀러를 펴낸 적이 있다. 그는 PSR을 '밸류 팩터의 왕'이라 명명하고, 분석을 통해 PSR이 다른 어떤 투자지표보다 높은 사후 수익률을 발생시킨다고 주장했다. 그의 책은 PSR의 사용을 촉진시켰고, 곧 PSR은 그 힘을 대부분 잃게 되었다." 다시 말하면 PSR의 개념이 널리 알려지면서, 더 이상 유용하지 않게 되었다는 것입니다.

하지만 PSR이 더 이상 유용하지 않다고 결론을 내리기엔 아직 성급하다는 것이 제 생각입니다. 아시아 외환위기나 글로벌 금융위기처럼 앞으로도 심각한 경제위기나 불경기는 주기적으로 발생할 수밖에 없습니다. 이런 거시경제적인 위기 상황이 닥치면 기업의 존망이 문제가 되는 긴박한 상황이므로 이익이야 다소 악화되는 것은 어쩔 수 없는 상황일 겁니다. 그래도 희망을 가질 곳은 매출이라도 어느 정도 유지되는 기업일 겁니다. 이는 PER 등의 이익에 기반한 투자지표에 의존할 수 없는 상황에서는 매출액을 기준으로 한 PSR이야말로 최후의 보루가 된다는 것입니다. 바꿔 말하면 PSR은 비상시국에서 은밀히 꺼내서 긴요하게 사용할 수 있는 투자자의 비밀병기라고 보아야 합니다.

켄 피셔의 아버지인 필립 피셔는 벤저민 그레이엄과는 다소 스타일이 다르기는 해도 가치투자 세계에 큰 족적을 남긴 분입니다. 그런 필립 피셔의 아들이라고 해도 켄 피셔를 가치투자자로 여기는 사람들은 별로 없는 것 같습니다. 월스트리트의 중심에서 활동하는 자산운용의 전문가로, 박식한 금융 칼럼니스트로 인식되고 있습니다. 켄 피셔가 제안한 PSR도 가치투자보다는 성장투자에 어울린다고 생각하는 사람들이 많습니다. 그러나 슈퍼 컴퍼니가 곤경에 처했을 때 PSR을 활용한다는 면으로 볼 때 가치투자와 뚜렷하게 일맥상통하고 있습니다. 전형적인 역발상 가치투자와 같은 구조입니다. 그리고 이때의 낮은 PSR의 수준은 켄 피셔 스타일로 표현한 안전마진이라고 볼 수 있습니다. 책에서는 오래전의 미국 기업을 사례로 소개하고 있기 때문에 한국의 독자로서 아쉬운 면은 있습니다. 하지만 켄 피셔가 주장하는 핵심 메시지에 주목해서 잘 이해하고 소화한다면, 투자에 많은 도움이 될 것이라고 생각합니다.

2019년 여름,
신진오 밸류리더스 회장

슈퍼 컴퍼니는
배신하지 않는다

믿음은 그 자체로 가공할 위력을 발휘한다. 무엇보다도 다른 사람들이 어찌할 바를 몰라 움츠리고 있을 때, 당신은 행동할 수 있기 때문이다. 투자 성공의 핵심은 믿음이라는 것을 기억하자.

이 책에는 설득력을 갖춘 명확하고 참신한 아이디어가 담겨 있다. 그중 일부는 기존의 아이디어를 응용하여 결합하기도 했다. 이런 아이디어들이 지금까지 내가 지켜온 투자 방침에 확신을 심어주었다. 나아가 당신도 스스로의 투자 방침을 깊이 신뢰할 수 있게 될 것이다.

검증된 방법으로 수익을 노려라

이 책에서 제시할 개념들 중에는 실용적이면서도 정교하고 효과적인 새로운 밸류에이션 기법도 들어 있다. 이 기법은 투자 실수를 피하고 우리가 바라 마지않는 수익 기회를 찾을 수 있도록 도와준다. 이 기법들은 투자전문가에서부터 관심 있는 아마추어(경험이 많지 않아도 상관없다)에 이르기까지 두루 활용할 수 있도록 개발되었다. 이 책에서는 이들 새로운 기법을 도구 삼아 '슈퍼 스톡Super Stocks'을 찾아내는 방법을 제시한다. 슈퍼 스톡이란 다음 두 가지 요건을 모두 갖춘 주식으로 정의된다.

- 3~5년 동안 처음 매수가격의 3~10배 상승하는 주식
- 열등한 기업 수준의 가격으로 매수한 '슈퍼 컴퍼니Super Companies' 의 주식

　슈퍼 스톡은 연 25~100%의 장기 수익률을 제공한다. 장기간 이렇게 좋은 실적을 올리는 주식은 거의 없다. 하지만 이런 실적을 올리는 주식들이 가지는 공통적인 속성을 알면 찾는 것이 불가능하지는 않다. 이 책에서는 슈퍼 스톡의 속성에 대한 설명과 함께 이를 찾아내는 법을 다룬다. 슈퍼 스톡에 성공적으로 투자하려면, 다음의 4가지 전혀 다른 주제를 이해해야 한다.

- 내가 '결함'이라고 부르는 현상
- 주식의 가격을 결정하는 새롭고 강력한(그런데도 사용하기 쉬운) 기법
- 슈퍼 스톡을 만드는 슈퍼 컴퍼니와 일반기업의 차이점
- 이러한 기회를 일상에서 찾아내고 적용하는 '동태 분석' 프로세스

　이 주제들만 이해한다면 투자전문가들도 예외없이 빠져서 이름을 더

럽히게 되는 함정을 누구나 피해 갈 수 있다. 실수를 피하는 것은 시작에 불과하다. 몇 가지 원리만 배우면, 성공으로 이어지는 계단을 발견할 수 있다. 이런 원리들이 가르쳐주는 간편한 규칙들을 통해 당신은 전문가 수준을 뛰어넘을 수도 있다. 또한 전문가들이라면 운용의 기초로 삼을 정확한 기준도 배울 수 있다.

과연 정말로 가능할까? 어렵지는 않을까? 이들 원리를 제대로 활용하는 데 탁월한 지능이나 비법 따위는 필요 없다. 누구든지 적어도 일정 수준까지는 이들 원리를 성공적으로 활용할 수 있다. 그렇다면 그만한 가치가 있을까?

실적을 살펴보자. 오래전 나는 고객 계정과 내 계정으로 버베이팀Verbatim Corporation의 약 1.5% 지분을 매수했다. 이 회사는 소형 컴퓨터 시스템에 사용되는 플로피디스크를 생산한다. 당시 월스트리트 사람들 거의 모두 내가 완전히 정신 나갔다고 말했다. 이들은 한결같이 디스켓 회사에 투자하려면 다이선Dysan Corporation에 투자해야 한다고 입을 모았다. 사람들은 다이선이 최고의 기술과 경영진을 갖추었다고 생각했다.

사람들 말에 따르면 버베이팀은 경영진도 나쁘고, 기술도 나쁘며, 제품도 나빴다. 이 회사는 자금 사정도 불안하고 갈 길도 멀고 험하다는 것이 사람들의 일치된 의견이었다. 이 회사는 생존하기 힘들다고 말하는 사람도 있었다.

2년 뒤 버베이팀 주가는 원래 매수가격의 15배가 넘게 올랐다. 이렇게 오른 가격에도 버베이팀은 밸류라인Value Line을 비롯해 여러 대형 증권사와 은행으로부터 인기를 얻었다.

도대체 무슨 일이 있었길래 아무도 거들떠보지 않던 버베이팀 주식이 그토록 많이 올랐을까?[1] 이 질문에 대한 답이 바로 이 책의 내용이다. 지금 월스트리트가 미운 오리 새끼라고 생각하는 슈퍼 스톡을 찾아내는 방법이 그 내용이다.

투자의 바른길을 찾기 바라며

책을 쓰려면 많은 노력이 들어간다. 이 책을 쓰겠다고 결단하기 전에 나는 곰곰이 생각해보았다. 내 서가에 꽂힌 책도 여러 권 훑어보았다. 나보다 현명한 저자 한 사람이 이미 내 생각을 완벽하게 설명해놓고 있었다. 그렇기 때문에 그의 글로 나의 설명을 갈음하고자 한다. 《위대한 기업에 투자하라Common Stocks and Uncommon Profits》(Harper & Row, 1958)의 서문이다.

그동안 나는 펀드 투자자들에게 내가 내리는 이런저런 투자 판단의 근거가 되는 원리들을 자세히 설명해왔다. 그래야만 내가 왜 전혀 생소한 주식을 매수했는지, 또 세월이 많이 흘러 시장가격이 충분히 오를 때까지 매도하려 하지 않는지를 비로소 이해할 수 있을 터였다.

이러한 투자 원리들을 정리하여 책으로 출간하려는 욕구가 서서히 고개를 들기 시작했다. 그래서 처음으로 이 책의 구성에 대해서 고심하게 되었다. 그러자 내가 운용하는 펀드보다 작은 펀드에 투자하는 많은 투자자들을 생각하게 되었다. 이들은 그동안 나를 찾아와서 어떻게 하면 자신들 같은 소액투자자도 투자의 바른길로 들어설 수 있는지 물었다. 아무 생각 없이 온갖 아이디어와 투자 개념을 따르다가 오랫동안 값비

---

1 챕터33(268쪽) 버베이팀 사례 참조.

싼 대가를 치르는 수많은 소액투자자들의 고충이 내게 떠올랐다. 이들이 고통을 겪는 이유는 아마도 보다 펀더멘털한 개념을 접해보지 못했기 때문이리라. 마침내 이런 문제에 관심 있던 다른 그룹과 내가 나누었던 (비록 관점은 다르지만) 많은 논의 사항들이 생각났다. 이 그룹 사람들은 기업 대표, 재무 담당 부사장, 상장회사 자금 담당자 등이었으며, 많은 사람들이 이런 문제에 대한 의견은 물론 투자 공부에 대해서도 깊은 관심을 보여주었다.

결국 나는 이런 종류의 책이 필요하다고 결론지었다. 나는 이 책에서 독자와 단둘이 대화하듯이 친근하게 설명하기로 결정했다. 내가 펀드 투자자들에게 같은 개념을 설명할 때 사용했던 비슷한 어투와 사례와 비유를 사용하기로 했다. 가끔 나의 거칠 정도도 솔직한 표현 때문에 독자들이 마음 상하지 않기를 희망한다. 특히 서투른 글솜씨에도 불구하고 내가 제시하는 아이디어가 독자들에게 도움이 되기를 바란다.

내가 쓰더라도 이보다 더 잘 표현할 수는 없다.

켄 피셔Kenneth L. Fisher

차례

PART 1 / 실패 없는 대박 주식, 슈퍼 스톡

PART 2 / 슈퍼 스톡을 발굴하는 핵심 지표

SUPER STOCKS

PART 3 / 슈퍼 스톡과 슈퍼 컴퍼니

PART 4 / **가장 완벽한 매매 타이밍을 잡는 방법**

PART 5 / **실제 사례로 살펴보는 슈퍼 스톡 투자 가이드**

부록 / 슈퍼 스톡 사냥을 위한 자료

실패 없는 대박 주식,
슈퍼 스톡

빠르게 성장하는 기업은 그 과정에서 필연적으로 '결함'이라는 시험에 들게 된다. 결함을 이겨내지 못하는 회사는 그대로 주저앉고 말지만, 이겨내는 회사는 눈부신 발전을 거듭하게 된다. 이렇게 일시적으로 주가가 떨어졌지만 곧 이겨내고 말 회사를 정확히 골라내는 것이 바로 슈퍼 스톡 사냥의 핵심이다. 그러나 결함을 극복해낼 탄탄한 회사와 그렇지 않은 회사를 대체 어떻게 구분할 수 있단 말인가?

CHAPTER
01

문제가 있어야
대박도 있다

　가장 높은 투자 수익은 아직 증권가의 관심을 받지 못하고 있지만 빠르게 성장하는 소형주에 투자할 때 나온다. 이 회사가 더 성장하고, 금융계에서 이 회사의 진정한 가치를 마침내 제대로 평가할 때 매수세가 몰려 주가가 상승하면서 주식가치는 더욱 올라간다.

　빠르게 성장하는 신생기업은 대개 생애주기를 거치는데 이러한 생애주기는 여러 원인 때문에 발생한다. 그중 가장 중요한 원인은 '제품수명주기product life cycle'다. 미성숙한 신생기업의 경우, 대개 경영진이 심각한 실수를 저질러서 손실을 입거나 심지어 생존을 위협받기도 한다. 그러나 훌륭한 신생기업들은 실수에서 교훈을 얻는다. 이러한 과정을 거쳐 기업들은 더욱 좋은 회사로 발전한다.

슈퍼 스톡의 선결조건은 '완벽한 결함'
/

실수를 저지른다는 것은 회사가 취약하다는 뜻이 아니라 발전한다는 뜻이다. 손실을 전혀 입지 않고, 해를 거듭하면서 변함없이 빠르게 성장할 정도로 '결함'이 없는 기업은 거의 없다. 그런 기업이 있다면 금융계에서는 높이 우러러볼 것이다. 이런 회사라면 장밋빛 미래가 펼쳐지는 회사이니 높이 평가해야 한다고 모두가 입을 모아 말할 것이다.

"이 회사 경영진이 '초일류'야. 이 회사는 시장점유율이 증가할 거야. 보유 기술만으로도 신규 시장에 진입할 수 있어. 신기술을 개발하게 되면 전혀 새로운 전망이 열릴 거야."

실리콘밸리에는 매년 이런 회사들이 등장한다. 시간이 흐르면서 거명되는 회사들의 이름은 조금씩 바뀐다. 이런 회사들이 이른바 '성장기업'으로 간주되는 회사들이다. 대기업도 있고 중소기업도 있다. 대표적인 대기업으로는 휴렛패커드Hewlett-Packard가 수십 년 동안 꼽혔다. 대표적인 중소기업으로는 시게이트Seagate, 매스토Masstor가 있고, 초소형기업으로는 콜라겐Collagen 등이 있다. 이런 회사들에 대한 통념이 전혀 근거 없는 것은 아니다. 단지 눈에 띄지 않는 '빈틈'이 조금 있을 뿐이다. 마침내 빈틈이 발견되면 주가는 떨어진다. 이때 낙폭이 매우 커서, 주가를 완전히 회복하는 데는 몇 달이나 몇 년이 걸리기도 한다.

결국 주가가 회복되지 못하는 회사도 있다. 빈틈이 나타나기 시작하면 처음으로 이익이 축소되거나 사업계획대로 실현되지 못한다. 금융계에서는 이 주식에 대해 혹평을 퍼붓고, 주가는 몇 달 만에 80%가 하락하기도 한다. 이른바 '전문가'라는 사람들은 경영진이 결국 신통치 않다고 평가를 내린다. 아마도 경영진이 투자자들을 현혹했다고 생각한다. 시장 잠재력도 경영진이 설명했던 것보다 못하다고 평가하고, 기술력도 약하다고 판단한다.

그러나 회사는 전문가들이 생각하는 것만큼 나쁘지 않은 경우가 많다. 오히려 이들이 지나치게 앞질러서 낙관적으로 생각해버린 경우가 많았다. 지나친 낙관이 더 큰 잘못이다. 그 회사는 십중팔구 매우 좋은 회사다. 문제는 기대와 주가가 일찌감치 너무 올라간 데 있었다.

CHAPTER
02

강한 기업은
어떻게 문제를 극복하는가

한 제품의 순환기는 창의적 제품 아이디어와 초기 시장 조사에서 시작된다. 엔지니어링 단계에서 많은 돈이 투입되고, 초기에는 생산성이 저조하다. 이어 막대한 초기 마케팅 비용이 지출된다. 이 단계까지 아직 기획에 불과한 신제품은 돈만 빨아들일 뿐이다.

초기 주문이 일찌감치 들어오면 낙관론이 크게 부풀어 오른다. 품질을 확실히 점검해서 제품의 평판을 유지하려다보니, 첫 출하는 일정보다 늦어지기 일쑤다. 마침내 제품 출하가 시작되고 매출이 늘어난다. 결국 충분한 물량이 확보되어 영업 이익이 발생한다(그림 2-1 참조).

이어 제품이 성숙기로 접어든다. 새로운 경쟁자들도 등장할 것이다. 시장은 포화 상태에 도달하고 매출이 정체된다(그림 2-2 참조).

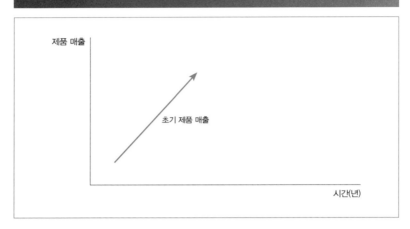

그림 2-1 초기 제품 매출의 성장세

제품 매출

초기 제품 매출

시간(년)

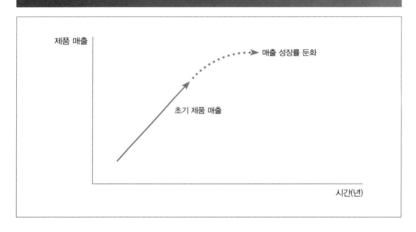

그림 2-2 제품 성숙기의 매출 둔화

제품 매출

매출 성장률 둔화

초기 제품 매출

시간(년)

몇 년 뒤 마침내 제품 매출이 감소하기 시작한다(그림 2-3 참조). 제품이 완전한 성숙기에 이르렀다. 이 제품은 신기술로 대체될 것이다. 순이익률이 줄어들다가 끝내 사라진다. 조만간 이 생산 라인은 자본 비용이

실패 없는 대박 주식, 슈퍼 스톡

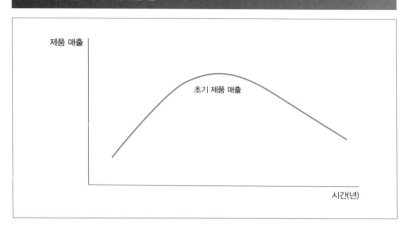

그림 2-3 제품 하락기의 매출 감소

제품 매출

초기 제품 매출

시간(년)

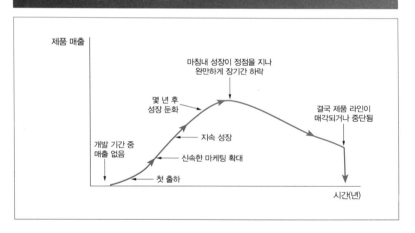

그림 2-4 제품수명주기에 따른 매출 변화

제품 매출

마침내 성장이 정점을 지나
완만하게 장기간 하락

몇 년 후
성장 둔화

결국 제품 라인이
매각되거나 중단됨

지속 성장

개발 기간 중
매출 없음

신속한 마케팅 확대

첫 출하

시간(년)

더 낮은 누군가에게 매각된다. 아니면 완전히 중단될 수도 있다. 결국 이 제품은 완전히 사라진다. 이것이 바로 제품수명주기다. 제품수명주기에 따른 기업의 매출 변화는 그림 2-4처럼 나타날 것이다.

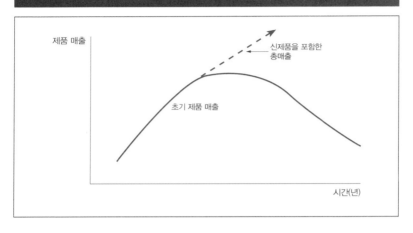

그림 2-5 신제품 출시에 따른 총매출 상승

제품 매출

신제품을 포함한
총매출

초기 제품 매출

시간(년)

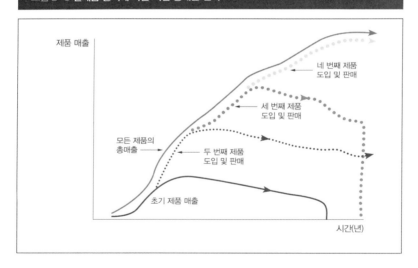

그림 2-6 신제품 출시에 따른 기업 총매출 변화

제품 매출

네 번째 제품
도입 및 판매

세 번째 제품
도입 및 판매

모든 제품의
총매출

두 번째 제품
도입 및 판매

초기 제품 매출

시간(년)

    제품의 매출이 지속적으로 성장하다가 점진적으로 감소하기까지의 몇 년이 제품수명의 '전성기'로서, 이익의 대부분이 이 기간에 발생한다.

이 기간은 인생에서 중년에 비유할 수 있다. 실망스러운 일이 좀처럼 발생하지 않는 기간이다. 제품이 투기적 속성을 지니는 초반 몇 년 동안이 가장 흥미롭고 긴장되며 위험스러운 기간이다.

매출 하락기는 당황스럽기는 하지만 대개 예측이 가능하다. 위대한 선수들의 말년과도 비슷하다. 무하마드 알리Muhammed Ali, 아치 무어Archie Moore, 조 루이스Joe Lewis의 말년 시합을 보듯이, 이전의 위대한 모습은 사라지고 빈껍데기만 남는다.

대개 제품이 절정기에 도달하기 오래전에 경영진은 제품이 활력을 잃으리라는 사실을 알고 있다. 그래서 그들은 흔히 신제품을 개발해서 성장을 유지하려는 계획을 미리 세워놓는다. 경영진이 이렇게 제대로 대처한다면 총매출은 계속 성장하게 된다(그림 2-5 참조). 해를 거듭해서 경영진은 신제품에 대해 이 프로세스를 되풀이한다(그림 2-6 참조).

경영진은 단일 제품을 도입하고 관리하는 능력이 있다는 사실을 입증했다. 이제 경영진은 다양한 개발 단계에 도달한 여러 제품을 관리해야 한다. 이런 회사의 경영진은 대개 젊으며, 현장 연수를 하듯이 실행하며 배운다. 그 과정에서(특히 이 단계에서) 경영진은 실수를 저지르는 경향이 있다. 첫 제품이 활력을 잃는 시점을 적시에 예상하지 못하는 경우도 있다. 아니면 추가 제품 개발에 예상보다 많은 시간을 쓰기도 한다. 어쩌면 초기에 제품이 제대로 작동하지 않을 수도 있다. 시장 반응이 예상보다 미온적일지도 모른다. 여러 가지 다른 문제도 발생할 수 있다. 어쨌든 그 결과 결함glitch이 발생한다(그림 2-7 참조).

그림 2-1로 돌아가자. 제품수명주기 초기 단계에서 회사 매출이 빠르게 성장한다. 매출뿐 아니라 이익도 빠르게 성장한다. 초기 착수비용을

그림 2-7 신제품 출시 타이밍에 따른 '결함' 발생

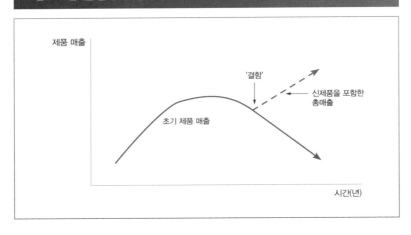

그림 2-8 초기 제품의 매출과 이익

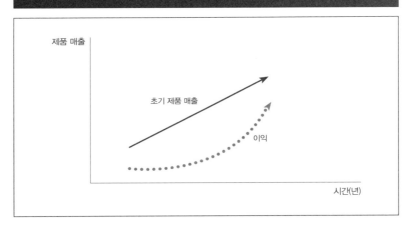

떨어내고 나면 한동안 이익이 매출보다 더 빨리 성장한다. 그림 2-1에 덧붙여서 보면, 이제 이익은 그림 2-8처럼 나타난다.

그림 2-9는 결함의 전형적인 패턴을 보여준다. 매출이 일시적으로 정

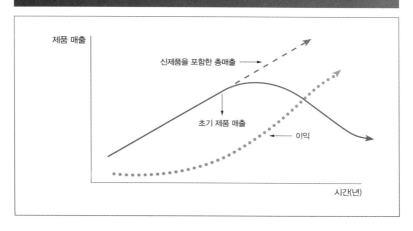

그림 2-9 '결함'의 전형적 패턴

제품 매출

신제품을 포함한 총매출 →

초기 제품 매출

이익

시간(년)

체되면서 이익이 감소한다. 심지어 손실이 발생하기도 한다. 매출이 크게 하락하지 않는데도 이익이 줄어드는데, 이유는 다음과 같다.

1. 계속 매출이 증가하여 비용을 만회한다고 기대하고, 월 단위 비용 예산을 미리 늘려놓았다. 회사는 미래 성장을 기대하고 비용을 지출한다. 간접비, 마케팅 역량, 생산 인력을 사전에 확충한다. 필요한 시점에 가동하려고 인력과 설비를 확보하는 것이다. 진부한 표현을 빌리자면, "돈을 벌려면 돈을 써야 한다"는 것이다. 단기 매출 전망이 낮아질 경우 경영진이 이에 맞추어 비용을 통제하고 절감하려면 몇 달이 걸린다.

2. 문제를 해결하는 데 예상치 못한 비용을 지출해야만 한다. 원인이 무엇이든지 우선 문제는 해결해야만 한다. 여기에는 반드시 비용이 발생한다. 고객이 배송을 요구하면 들어줘야 한다. 이 기간에는 고

그림 2-10 **신생기업의 '결함' 극복 프로세스**

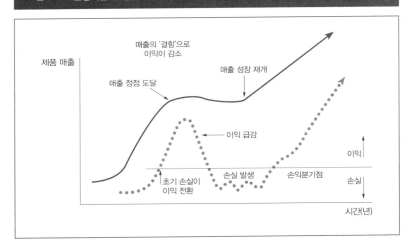

그림 2-11 **기업 성장 과정에서의 매출 상승**

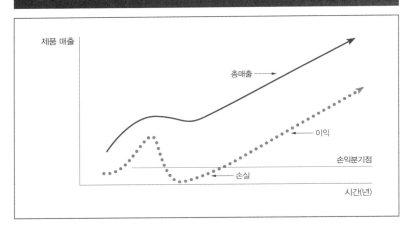

객이 다른 공급자로 넘어가는 것을 막기 위해서 마케팅 비용을 많이 지출하는 경향이 있다.

3. 자산을 상각하거나 결손 처리한다. 프로세스나 구매의 문제로 불량 재고나 불량 장비가 발생했다면, 자산의 가치는 장부가치보다 낮을 것이다. 감사는 즉각 조정을 요구할 것이다.

곧 이익이 손실로 바뀐다. 그러나 나중에 문제가 해결되면 매출이 다시 증가하기 시작하고 손실이 감소한다. 단기간에 수익성이 회복되고, 이어서 이익이 꾸준히 증가한다. 전체 프로세스가 그림 2-10처럼 나타난다.

이처럼 신생기업들은 성장 과정에서 결함을 경험하는 경우가 흔하다. 최고의 젊은 경영진도 실수를 경험하면서 능력이 향상된다. 몇 년 뒤 이러한 소기업들은 처음 어려움을 겪던 때보다 훨씬 큰 기업으로 성장한다. 이러한 몇 년을 돌아보면 그 순환기는 그림 2-11과 같은 모습일 것이다.

때로는 회사가 발전하는 과정에서 서로 다른 요인의 작용으로 여러 결함이 몇 년에 걸쳐 따로따로 발생하는 경우도 있다. 처음에는 앞에서 설명한 결함을 경험할지 모른다. 두 번째로는 격심한 경쟁을 치르느라고, 혹은 1974~1975년이나 1981~1982년 같은 극심한 경기 침체를 겪으면서 결함이 드러날지 모른다. 이유는 얼마든지 있을 것이다. 심각한 결함도 있고, 그렇지 않은 결함도 있다. 예를 들면 그림 2-12와 같이 나타날 것이다.

정상적인 성장주기 동안에는 주가가 어떻게 움직일까? 주가는 대개 이익보다도 훨씬 심하게 오르내린다. 제품수명주기 초기 단계에서 매출과 이익이 솟아오르면, 이제까지 무명이었던 기업이 제품과 기술력이 탁

그림 2-12 반복적 '결함'의 패턴

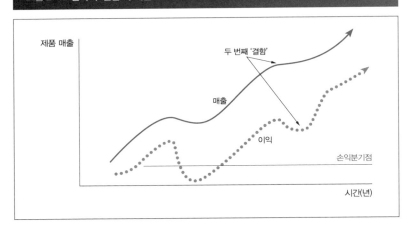

그림 2-13 제품 초기 주가와 매출의 관계

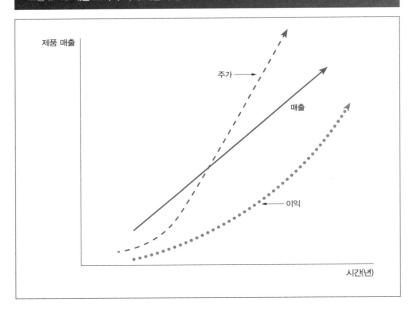

월하고 마케팅에 선견지명이 있다고 높은 평판을 얻게 된다. 주가가 매출이나 이익보다 더 빠르게 상승한다(그림 2-13 참조).

이 기업이 신제품을 정시에 성공적으로 도입하면, 주가는 대략 매출과 이익이 성장하는 속도로 몇 년 동안 계속 상승할 것이다. 그러나 대부분의 기업이 그렇듯이 이 기업도 결함을 겪으면, 주가는 아마 급락할 것이다. 한때 이 회사가 아주 훌륭하다고 믿었던 사람들 대부분이, 이제는 경영진에게서 선견지명을 찾아볼 수 없다고 탓하면서 환멸을 느낀다.

결함을 정상적인 발전 과정으로 인식하지 못하고, 자신의 기대에 못 미친다고 기업을 비난하는 투자자들이 많다. 실망한 월스트리트 사람들은 자신의 기대가 지나쳤던 것은 깨닫지 못하고, 단지 경영진이 무능하다고 비난한다. 이 주식에 대한 환멸이 확산되면서 주가는 계속 추락한다. 주가의 30% 정도가 단 며칠 만에 사라지기도 하고, 몇 달 만에 주가의 80% 이상이 날아가기도 한다. 그러다가 또다시 투자자들이 기대 수준을 과도하게 높이면, 주가는 비현실적인 수준까지 치솟고, 기업이 성장 과정에서 결함을 드러내면 주가는 또다시 폭락한다(그림 2-14 참조).

이익이 나지 않는 경우에도 성장 주식을 합리적으로 평가하는 투자자는 매우 드물다. 따라서 매수세가 실종되면서 주가는 과도하게 추락한다. 유능한 경영진은 난관을 극복해내고, 머지않아 매출이 살아난다. 뒤이어 이익도 살아나기 시작한다. 이익이 되살아남과 동시에 주가가 반등한다(그림 2-15 참조).

여러 해가 지나서 회사는 매출과 이익에서 신기록을 세운다. 주가가 결함 기간보다 훨씬 올라간다. 처음부터 주식을 보유했다면 투자자는 몇 번 두려운 순간을 맞이했겠지만, 만족스러운 수익을 얻을 수 있었다. 결

그림 2-14 결함 발생 시의 주가 하락

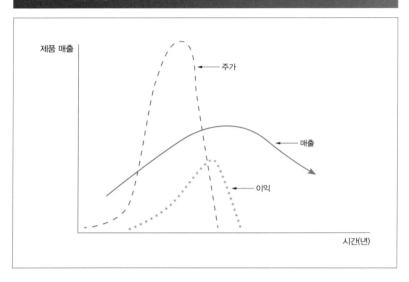

그림 2-15 결함 극복 후 주가 반등 과정

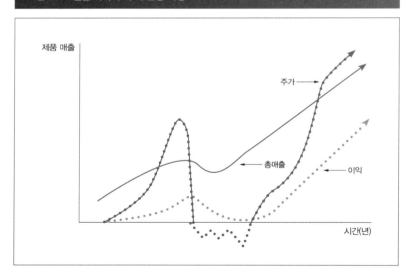

실패 없는 대박 주식, 슈퍼 스톡

그림 2-16 기업의 성장과 안정적 주가 흐름

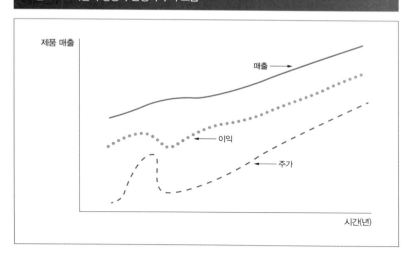

함이 드러난 직후(그러나 회복되기 전)에 주식을 샀다면, 경이적인 수익을 올렸을 것이다. 평균 이상 속도로 성장하는 회사의 주식을 결함이 드러난 직후 매수하면 바로 슈퍼 스톡Super Stocks이 된다. 결함 현상이 주가를 찍어 누른다. 슈퍼 스톡이 비상한 수익을 가져다주는 이유는 바로 이 가격 압박 때문이다.

세월이 흐르면서 이 회사는 진정한 거대기업으로 발전한다. 회사가 커질수록 성장률과 순이익률은 대개 줄어든다. 시장에서는 이 회사를 높이 평가하지 않는다. 주가가 오르기는 해도 빠르게 성장하던 소기업 시절에 비하면 훨씬 느린 속도로 오른다. 30년 뒤 매출 곡선에 결함이 거의 보이지 않으며 주가도 크게 오르내리지 않는다. 이는 그림 2-16의 형태로 나타날 것이다.

지금까지 결함의 패턴을 보았다. 결함은 빠르게 성장하는 소기업들이 발전하는 과정에서 발생한다. 매출이나 이익의 등락보다도, 결함 때문에 주가가 훨씬 큰 폭으로 오르내린다. 이런 현상을 이용하면 결함으로부터 이익을 얻을 수 있다. 성장할 때까지 줄곧 기다릴 필요 없이, 주가 등락의 대부분에서 이익을 거둘 수 있다. 슈퍼 컴퍼니에서 슈퍼 스톡을 만드는 것이 바로 결함이다. 이렇게 주식의 밸류에이션을 정확하게 평가하는 법을 배우면 슈퍼 스톡을 통해 이익을 거둘 수 있다.

실패 없는 대박 주식, 슈퍼 스톡

CHAPTER
03

왜 건실한 기업에
문제가 발생하는가

빠르게 성장하는 신생회사가 성숙 과정에서 실수를 저지르는 것은 당연하다. 실수를 저지를 수밖에 없는 이유는 얼마든지 있다. 그리고 월스트리트 사람들이 이런 문제를 다룰 때 감정을 다스리지 못하는 이유도 대단히 많다. 결함이 발생하는 이유를 파악하는 일이 결함으로부터 이익을 얻는 핵심 요소다. 결함에 대해 자세히 알아보자. 슈퍼 컴퍼니가 초기에 눈부신 성장을 거두고, 결함을 경험한 뒤, 회복을 거쳐 더욱 성장하는 과정을 따라가보자.

지금부터 하는 설명은 슈퍼 컴퍼니에만 해당한다는 사실을 기억하기 바란다(챕터17~26에 슈퍼 컴퍼니의 기준이 자세히 나온다). 몇 년 동안 눈부신 실적을 올린 다음 실적이 반전되어 다시는 회복하지 못하는 회사도 많다. 결국 부도가 나는 회사도 있다. 영원히 '비참한 상태'에서 벗어나지

나 손실이 외부 세계에 공표된다. 회사의 노력은 내부적으로만 일어난다. 경영진은 외부 세계와 관계를 끊고, 취재나 인터뷰 요청을 대부분 거절한다(문제의 원인이나 심각성마저 파악하지 못한 상태에서 외부 세계와 접촉하기는 곤란하기 때문이다).

이들은 전에는 틈나는 대로 투자업계와 만나는 데 시간을 쏟아 부었지만, 이제는 시간을 할애하지 않는다. 단기적으로는 이러한 행동이 주가에 도움이 되지 않는다. 투자자들이 의심을 품기 때문이다. 투자자 홍보 전담직원이 있었다면, 이 직원은 아마 멀리 출장을 떠나서 고객들의 질문에 답해줄 수 없다고 할지 모른다.

"존슨 씨는 3주간 지방 출장입니다. 메시지를 남겨드릴까요?"

문제는 당분간 이 회사에 답변거리가 많지 않다는 점이다. 기관투자가들과의 정보 회의도 취소하기 일쑤다. 아마도 난처해진 경영진이 그토록 자신들을 믿어주었던 얼굴들을 보고 싶지 않기 때문일 것이다(시합에 진 복싱 선수처럼, 그저 아무도 보고 싶지 않을 것이다. 자존심이 상했기 때문이다).

법률 고문도 투자자에게 잘못 말하면 위험하다고 조언한다.

"문제를 제대로 파악해서 정확하게 설명할 수 있을 때까지 침묵을 지키십시오."

경영진이 스스로 고립을 선택하는 주된 이유는 단지 시간이 필요하기 때문이다. 문제의 정확한 본질을 파악해서 개선책을 시행할 시간 말이다. 이때가 바로 실력 차이가 드러나는 시점이다.

최고의 경영진이라면 누가 무엇을 왜 했는지 살펴볼 것이다. 왜 주문이 누락되었는가? 왜 원가가 기대 이상으로 높은가? 왜 고객들이 반품을 하는가? 품질관리에 문제가 있는가? 경영진은 몇 달(몇 년) 만에 혹은 창사 이래 처음으로 가장 정밀하게 조사를 시행한다. 목이 여러 개 날아간다. 솔직히 말해서, 경험이 없거나 무능한 몇몇 관리자들 때문에 이런 문제가 발생했을 것이다. 경영진은 관리자들이 어떤 태도로 문제 해결에 참여하는지 즉각 반응한다. 최고 경영진의 이런 반응을 '마녀 사냥'이라고 인식하면서 전폭적으로 지지하지 않는 사람들도 있다. 반면에 경영진의 움직임을 긍정적으로 받아들이는 사람들도 있다. 이런 자아비판 과정에 협조하지 않다가 끝장나는 관리자들도 있다.

관리자들을 해고해도, 개선이 이루어지지 않을 경우에는 사장의 목이 날아가야 한다. 사장이 적절한 조치를 취하거나 회사의 결함을 바로잡는 모습을 보여주지 못하면 이사회가 개입하는 경우가 많다. 이사회는 사장이 문제를 확실하게 휘어잡지 못하는 이유를 분석한다. 이사회가 실적을 가지고 사장을 압박하면, 사장이 갈 길은 다음 중 하나다.

1. 실적을 올린다.
2. 사임한다.
3. 해고된다.
4. 이사회에 본연의 임무를 무시하도록 설득한다(이 경우 회사는 슈퍼 컴퍼니가 될 수 없다).

경영진은 장부가치가 의심스러운 자산이 있는지 조사할 것이다. 특히 문제가 발생한 분야의 자산에 초점을 맞춘다. 결국 운영상의 문제를 일으키는 사람이 자산 부실화 문제도 일으키는 경향이 있다.

인과응보지만, 경영진 입장에서는 한꺼번에 대가를 치르는 편이 쉽다.

경영진은 눈앞의 난관을 넘어서 미래의 잠재 문제들도 찾아본다. 실책과 관련된 모든 사항들을 비판하고, 과거 책임자에게도 비판을 퍼붓는다. 이러한 행동은 앞으로 비슷한 실수를 하지 않겠다고 모든 이해관계자들에게 약속한다는 뜻이다. 경영진은 금세 새로운 문제가 나타나는 경우를 원치 않기 때문에, '이를 악물고 버티는' 태도를 보여줄 것이다.

자산을 상각할 수 있다면 상각할 것이다. "문제를 극복하라"가 경영진의 슬로건이 된다. 장래에는 다시는 난처한 상황을 맞고 싶지 않다. 그러나 추가 손실이 발표된다. 역시 단기적으로 주가에 도움이 될 리가 없다. 이때쯤이면 금융계로부터 난타당하여 주가가 30~50% 하락한다. 회복 직전의 침체기 몇 달 동안 추가로 20%가 떨어질 수도 있다(주가가 반등하기 전에 마지막 피 한 방울까지 말려버린다).

회사가 서서히 회복 단계로 진입하지만, 가시적인 성과는 많지 않다. 이어지는 몇 달 동안 회사의 간접비가 줄어든다. 불필요했던 개발 프로그램이 중단되고, 다른 개발 프로그램이 시작된다. 제품 라인 전체가 중단되기도 한다.

경영진 가운데 실력이 입증된 사람들에게는 책임 영역을 추가로 부여한다. 실적이 떨어진 사람들은 자신의 역량에 적합한 분야로 재배치한다. 다른 회사 고위직에서 새로운 사람들을 영입하고, 회사 내부에서 승진하는 사람도 있다. 이런 사람들은 다음 자리를 채운다.

1. 문제가 발생하기 전에는 필요성을 인식하지 못해서 방치되었던 기능
2. 부실한 정신 자세나 무능 때문에 쫓겨난 사람의 자리

　　　　　　　　　　　　　　　실패 없는 대박 주식, 슈퍼 스톡

내부에서 승진하는 고위 관리자보다 외부에서 영입하는 고위 관리자가 많다. 이 문제들이 회사가 빠르게 성장하면서 경험이 부족하고 부적합한 사람들이 빠르게 늘어난 데서 발생하기 때문이다. 무능하거나 태도가 불량한 사람을 해고할 경우, 문제의 원인이 그에게 있는지 알아내려면 각별한 솜씨와 자기성찰이 필요하다.

최고 경영진은 요행수를 바라고 실력이 입증되지 않은 사람들을 승진시켜 더 큰 책임을 맡기려 하지 않는다. 대신 외부에서 고위 인사를 영입하는 경향이 있다. 이들은 대개 자기 분야에서 성과를 입증한 노련한 사람들이다. 특히 중요한 점은, 인성을 보고 뽑았다는 사실이다. 이들은 최고 경영진이 배양하려는 '기업문화'에 잘 맞을 사람들이다. 기존 경영팀의 일부 직원은 새로운 보직을 받아 이동한다.

구조 조정된 경영팀은 문제들과 씨름하면서 여러 달을 보낸다. 주가는 여전히 바닥권에 머문다. 그러나 경영진의 노력이 회사를 바로잡는다. 결함이 해소된다. 머지않아 경영진의 조치가 성과를 발휘하기 시작한다. 회복의 첫 신호는 신제품 도입이나 기존 제품 주문량 증가의 형태로 나타난다.

전문가도 빠지는 결함의 함정
/

그러나 투자업계는 회의적 시각이 확고해진 상태이므로 회사에 나타나는 회복의 초기 신호를 무시하게 될 것이다.

"아무개 회사가 회복되고 있다고요? 전에도 그런 소리 들었습니다. 그래서 어쨌다는 말인가요? 회복된다고 해도, 그 회사 성장 전망은 밝지 않습니다."

투자한 회사에 정기적으로 직접 방문하는 사람은 투자전문가들 중에도 5%가 되지 않는다. 대신 애널리스트라는 중간 계층의 정보와 결론이 최종 의사결정권자들에게 전달된다.

애널리스트들은 주식을 매수하는 의사결정권자들로부터 직접 혹은 중개 수수료 형태로 보상받는다. 이런 식으로 투자자와 투자한 회사가 분리되어 있으므로, 투자자 마음속에는 장기 보유라는 개념이 자라날 여지가 거의 없다. 한때 스스로 장기 투자자라고 생각했던 투자자들도 이제 주로 단기 전망에 관심을 쏟는다.

애널리스트들은 자신의 손익계산에 철저한 사람들이다. 투자한 회사에 결함이 발생하면 애널리스트들은 당연히 그 회사의 문제점들을 조명하지, 이전에 자신이 제시한 상황 분석이 잘못되었다고 인정하지 않는다. 이것이 바로 인간의 본성이다. 이들은 경영진이 무능하다고 생각한다. 심지어 경영진이 진짜 사기꾼은 아닐지라도 다소 사기성이 있다고 생각하기도 한다. 경영진이 지나치게 낙관적이었다고 생각할 공산도 크다.

투자업계가 어떻게 인식하든 회사는 진전을 보인다. 회사는 실제로 회복한다. 그러나 주가는 아직 바닥 수준이다. 몇 달이 지나서 회복세에 힘이 더해지고 주문량이 증가한다. 매출이 빠르게 증가하기 시작한다. 처음에는 느린 속도로 이익이 발생하기 시작하다가 18~24개월이 지나면서 순이익률이 5%를 초과하게 된다.

사업의 회복세가 거의 보이지 않는데도 주가는 저점 기준에서 순식간에 2배로 뛰어오르기도 한다. 투자업계의 비관론이 지나치게 극도로 치

실패 없는 대박 주식, 슈퍼 스톡

우쳤던 데다가 주가가 너무 내려가서 오를 일밖에 없었기 때문이다. 이 단계에서 대부분 증권회사들은 '수익성이 더 가시화될 때까지' 주식을 관망하라고 권유한다.

주가가 2배로 뛴 다음 주식은 사업 실적에 따라 움직인다. 이익이 현실화됨에 따라 주가가 반응한다. 몇 년 지나서 회사가 성공 기록을 새로 만들어내고, 전에 투자해서 손실을 입었던 투자자가 아닌 새로운 기관투자가들이 이 주식을 '발굴'한다. 새로운 열광적 투자자들은 앞서 언급했던 것처럼 과도한 낙관론에 빠진다.

3~5년 지나면 주식은 저점에서 3~10배가 오른다. 주가 상승은 3개 요소로 구성된다. 첫째 요소는 투자업계가 이 주식에 대해 지나치게 비관적이었기 때문에 오르는 일만 남아 있었다는 점이다. 둘째 요소는 사업 실적으로서, 회사가 더 성장해서 더 많은 돈을 벌었다는 점이다. 셋째 요소는 회사에 대해 지나치게 낙관적인 기관투자가 집단이 새로 등장했다는 점이다. 이들이 주식을 사들이면서 주가가 전인미답의 경지까지 올라간다.

문제를 극복한 기업이
슈퍼 스톡을 만든다

우리는 탁월한 경영진조차 실수를 저지른다는 사실을 알았다. 실수를 저지르는 이유와 그 결과도 살펴보았다. 실수는 너무도 당연한 것이며, 심지어 경영이 점진적으로 발전하는 신호로 받아들일 수도 있음을 알았다. 근본적인 문제는 투자자들이 기업에 대해 원초적으로 도가 넘는 기대를 한다는 점이다.

경영진이 투자전문가를 속이는 경우는 드물다. 투자자들이 스스로를 속이는 경우가 거의 대부분이다. 펀드매니저와 애널리스트가 고가의 주식을 매수했거나 추천했는데, 갑자기 회사에 문제가 생겨서 주가가 가파르게 하락한 경우를 가정하자. 대개는 손실을 보고 주식을 매도할 것이다. 자신을 '오도한' 경영진에 넌더리가 나서, 이들은 나중에도 주식을 되사는 경우가 드물다. 그렇지만 나중이 매수하기에 좋은 시점이다. 어쩌면 최적의 시점일지도 모른다.

잘되면 내 덕, 안 되면 남 탓
/

개인투자자들은 주가가 오르면 자신이 똑똑해서 낮은 가격에 매수한 덕이라고 주장한다. 주가가 내리면 자신이 잘못했다고 인정하는 투자자는 거의 없다. 이것이 바로 인간의 본성이다.

보스턴의 페인 웨버Paine Webber에서 알고 지내던 노신사는, 이런 현상을 "잘되면 내 덕, 안 되면 남의 탓"이라고 표현하곤 했다. 자신의 실패를 스스로 드러내는 사람은 아주 드물다. 주식 투자에서 손실을 본 개인들은 대개 다른 사람을 탓한다.

우리는 투자자들이 기업에 대해 지나친 기대를 한다는 점을 알았다. 마찬가지로 성장 결함이 발생하면 기업의 미래에 대한 평가가 지나치게 낮아질 수 있다는 것도 알았다. 분명히 말하지만, 어떤 관점도 결코 정확하지 않다.

중용의 길은 없을까? 투자업계가 훌륭한 회사로 평가했던 원래의 관점이, 형편없는 회사로 평가한 나중 관점보다 더욱 정확한 것일까? 절대적인 규칙은 없다. 그래서 투자가 어렵다.

우리는 슈퍼 컴퍼니를 다루고 있다. 이 회사가 진정으로 슈퍼 컴퍼니라면, 투자업계가 슈퍼 컴퍼니라고 생각했던 원래 인식이, 나중에 갖게 된 우울한 인식보다 더 정확하다. 실수에서 교훈을 얻는 경영진은 이후 오랫동안 심각한 실수를 되풀이할 가능성이 작다. 이런 회사는 장기간

빠른 성장을 지속하는 경향이 있다.

이런 주식들은 계속 보유하는 것이 가장 좋다. 물론 정확하게 고르는 일이 우선이다. 그러려면 결함에 빠진 회사를 비난하는 투자업계의 주기적 행태를 활용해야 한다.

결함을 극복하는 회사 vs 극복하지 못하는 회사
/

다시 말하지만 모든 회사가 난관을 극복할 수 있다는 가정하에 주식을 매수하는 행동은 현명하지 못하다. 결코 회복하지 못하는 회사도 있다. 이들은 무능한 복싱 선수와 비슷하다. 사업과 투자는 복싱과 공통점이 많다. 처음 몇 라운드는 훌륭하게 싸우지만 나중에 강타를 얻어맞고 로프에 매달리는 복싱 선수들이 많다.

복싱 선수의 생존 열쇠는, 곤경에 처했을 때 본능적으로 나타내는 반응이다. 그런 선수도 있고, 그러지 못하는 선수도 있다. 어떤 선수는 3라운드에 강타를 얻어맞고 녹아웃된다. 어떤 선수는 회복하여 마지막 라운드까지 버티지만, 시합 내내 간신히 싸운다. 녹아웃은 아니지만 어쨌든 시합에 패배한다.

선택된 소수만이 챔피언의 자질을 갖추고 있다. 이들도 때때로 강타를 얻어맞는다. 결국 이들도 위험을 떠안는다. 그러나 위험에 처할 때 이들은 본능적으로 방어 자세를 취하고 정신을 가다듬으며, 상대 선수의 공세에 대해 반격을 가한다. 이들은 정신력으로 위기를 헤쳐나간다. 종종 그런 경우도 있지만, 연습을 더 열심히 한 선수가 반드시 승리하는 것은 아니다. 챔피언의 자질은 육체보다는 정신과 마음에 있는 경우가 많다. 육체는 마음과 영혼을 따르는 법이다.

복싱과 마찬가지로, 투자의 핵심은 녹아웃될 회사, 간신히 버틸 회사, 챔피언 자질을 지닌 회사를 가려내는 데 있다. 승자에게 초점을 모아라.

트랜지스터 시대 초기에, 텍사스인스트루먼트Texas Instrument와 트랜지트론Transitron이 월스트리트의 사랑을 독차지했다. 둘 다 주가도 높았고 열렬한 추종자들이 있었다. 그런데 두 회사 모두에 결함이 발생했다. 슈퍼 컴퍼니에 해당하는 텍사스인스트루먼트는 회복 절차를 거쳐 점차 발전했고, 수십 년 동안 계속해서 영광을 누렸다.

반면 트랜지트론은 로프에 기댄 채 다시는 일어나지 못했다. 20년 이상 트랜지트론은 도산, 주기적 손실, 취약한 재무상태표에 시달리며 엉망이 되었다. 이 회사 경영진은 트랜지스터와 그 파생물인 집적회로가 구가한 그야말로 경이적인 성장을 제대로 활용하지 못했다. 텍사스인스트루먼트에 투자했다면 큰돈을 벌었을 것이고, 트랜지트론에 투자했다면 큰돈을 잃었을 것이다.

객관적인 눈으로 경영진의 실수를 용서하라
/

이 책 전체를 통해서, 투자업계의 기대가 극에서 극으로 바뀜에 따라 투자자들에게 이익과 손실의 기회가 제공되는 사례를 우리는 수없이 보게 될 것이다. 메저렉스Measurex의 사례도 그중 하나다. 지금부터 간단히 살펴보자.

메저렉스는 디지털 공정 제어 전자제품을 생산하여 종이, 철강, 플라스틱 등 종이 형태 제품을 만들어내는 기업에 공급한다. 1971년 주당 20달러에 공개된 후, 주가는 곧바로 30달러 중반까지 상승했다. 이 작은 회사에 대한 월스트리트의 평가는 환상적이었다.

해를 거듭해서 이 회사는 서부애널리스트협회Western Security Analysts' Association로부터 향후 12개월 실적 우수 예상종목으로 선정되었다. 메저렉스의 사장 데이브 보센Dave Bossen은 최고의 경영자로 널리 인정받았다. 당시 메저렉스의 연 매출은 약 900만 달러였다. 5~10년 뒤에 메저렉스의 매출이 2억 5,000만~5억 달러가 될 것이라고 애널리스트들이 입을 모아 예측했다.

안타깝게도 주식의 투자수익률은 신통치 않았다. 실제로 주가가 하락했고, 이런 현상이 몇 년간 계속되었다. 1974~1976년 동안 주가는 주로 10~20달러 사이를 오갔다. 이제 애널리스트들이 넌더리를 냈다. 이 회사를 주기적으로 조사하는 애널리스트의 수가 갈수록 줄어들었다.

이후 회사는 빠르게 성장했지만 투자자들의 기대를 충족할 정도는 아니었다. 1977년이 되자 이 회사의 매출은 6,000만 달러에 이르렀다. 그러나 이 시점에는 회사를 신뢰하는 투자자들이 거의 없었다. 이후 몇 년 사이 주가가 빠르게 4배 상승했다. 1977년에는 저점이 10.5달러였으나, 1979년에는 고점이 48.5달러까지 올라갔다.

타고 남은 재에서 부활한 불사조처럼 주식이 살아나자 투자업계의 관심도 살아났다. 1977~1980년 동안 메저렉스는 돈을 쓸어 담았다. 회사의 매출은 1억 2,000만 달러, 평균 순이익률은 7%를 넘어섰다.

고가 자본설비 공급업체였던 이 회사는 1979~1983년 불황이 다가

오자 유난히 큰 타격을 입었다. 주가가 원래의 공모가 밑으로 떨어졌다. 1982년에는 주당 13~15달러 사이에서 헤맸다.

메저렉스는 매출이 1억 2,000만 달러, BPS가 20달러가 넘는 회사였다. 재무상태표도 건전했고 경영진도 정말로 경험이 풍부했다. 이 회사는 이제 과거 어느 때보다도 훌륭한 기술을 보유하고 있었다. 그런데도 1982~1983년에 투자업계 사람들에게 물어보았다면, 이 회사는 경영진이 형편없는 회사라고 답했을 것이다.

왜 그랬을까? 이들은 1973년까지 거슬러 올라가 사건들을 열거할 것이다. 이 회사가 성장을 못했기 때문이 아니다. 본질적으로는 투자업계에서 설정한 유난히 높은 기대 수준을 충족하지 못했기 때문이다. 1972~1982년 동안 메저렉스의 매출은 800만 달러에서 1억 1,800만 달러로 성장했다. 연복리 31%로 결코 나쁘지 않은 실적이다. 그러나 이 실적은 월스트리트의 성에 차지 않았다.

1982~1983년이 되자, 메저렉스에 대한 기대는 분명히 너무 낮았다. 투자업계 사람들은 데이브 보센이 메저렉스의 잠재시장 규모에 대해 오도했으므로 메저렉스를 무시해야 한다고 입을 모았다.

"CEO를 믿을 수 없으면, 회사에 투자해서는 안 된다."

그 감정은 이해하지만 나도 그 자리에 있었다. 나는 기억한다. 이 사람들은 투자전문가들이므로 스스로 심층 분석하고 독자적으로 사실을 검증해야 한다. 보센은 분명히 매우 낙관적이고 낙천적이었다. 그러나 그는 낙관적일 수밖에 없었다. 이것이 그의 인생이었다. 그는 강력하고도 낙관적인 발표를 몇 번 했다. 그러나 이것은 회사가 월스트리트의 사랑을 독차지할 때 대부분 CEO들이 보이는 행동에 불과했다.

보센의 발표가 이런 투자'전문'가들을 오도할 소지가 있었다면, 이들은 독자적으로 깐깐하게 검증 작업을 수행했어야만 했다(브루클린 다리처럼 뭔가 실체가 있는 자산을 소유하도록 기꺼이 도움을 줄 만한 사람을 나는 알고 있다).

메저렉스 주식은 20달러에서 30달러 중반으로 올라갔다가 10달러 밑으로 떨어지고, 45달러 넘게 올랐다가 15달러 아래로 내려갔다. 그 이후 30달러 초반으로 회복했다. 이런 급등락 시기에는 객관성을 유지하는 일이 중요하다. 회사를 보는 관점에 경영진에 대한 과거의 분노가 뒤섞여 있다면, 그 관점은 객관성을 유지할 수 없다. 비싸게 샀다가 싸게 팔았던 쓰라린 감정에 젖어 있다면, 우리는 얻어맞고 로프에 기댄 복싱 선수와 마찬가지므로 정신을 가다듬어야 한다.

로프에 기댄 채 인생을 보내는 사람들의 말에 귀를 기울이거나 영향을 받는다면 우리도 링 밖으로 쫓겨나기 쉽다. 정신을 가다듬어라. 경영진이 기대를 충족시키지 못하더라도 용서할 줄 알아야 한다. 경영진을 있는 그대로 보라. 이들은 소임을 수행하는 사람들이며 그 과정에서 우리에게 진정한 기회를 가져다줄 수 있는 사람들이다.

메저렉스 같은 사례에서 핵심은 언제 주가가 싸고 언제 비싼지를 아는 것이다. 어떤 경우에 주가가 싸지는가? 왜 저가로부터 상승하며 고가로부터 하락하는가?

슈퍼 스톡의 본질인 밸류에이션의 열쇠는 투자업계에서 이 회사가 정말 엉망이라고 믿을 때 매수하는 것이다. 즉, 경영진이 심각한 실수를 저질러서 월스트리트에서 환멸을 느낄 때 사라는 말이다.

그렇게 하기위해선 우선 경영진의 실수를 용서할 줄 알아야 한다(이는 머리 못지않게 마음으로 풀어야 할 과제다). 또한 인기가 사라진 주식을 객관적으로 평가할 수 있어야 한다. 다음 열두 챕터에서는 밸류에이션과 그 핵심 요소들을 논의하고자 한다.

슈퍼 스톡을 발굴하는
핵심 지표

주식을 매수하겠다는 생각은 버려라. 보다 확실한 방법은 기업을 사는 것이다. PER과 PBR도 버려라. 이들 지표는 기업의 전체 모습을 반영하지 못한다. 실패하고 싶지 않다면 주식을 사기 전 스스로에게 물어봐야 한다. 이 기업 전체를 통째로 사기 위해 사람들은 얼마를 지불하려고 할 것인가? 그것을 보다 분명하게 보여주는 지표가 바로 주가매출액배수(PSR)와 주가연구개발비배수(PRR)다.

당신이 알던
밸류에이션 방법은 버려라

　시장에서 누구나 맞이하는 가장 큰 과제는 밸류에이션 방법을 파악하는 일이다. 밸류에이션은 완벽하게 이루어질 수는 없지만 그렇다고 복잡한 작업도 아니다. 완벽하지 않은 경우라도 밸류에이션은 얼마든지 이루어질 수 있다. 좋은 점은 훌륭한 밸류에이션 방법일수록 단순하다는 것이다. 그러나 공교롭게도 밸류에이션 개념을 제대로 파악한 사람은 아주 드물다.

　가장 흔한 밸류에이션 방법으로, 사람들은 PER이나 PBR 등의 전통적 척도를 사용한다. 그러나 사용법이 잘못된 경우가 많다(사실 많은 투자업계의 몇몇 평가 방법은 잘못된 경향이 있다). 어떤 사람들은 이런 방식으로 사용하고, 어떤 사람들은 저런 방식으로 사용한다.

　이익이나 자산이 본질적으로 잘못된 것은 아니지만, 이들은 어떤 활동에서 나온 결과다. 이익은 원인이 아니라 결과다. 주가의 움직임은 이익에 영향을 주는 원인으로부터 영향을 받는다. 주가가 움직이는 것은 뭔가 있기 때문이다. 이익과 자산도 무엇인가 때문에 움직인다. 우리는 그 '원인'에 초점을 두어야 한다. 기존 개념들은 경기장에서 외야수들의 위치만 살짝 바꾸듯이, 이런 기법들을 조금 바꿔보라고 권한다. 그러나 실제로는 아예 다른 경기장으로 가야 할 수도 있다. 이제부터는 전통적인 밸류에이션 방법들과 그 약점들을 살펴보기로 한다(파트2에서는 근본적으로 다른 새로운 밸류에이션 방법을 설명한다).

PER의 허와 실
/

미래 이익 성장에 기초한 PER은 1950년대에 인기를 얻었다. 1960년대와 1970년대 초에 사람들은 성장주에 투자해서 탁월한 수익을 거두었다. 이 방법을 사용한 사람이 아주 드물었기 때문에, 처음에는 이 방법이 잘 먹혀들었다. 따라서 엄청난 성장 잠재력을 지닌 진짜 탁월한 기업에 대해서도 프리미엄이 약간 붙었을 뿐이었다. 그러나 이제는 이른바 성장주 투자가 유행이 되었다. 상황은 우리의 손아귀를 벗어났다. 1960년대, 1970년대 초, 그리고 1980년대 초, 시장에서는 수많은 소형 '성장주'들이 PER 40~100배로 평가되었다.

증권회사에서 추천하는 일반적인 주식의 예를 들어보자. 어떤 주식은 PER[2]이 이러저러하기 때문에 상승할 것이라고 추천한다. 아니면 어느

---

2 PER(Price-Earnings Ratio, 주가수익배수) : 주가를 주당순이익(EPS)으로 나눈 값으로, 대개 PER이 낮으면 회사가

수준까지 "이익이 증가할 것"이라고 말한다. 혹은 이런저런 이유 때문에 PER이 "너무 낮다"고 말한다. 어쩌면 PER이 "역사적 범위에 비춰볼 때 낮다"고도 말한다. 아니면 S&P500에 비해서 '낮은 배수'로 거래된다고 말한다.

이익 예측이 밸류에이션의 가장 흔한 형식이 되었지만 이를 성공적으로 활용하는 사람은 거의 없다. 왜 그럴까? 구체적이고도 정확한 EPS 예측은 가능하지 않기 때문이다. 금융 예측에는 착각을 일으키는 요소가 많다. 두 가지 기본적 방법을 살펴보자.

'저低PER' 학파 – 이익에 기초하여 저평가된 주식을 찾는다

'낮은 PER'을 주장하는 사람들은 이익이 큰 폭으로 감소하지 않을 것이므로 현재의 낮은 PER이 지지될 것이라고 말한다. 이익에 비해서 주가가 낮다는 사실은 월스트리트가 이익 감소를 예상한다는 신호다. 낮은 PER 옹호론자들은 이익이 감소되지 않는다는 사실을 머지않아 월스트리트에서도 깨달으리라 믿는다. 이들은 그때가 되면 주가가 상승하리라고 기대한다.

이 방법은 3가지 한계가 있다. 첫째, EPS를 구체적으로 예측하는 일은 어떤 시기에서든지 지극히 어려운 일이다. 일반인들의 통념과는 달리, 1929년에도 수많은 주식들이 낮은 PER로 거래되었다. 그리고 나서 이익이 사라졌다. 예컨대 캐터필러트랙터Caterpillar Tractor는 1929년에 PER 8배에 거래되었다. 3년 뒤 가격이 몇 분의 일로 떨어졌지만 PER은 무한대가 되었다. 이익이 아예 없었기 때문이다(1920년대와 1930년대의 IBM과

벌어들이는 이익에 비해 주가가 저평가되어 있다고 본다(역자 주).

슈퍼 스톡을 발굴하는 핵심 지표

다른 주식들을 보려면 챕터13을 참조하라).

둘째, 이익을 계산하는 과정에 수많은 임의적 요소들이 포함된다. 이 중 일부는 시간이 흐르면 변하는 회계 변수에 불과하다. 회계 기초에 따르면 재무상태표상에서 많은 가정이 포함되지 않은 유일한 숫자는 '현금'뿐이다. 나머지 숫자들은 모두 경영자나 회계사들이 분기별로 변경할 수 있는 가정에 기초한 숫자들이다. 회계 원칙이 변경되는 것은 매우 흔한 일이고, 이때마다 경영진과 감사들은 이러한 변경 사항을 회사에 어떻게 적용할지 판단해야 한다. 회사의 상황이 거의 매일 바뀔 때마다 경영진과 감사들은 이러한 변화를 회계 차원에서 어떻게 판단할 것인지 파악해야 한다.

셋째, 실제로 그렇게 한 사람은 없지만 설사 우리가 이익 예측을 완벽하게 해낸다고 해도 이 방법을 써서 벌 수 있는 돈은 많지 않다. 성공적으로 적용할 경우, 투자한 돈의 100%를 벌 수는 있겠지만 10배를 벌지는 못할 것이다. 이런 식으로는 성과가 나오지 않는다. 아무리 시장이 효율적이지 않다고 하더라도, PER과 PBR에 대한 견해 차이가 그 정도 벌어질 만큼 비효율적이지는 않기 때문이다.

성장주 학파 – 이익 증가를 예측하여 종목을 찾는다

'성장주' 학파는 기업이 성장함에 따라 일정하지는 않겠지만 이익이 증가할 것이고, 주가도 상승한다고 믿는다. 크게 성장하기만 한다면 처음 지불한 가격과는 상관없이 주가가 상승한다고 믿는다. 이익이 성장하면 PER이 계속 낮아지므로, 마치 눌러놓은 용수철이 튀어오르는 것처럼 주가는 합당한 수준까지 계속 상승한다고 생각한다. 이러한 생각을 대변

한 최악의 사례는 1960년대 말과 1970년대 초에 성장주로 잘 알려진 대형주에 장기 투자한 사람들이다. 이익 성장이 기대만큼 현실로 나타나지 못하자 주가가 떨어졌다.

이 투자 철학에는 두 가지 한계가 있다. 첫째는 저PER 학파와 마찬가지다. 1개 분기나 2개 분기일지라도 이익을 앞질러 예측하는 일은 정말이지 매우 어렵기 때문이다. 예측과 다른 방식으로 사건이 전개되는 모습을 보면서 애널리스트들은 당혹감을 느끼는 경우가 많다.

성장주 학파의 잘 알려지지 않은 둘째 한계는 이익 예측이 맞는다 하더라도 주가가 기대만큼 오르지 않는다는 점이다. 왜 그럴까? 주식시장은 미래가치를 할인하기 때문이다. 주가에는 이미 미래 성장이 반영되어 있다고 보아야 한다. 이것은 오래된 격언 "시장은 알고 있다"와 상통한다. 특히 성장주로 널리 인식되고 있는 주식이라면 더욱 그렇다.

다음 해 이익 성장을 정확하게 예측하더라도 1~2년 뒤 회사가 어려움을 맞이한다면 주가는 오르지 않을 것이다. "시장은 이미 알고 있기 때문이다." 이것은 시장이 가장 자신 있게 내보이는 마법이다. 주가는 EPS가 절정에 도달하기 오래전에 먼저 절정에 이르는 경우가 많다. 표 5-1을 보고 두 가상 기업의 EPS와 같은 기간 이들의 주가를 살펴보자.

기업 A는 분기 이익이 일정하지 않은 속도지만 꾸준히 증가하고 있고, 주가는 분기 이익에 비해 정확하게 60배로 거래되고 있다(물론 세상일이 이런 식으로 정확하게 돌아가지는 않지만, 이렇게 가정하면 이해가 쉽다). 기업 B도 마지막 분기까지 비슷하게 실적을 내고 있지만, 주가는 이익이 감소하기 1년 전부터 하락하기 시작한다. 비효율적인 시장조차 사실은 효율적이어서, 우리가 합리적으로 생각해내기 전에 미래 요소를 대충이

　　　　　　　　　　　슈퍼 스톡을 발굴하는 핵심 지표

표 5-1 두 가상 기업의 EPS와 주가 비교

표 5-1 두 가상 기업의 EPS와 주가 비교

		1분기	2분기	3분기	4분기	5분기	6분기	7분기
기업 A	EPS 주가	0.20 12	0.25 15	0.37 22	0.40 24	0.45 27	0.55 33	0.60 36
기업 B	EPS 주가	0.20 12	0.25 15	0.37 22	0.40 22	0.45 16	0.55 12	0.09 8

나마 반영한다. 이 원리는 학계에서 충분히 인식되었고, '랜덤워크Random Walk' 학파의 형성으로 이어졌다.[3]

하지만 이익을 성공적으로 예측한다면, 저PER 방식을 활용하든 이익 증가 방식을 활용하든 아직은 어느 정도 돈을 벌 수 있다. 이 방법이 전혀 효과가 없었다면 근래에 폭넓은 불신을 받았을 것이다.

그러나 명백한 진실은 이런 방법들이 탁월한 효과를 나타내지는 않는다는 점이다. 거의 모든 사람들이 이 방법을 쓰고 있지만 극소수만 탁월한 실적을 올릴 뿐이다. PER로는 슈퍼 스톡을 발굴하기가 지극히 힘들다. 슈퍼 스톡의 최소 요건을 충족하려면, 주가가 5년 안에 적어도 매입 가격의 3배 이상 올라야 한다.[4] 이렇게 되려면 이익이 최소 연 25%씩 상승해야 하고, 기간 내내 PER이 하락하지 않아야 한다. 보다시피 이 기준은 너무도 명백하다.

한편 슈퍼 스톡의 최대 요건을 충족하려면 주가가 3년 동안 10배 상승 여력이 있어야 한다. 이렇게 상승하려면 3년 동안 연복리 115%가 넘어야 하는데, 이는 상상하기 힘든 수준이다.

---

3 랜덤워크 학파는 투자 연구를 포기해야 하는 완벽한 근거를 확립한 듯하다. 만일 당신이 투자 연구를 포기했다면, 이 학파에 합류해서 책을 덮고 불 끄고 자기 바란다.
4 도입부에 나와 있는 슈퍼 스톡에 대한 원래의 정의를 참조하라.

우리가 이익 예측을 하지 못할 때 어떤 일이 벌어지는가 생각해보면, PER의 약점이 더욱 명확하게 드러난다. 이익을 빼버린다면 기업을 어떻게 평가할 것인가? 이익을 빼버린다면 금융업계 대부분은 밸류에이션 능력을 상실할 것이다. 이익을 기초 자료로 사용할 수 없다면 기업을 어떻게 평가할 것인지 주식 브로커에게 물어보라. 아마도 매우 재미있는 답변을 들을 것이다.

벤저민 그레이엄 방식 – 주목할 만한 방법이지만 충분하지는 않다

벤저민 그레이엄Benjamin Graham은 폭넓게 저술하고, 가르치고, 강연했다. 그는 '증권 분석의 아버지'로 널리 인정받고 있다. 그가 쓴 《증권 분석》은 거의 50년 동안 이 분야의 독보적인 기본 교과서로 자리 잡고 있다.[5] 또 다른 책 《현명한 투자자》는 열성적인 초보 투자자들을 위한 고전으로 널리 인정받고 있다.[6]

다음은 존 트레인John Train이 《대가들의 주식 투자법》에서 그레이엄에 관해 쓴 내용이다.[7]

> 벤저민 그레이엄은 응용 포트폴리오 투자 분야에서 금세기의 (어쩌면 역사상) 가장 중요한 사상가다. 그는 투자를 기분, 내부 정보, 육감에 기초한 기술 수준으로부터 건져내어, 과학적이고 체계적인 원칙의 반열에 올려놓았다.

---

5 벤저민 그레이엄, 《증권 분석Security Analysis》(New York: McGraw-Hill, 1934).
6 벤저민 그레이엄, 《현명한 투자자The Intelligent Investor》(New York: Harper & Row, 1947).
7 존 트레인, 《대가들의 주식 투자법The Money Masters》(New York: Harper & Row, 1980), p. 83.

슈퍼 스톡을 발굴하는 핵심 지표

여러 세대에 걸쳐 투자자들에게, 그레이엄의 투자 개념은 '가치투자'로 알려지게 되었다. 그레이엄은 저PER과 특히 재무상태표 기준을 사용하여, 공식에 근거해서 주식을 매수했다. 그는 궁극적으로 이익을 산출해줄 생산적 자산을 매수했으며, 그것도 최대한 싼 가격에 매수했다. 그는 건전한 재무상태표를 지닌 배당 수익률이 높은 회사를 찾으려 했다. 그는 '싼' 회사를 발굴하여 매수하고, 2년이 지나거나 주가 50% 상승이 이뤄지면 매도했다. 이 방법은 효과가 좋지만 상승 여력이 제한되어 있다. 이 방법을 쓰면 돈을 벌 수는 있지만, IBM이나 제록스를 성장 초기에 매수할 수는 없다. 또한 수익의 대부분을 세금 혜택이 따르는 장기 자본이득 대신 단기 이익 형태로 얻게 된다.

당신은 기술주를 이렇게 자산 기준으로 평가해본 적이 있는가? 아마도 별난 방법이 될 것이다. 5배, 10배, 20배 이상 돈을 벌어준 우리 시대의 슈퍼 스톡 대부분은 자산가치 기준으로는 결코 매수할 수 없는 종목들이었다.

워런 버핏Warren Buffett은 벤저민 그레이엄의 개념을 나름대로 응용해서 수억 달러의 재산을 형성했다. 이런 성과를 올린 사람은 거의 없다. 《대가들의 주식 투자법》에 연대기를 실은 전설적 투자자 9명 중에서, 존 트레인은 버핏을 '투자자 중의 투자자'라고 불렀다.[8] 그는 독자적이었고 절제했다. 그는 대량으로 매수했고, 때로는 다른 사람들이 회피하는 유동성 없는 회사들을 헐값에 사들였다.

1956~1969년의 13년 동안, 그는 한 해도 손실을 입지 않고 연복리 30%로 자금을 증식했다. 이 정도로 성과를 올린 사람은 거의 없다. 워런

---

8 존 트레인, 《대가들의 주식 투자법The Money Masters》(New York: Harper & Row, 1980). p. 1.

버핏 같은 사람은 드물다. 아마도 지금까지 그가 유일할 것이다. 버핏은 그레이엄 밑에서 일하면서 배우는 혜택을 입었다. 다른 사람들도 그레이엄 밑에서 일했지만 이런 실적을 올린 사람은 없었다. 물론 대부분 매우 합당한 실적을 올렸다고 한다. 그러나 당신이 합당한 실적보다 더 높은 실적을 원한다면 어떻게 해야 하는가?

해답은 매출에 있다

/

이익에 기초한 주식 매수가 야구장의 외야 좌측이고 자산가치에 기초한 주식 매수가 외야 우측이라면, 아예 다른 경기장으로 옮기는 편이 낫다. 주식 매수의 관점에서 생각하지 말라. 주당 지표는 잊어라. (결국 주당 어쩌고 하는 것들도 실적의 한 형태가 아닌가?) 더 근본적인 개념은 기업을 사는 방식이 되어야 한다. 기업 전체를 통째로 사려면 얼마나 지불해야 하는가? 주식을 매수하기 전에 투자자들이 항상 자신에게 이런 간단한 질문을 한다면 많은 돈을 절약할 수 있을 것이다. 이 기업 전체를 사려고 사람들은 얼마나 지불할 것인가?

투자자 대부분은 기업이 벌이는 사업이 얼마짜리인지 생각해보지도 않는다. 이들은 단지 PER과 PBR만 들여다본다. 투자지표 분석에 관한 진지한 학술서적에서도 손익계산서 상반부조차 언급하지 않는다. 이들은 "이 회사에서는 도대체 얼마짜리 사업을 벌이고 있습니까?"라고 묻는 경우가 드물다.

예컨대 이 분야를 선도하는 어떤 책의 내용을 살펴보면 이렇다.

슈퍼 스톡을 발굴하는 핵심 지표

챕터에서 평가 방법과 이유를 설명하겠지만, PSR을 적절하게 사용하려면 후에 나올 순이익률도 이해해야 한다.

PSR은 당기순이익 대신 매출액을 사용한다는 점만 다를 뿐 PER과 매우 비슷하다. 이것은 기업의 시가총액Market Vlaue[10]을 지난 12개월 동안의 매출액으로 나눈 수치다. 시가총액을 계산하려면, 주가에다 총 발행주식 수를 곱하면 된다.[11] 예컨대 주가가 15달러이고 발행주식 수가 400만 주라면, 시가총액은 6,000만 달러다. 기업의 전년도 매출액이 8,000만 달러였다면, PSR은 0.75(6,000만/8,000만=0.75)가 된다. 만일 매출액이 2,000만 달러에 불과했다면 PSR은 3.0(6,000만/2,000만=3.0)이 된다.

매수가, 매도가, 종가 중 어느 것을 사용할지 고민하는 사람도 있다. 이런 고민은 대부분 불필요하다. 그다지 중요하지 않기 때문이다. 발행주식 수를 정확히 파악하려는 노력도 마찬가지다. 발행주식 수에 옵션을 얼마나 포함시켜야 할지 고민하느라 시간을 낭비하지 말라.

PSR은 0.05 미만에서부터 위로는 20을 훌쩍 뛰어넘는 수까지 다양하게 나온다. 온갖 변수에 따라 다양하게 나타난다. 일부 회사들의 PSR이 타 회사와 현저히 다르게 나타나는 것은 당연하다. 그러면 도대체 무슨 이유로 PSR을 보라고 하는가? 사업 규모 대비 인기도를 측정할 수 있기 때문이다.

사업의 세계에서 매출액은 다른 변수보다 본질적으로 안정적이라는 점에서 가치가 있다. 사업의 기본 요소를 제대로 파악했다면, 장기간 급

---

10 시가총액은 상황에 따라 증권시장에 상장된 모든 주식의 시가를 합한 금액aggregate value of listed stock으로 사용되기도 하나, 이 책에서는 한 회사가 발행하는 주식의 총 가격market value이라는 의미로만 사용되었다(역자 주).
11 가장 정확한 총 발행주식 수는 '완전희석발행수량fully diluted shares outstanding'이다. 이 수량은 기존 주식 수에 행사 가능한 옵션을 더한 값이다. 완전희석발행수량은 연차보고서에 명확하게 나온다. 흔히 인용되는 주식 수는 '발행주식 수'인데, 이는 '완전희석'을 반영하지 않은 주식 수를 말한다.

성장 뒤 매출은 일시적으로 정체했을 뿐인데, 이익은 대규모 흑자에서 소액(심지어 거액) 적자로 반전한 기업들의 사례를 많이 보았을 것이다.

슈퍼 스톡을 만드는 슈퍼 컴퍼니들의 매출액이 아주 큰 폭으로 감소하는 일은 드물다. 그러나 이익이 큰 폭으로 반전하는 모습은 흔히 나타난다(파트1 내용 참조). 슈퍼 컴퍼니의 매출을 보면 최악의 상황도 매출이 몇 년간 정체를 보인 뒤 5~10% 하락하는 정도다. 그만큼 매출액은 다른 재무 지표에 비해 상대적으로 안정적이므로, 밸류에이션 과정에서 비교적 안전하게 이 지표를 사용할 수 있다.

주가와 매출액의 관계
/

용어에 드러나듯이, PSR은 기업의 매출액 한 단위당 주식시장이 지불하려는 가격을 나타낸다. 이는 사실상 증권업계가 평가하는 기업의 인기도다. 개인 구매자의 관점에서 볼 때 기업의 가치는 미래 매출액 규모와 미래 평균 순이익률에 따라 결정된다. 즉, 미래에 사업을 얼마나 벌여서 돈을 얼마나 벌 것인지에 따라 결정된다. 사례를 들어보겠다.

연간 매출이 1억 달러고 시가총액도 1억 달러인 회사라면 PSR은 분명히 1.0이다(시가총액 1억 달러/매출액 1억 달러=1). 이 회사가 벌어들인 세후순이익률이 10%라고 가정하자(매출액 1억 달러의 10%이므로 이익은 1,000만 달러).[12] 그러면 회사의 PER은 10이다(시가총액 1억 달러/이익 1,000만 달

---

12 순이익률은 챕터17~28에서 자세히 다룰 예정이다. 지금은 순이익률이 세후순이익을 매출액으로 나눈 값이라는 정도만 알아두자. 매출액이 1억 달러고 순이익이 300만 달러라면, 순이익률은 3%(300만 달러/1억 달러=0.03=3%)가 된다.

슈퍼 스톡을 발굴하는 핵심 지표

표 6-1 순이익률과 PSR 수준에 따라 산출된 PER*

순이익률(%) / PSR	12	10	7.5	5	2	1
0.12	1.00	1.20	1.60	2.40	6.00	12.00
0.25	2.08	2.50	3.33	5.00	12.50	25.00
0.50	4.17	5.00	6.67	10.00	25.00	50.00
0.75	6.25	7.50	10.00	15.00	37.50	75.00
1.00	8.33	10.00	13.33	20.00	50.00	100.00
1.50	12.50	15.00	20.00	30.00	75.00	150.00
2.00	16.70	20.00	26.67	40.00	100.00	200.00
3.00	25.00	30.00	40.00	60.00	150.00	300.00
4.00	33.33	40.00	53.33	80.00	200.00	400.00
5.00	41.67	50.00	66.67	100.00	250.00	500.00
6.00	50.00	60.00	80.00	120.00	300.00	600.00
10.00	83.33	100.00	133.33	200.00	500.00	1,000.00

• 이 표는 다양한 PSR과 순이익률이 조합되어 산출되는 PER을 나타낸다. 예를 들면 PSR이 1.0이고 세후순이익률이 7.5%인 경우는 PER 13.33에 해당된다. 이 표는 수익성 수준이 다양하게 변화함에 따라 현재의 PSR이 얼마가 될 때 미래 PER이 얼마가 되는지 비교하는 데 유용하다. 이 표를 잘 익혀서 나중에 활용하기 바란다.

러=10). 만일 세후순이익률이 5%라면, PER은 20이 된다(매출액 1억 달러의 5%이므로 이익은 500만 달러. 1억 달러/500만 달러=20).

표 6-1은 PSR과 미래 수익성에 따라 산출되는 PER을 나타낸다. 이 표를 연구하라. 이 표를 이해하게 되면 기대 이상으로 많은 시간을 절약할 수 있다. 바로 전에 제시한 첫 사례(10% 순이익률)의 PER은 5행과 2열의 교차점에 해당된다. 수정된 사례(5% 순이익률)의 PER은 5행과 4열의 교차점이다.

표 6-1은 순이익률, PER, PSR 사이의 관계를 보여준다. 이 표에 익숙해지면 수익성과 투자업계의 평가 수준이 다양하게 나타나는 기업들에 적용해보기 바란다.

요점이 무엇인가? 주식을 성공적으로 매수하려면, 결과가 아니라 원인에 기초해서 가격을 산정해야 한다는 뜻이다. 원인이란 사업 여건, 즉 매출을 올리는 제품의 원가 구조를 말한다. 당기순이익, 순이익률, EPS 등의 결과도 바로 여기서 비롯된다. 지금까지 1주당 기준으로는 전혀 언급한 바가 없다는 점을 명심하라. 1주당 개념을 벗어나면 회사의 규모 등 회사 전체에 계속 집중할 수 있고, 곧 설명하겠지만 이러한 관점이 PSR을 성공적으로 적용하는 데 필수적이다.

사례 연구 : 데이터포인트사社의 주가 변화

이 사례를 보면 분석 도구로서 PSR을 어떻게 사용할 수 있는지 분명하게 이해될 것이다. 자료 6-1은 〈월스트리트저널〉(1983년 2월 15일) '월스트리트 풍문Heard on the Street' 기사에서 인용한 글이다. 이 기사는 데이터포인트The Datapoint 사에 투자한 투자자들이 최근 경험한 급등락 장세를 설명한다. 처음 세 문단을 읽어보라. 데이터포인트 주식은 $51\frac{7}{8}$에서 저가인 $10\frac{1}{8}$까지 급락했다. 이어서 25달러까지 반등했다. 이 과정에서 수많은 투자자들이 심하게 두통을 앓았다. 그런데 대체 무슨 일이 일어났는가? 기사는 길지만 대답은 분명치 않다. 월스트리트는 미스터리를 좋아하는 모양이다.

데이터포인트의 1981년 고가는 $67\frac{1}{2}$이었다. 그러나 1981년 만우절 시점 주가 58달러만으로도 충분히 설명할 수 있다. 58달러일 때 회사의 시가총액은 12억 5,000만 달러를 약간 밑돌았다. 지난 12개월 동안 회사는 약 3억 6,300만 달러의 매출을 올렸다. PSR이 정확히 3.25였다.

〈월스트리트저널〉 기사에 따르면, 이때 주식이 저가인 $10\frac{1}{8}$까지 떨어졌다. 당시 시가총액이 2억 2,200만 달러가 되었다. 1년 전 만우절 시점 시가총액의 80% 이상이 날아간 셈이다.

데이터포인트는 작년에 수많은 선원이 받은 것보다도 많은 절교장을 받았다. 그러나 텍사스에 기반을 둔 이 컴퓨터 시스템 제조업체는, 지금은 샌안토니오San Antonio에서 밸런타인데이를 맞이하고 있다.

이 회사가 주문량과 이익 예측이 과대 계상되었다고 발표한 뒤, 시가총액의 30%에 이르는 약 8억 달러가 1982년 초 단 몇 달 만에 증발해버렸다. 회계연도 말인 7월 31일 이익이 95% 감소하자, 데이터포인트 주식은 $51\frac{5}{8}$에서 $10\frac{5}{8}$로 폭락했다.

주식은 어렵게 반등하여 18달러 부근에서 해를 마감했다. 그러나 지난 2주 동안 밸런타인이 본격적으로 다가오기 시작했다. 주식은 지난 9거래일 동안 22% 상승한 뒤, 어제 $25\frac{1}{8}$, 보합으로 마감되었다. 큰 폭 상승은 금요일에 일어났는데, 대량 거래를 수반하며 12% 급등했다. 지난 이틀 동안 발행주식 2,100만 주의 약 5.5%가 손바뀜되었다.

트레이더들의 말에 따르면, 매수세가 여러 증권사에서 몰려들었다. 이런 움직임으로 보면, 거의 1년이나 이 주식을 따라다니던 공개매수 소문이 근거 없음을 알 수 있다. 대신 애널리스트들의 말로는, 이 종목이 나머지 기술주들과의 가격 격차를 줄이고 있으며, 투자자들이 경기 회복을 타고 이 회사의 재무구조가 회복되리라 믿는 것으로 보인다.

비록 일부 투자자들은 여전히 회사의 장래에 회의적이어서 최근 주식을 처분했지만, 적어도 애널리스트 두 사람은 최근 데이터포인트에 관해 호의적인 보고서를 발표했다.

퍼먼시즈메이거디츠앤드버니Furman Seiz Mager Dietz & Birney의 차트 애널리스트 피터 류Peter T.T.Lieu는 데이터포인트를 '강력 추천'한다. 류는 데이터포인트의 1983 회계연도 EPS를 월스트리트에서 가장 높은 1달러로 예상한다. 이 수치로 계산하면 데이터포인트의 현재 PER이 약 25로서, 기술주 가운데 가장 매력적인 종목인 IBM의 13이나 컨트롤데이터의 11과 비교해도 양호한 수준이다.

류는 '질적인 면'에서 이 회사를 좋아한다. 그는 데이터포인트의 현금 자산이 1983 회계연도 말 약 5,000만 달러에서 7월에는 1억 900만 달러로 대폭 개선되리라 예상한다.

"작년에 도산할 것처럼 보였던 회사로서는 재무상태표가 엄청나게 개선되는 셈입니다."

그의 말에 따르면, 이 회사는 뉴욕 상업은행 14개 중 13개를 포함해 건전하고 세련된 고객 기반을 확보하고 있으며, 미니컴퓨터 통신 시스템 시장에서 최대 점유율을 차지하고 있다.

이 회사는 강력한 고객 기반을 갖추고 있으므로, 경제가 의미 있는 회복세를 보일 경우 매출과 이익이 대폭 상승할 것이라고 류는 판단한다.

샌프란시스코 소재 함브레히트앤드퀴스트Hambrecht & Quist(이하 H&Q)의 분석가 로렌스 로버츠Lawrence W. Roberts는 올해 데이터포인트의 이익 회복에 대해서 그다지 낙관적이지 않다. 그는 1983 회계연도 EPS를 30~50센트로 예상한다. 그러나 경제가 회복될 경우 1984 회계연도에는 적어도 2달러가 가능하다는 점에 동의한다.

이 회사가 맞이한 최고의 밸런타인은 1월 20일이었다. 이날 트러스트코오브웨스트Trust Co. of the West는 데이터포인트 발행주식의 5.7%를 매수한다는 보고서를 증권거래위원회에 제출했다.

이 매수세가 대형 기관들의 대량 매도세를 상쇄했다. 예를 들면 로웨프라이스T. Rowe Price 와 BEA 어소시에이츠BEA Associates는 포트폴리오에서 모두 약 200만 주를 처분했다.

그러나 이 종목은 여전히 매도세가 계속되리라 보는 애널리스트들이 많다.

"단기 투자라면 아마도 지금이 빠져나오기 좋은 시점입니다."

살로몬브러더스Salomon Brothers의 애널리스트 프레더릭 지겔Frederick D. Ziegel의 말이다. 지겔은 또 1983년에 이익이 정체될 것으로 보아서 EPS를 약 50센트로 예상하고 있으며, 1984 회계연도에는 소폭 회복하여 약 1.50달러를 예상한다. 그는 말한다.

"예측치는 유동적입니다. 예측치를 이 정도 수준까지 내렸다면 예측치에 대해서 확신하기 힘들다는 뜻입니다. 예측치가 낮아 보일지 모르겠지만 말입니다."

지금 주식을 매입하려는 장기 투자자들에게 그는 말한다.

"경쟁이 매우 치열하고 변화가 심한 이 시장에 데이터포인트가 새로운 시스템을 도입할 수 있다는 믿음이 가야 합니다. 과연 자신 있게 이 말을 할 수 있는 사람이 있을지 모르겠습니다."

데이터포인트는 이미 장애물을 만나고 있는지도 모른다. 1981년 4월, 이 회사는 ISX라는 전자 스위칭 장치를 발표하면서 "향후 2년 이상 회사의 성장과 이익에 커다란 기여를 할 것"이라고 말했다.

거의 2년이 지난 지금, 데이터포인트 대변인은 말한다.

"ISX에는 특히 소프트웨어에 약간 문제가 있어서 최근에 전혀 출하를 못했습니다. 지금까지 다소 실망스러운 상황입니다."

그는 ISX가 기여한 수익이 "사실상 전무하다"고 덧붙였다.

회사는 월스트리트의 이익 전망치에 대해 언급을 삼가고 있으며, 단지 경기 회복의 혜택을 입으리라 '낙관'한다는 입장만 전하고 있다.

자료: 〈월스트리트저널〉, 1983년 2월 15일. 〈월스트리트저널〉의 허락을 얻어 게재함.

회사의 매출액은 그다지 떨어지지 않았다. 따라서 PSR은 3.25에서 0.61로 떨어졌다. 그러나 이익은 사라졌다. 전형적인 성장 결함이었다. 실제로 데이터포인트의 매출은 오랫동안 빠르게 성장했다. 〈월스트리트저널〉에 기사가 실리는 시점에, 데이터포인트의 연간 매출은 약 5억 1,400만 달러까지 올라갔다. 이익이 회복되기 시작했다. 물론 이때 주가는 저가로부터 2배 넘게 올랐다. 그런데 도대체 무슨 일이 일어났는가?

처음부터 월스트리트에서 데이터포인트를 과대평가한 것이었다(PSR 3.25). 투자자들이 장기적으로 큰 이익을 얻고자 한다면, 데이터포인트와 같은 규모의 회사는 PSR이 3.25가 되어서는 안 된다. 나중에 데이터포인트는 지나치게 떨어졌다(PSR 0.61). PSR이 0.75 미만인 슈퍼 컴퍼니는 어느 종목이든 끈기 있게 보유한다면 양호하거나 환상적인 이익을 거두게 된다.

CHAPTER
07

슈퍼 스톡을 발굴하는
PSR 3가지 공식

슈퍼 스톡으로 3~5년 사이에 3~10배의 수익을 올리려면 몇 가지 공식이 필요하다.

공식 1 ··· **PSR 1.5가 넘으면 피하고, 3이 넘으면 절대 사지 말라.**

PSR이 이렇게 높은 주식도 빠르게 상승할 수는 있지만, '과열'일 뿐이다. 대규모 장기 손실의 위험을 떠안으면서 소규모 단기 차익을 노리는 입장이 아니라면, 손대지 말라. 소액투자자들에게 거듭 강조하는 바다.

공식 2 ··· **PSR이 0.75 이하인 슈퍼 컴퍼니를 적극적으로 탐색하라.**

주변에 이런 회사가 반드시 존재한다. 절대로 부족한 법이 없다. 이런 주식을 장기 보유해서 돈을 벌라.

공식 3 … 아무리 슈퍼 스톡이라도 PSR이 3.0~6.0으로 올라가면 매도하라.

많은 위험을 떠안기 싫다면 3.0에 팔라. 좀 더 위험을 떠안고자 한다면, 즉 과도한 낙관론이 계속 주가를 밀어올리기를 희망한다면 6.0을 바라보며 기다리라. 더 높은 숫자를 기다리는 건 도박이다.

PSR이 높은 회사는 월스트리트에서 이미 크게 기대하고 있는 회사다. 우량한데도 PSR이 낮은 회사는 투자업계에서 이미 실망했고 지나치게 의심하는 회사다.

낮은 PSR과 높은 PSR
/

잠시 데이터포인트사의 사례로 돌아가자. 이 주식을 PSR 3.25에 매수한 사람들은 큰 타격을 입었다. PSR 0.6에 매수한 사람들은 크게 한 건 올렸다. PSR 0.6이라면 1982년 PER 약 6배, 애널리스트들이 예상한 1984년 선행PER의 약 5배에 불과한 시장가격으로 거래되었다는 뜻이다(자료 6-1의 〈월스트리트저널〉 기사를 읽어보라). 다음 해 PER 5배에 거래되는 슈퍼 컴퍼니와 주가가 올라가는 것이 이상한가? 이 사례에서 PSR 3.25는 지나치게 높았고, PSR 0.6은 대단히 매력적이었다. 항상 이런 식일까?

PSR의 실제 사례들

다른 조건이 동일하다면, 회사가 커질수록 PSR은 낮아진다. 피셔인베스트먼트Fisher Investments에서는 5년 기간에 대해서 62개 기술주로 구성된 객관적 모집단을 분석했다. 이 기간에 PSR이 크게 증가했는데, 특히 소기업들이 그러했다. 그런데 연구 기간 전체에 걸쳐서 몇 가지 사항들은 변함이 없었다.

- 대기업들은 소기업들보다 PSR이 낮은 경향을 보였다.
- 기대 이상의 호실적은 PSR이 1 미만으로 시작한 주식에서 많이 나왔다.
- 대부분의 실망스러운 결과는 PSR이 최고치를 기록한 직후 실적이 부진해진 주식에서 나왔다.

우리는 객관성을 확보하기 위해, H&Q의 월간 통계자료를 데이터 모집단으로 사용했다. H&Q는 기술주 투자 및 인수 분야에서 장기간 선두를 차지하고 있는 전문 기관이다. 〈월간통계요약Monthly Statistical Summary〉에는 이 회사에서 연구하는 회사들의 데이터가 실려 있다. 이들의 데이터 모집단을 사용했기 때문에 우리는 분석 대상 주식을 선정할 필요가 없었다. 이 회사에서 대신 선정해주었다.

분석 대상 회사들은 거의 모두 기술주였다.[13] 1978년 요약 자료로 시작해서 우리는 분기 단위로 주식을 분석했다. 시간이 흐르면서 일부 주

---

13 H&Q의 모집단에 비기술주도 분명히 있었다. 편리하게도 비기술주를 두 소그룹으로 분류하고 있었다. 덕분에 우리는 비기술주들을 솎아내고 기술주에만 초점을 모을 수 있었다. '특수 상황'이라는 제목의 소그룹에는 기술주와 비기술주가 모두 포함되어 있었다. 우리는 MSI 데이터앤드애미콘MSI Data and Amicon 같은 기술주는 포함시켰고 머빈스Mervyn's 같은 비기술주는 제외했다. 포함 여부에 대해 토론을 벌인 유일한 주식은 아이텔Itel이었는데, 이 주식의 초기 PSR은 평균보다 높았다. 우리는 아이텔이 본질적으로 기술회사라기보다는 금융회사라고 간주했기 때문에, 포함시키지 않기로 결정했다. 나중에 밝혀졌지만, 우리가 아이텔을 포함시켰다면 연구에서 나온 결론은 더 강화되었을 것이다.

슈퍼 스톡을 발굴하는 핵심 지표

식은 목록에서 제외되었는데 회사의 인수, 부도, H&Q 측의 단순한 흥미 상실 등이 그 사유였다.

다른 회사에 인수되는 바람에 목록에서 회사가 제외되는 경우, 우리는 인수 시점의 가치로 회사를 평가했다. H&Q가 흥미를 잃는 바람에 회사가 목록에서 제외되는 경우, 우리는 직접 필요한 정보를 수집하여 마치 회사가 목록에 그대로 유지되는 것처럼 연구를 계속했다. 부도가 나서 목록에서 탈락한 경우도 한 번 있었다(우리는 연구를 계속하다가, 주가에 부도가 반영되는 시점에 분석 대상에서 제외했다). 데이터 모집단은 편리하게도 기업 규모에 따라 세 종류로 분류되었다.

1. 매출액이 1억 달러 미만인 38개 기업
2. 매출액이 1억~6억 달러인 15개 기업(공백이 존재한다. 데이터 모집단에는 매출액이 6억~10억 달러인 기업은 없었다)
3. 매출액이 10억 달러를 넘는 9개 기업[14]

첫 번째 관심사는 소기업 전체의 PSR이 얼마나 낮은가다. 뒤에 나오지만, 1982~1983년에는 이 정도 규모에서는 PSR이 3~10인 회사가 수없이 많았고, 그 이상으로부터 30에 이르는 회사도 있었다. 그러나 1978년 초, 목록에서 가장 높은 PSR은 워터스어소시에이츠Waters Associates의 2.53이었다. 38개 회사의 평균 PSR은 겨우 0.8이었다. 목록에서 가장 낮은 회사는 인포매그Infomag로서 0.24였다. 표 7-1은 소기업 목록에서 PSR이 가장 높은 10개 회사의 이름과 순위다.

---

14 규모 분류는 분석 기간 초기의 매출액 기준이다. 5년 차 말에는 대부분 회사들이 훨씬 커졌다.

연구 기간 이후 이들 기업의 실적을 살펴보자. 눈부신 성공을 거둔 회사가 셋 있었다. 목록에서 2위인 매뉴팩처링데이터시스템스Manufacturing Data Systems, 6위인 MCI커뮤니케이션MCI Communications, 9위인 어드밴스드마이크로디바이스Advanced Micro Devices다. 이들 종목을 보유한 사람들은 큰돈을 벌었다.

시가총액 3,500만 달러였던 매뉴팩처링데이터시스템스는, 1981년 시가총액 2억 1,200만 달러로 슐럼버거Schlumberger에 인수되면서 목록에서 제외되었다. 당시 PSR은 3.8이었다. 대단히 탁월한 실적을 보인 MCI는, 초기 시가총액 8,100만 달러에서 1983년 연구 기간 말에는 시가총액 49억 달러로 성장했다(단위가 무려 억 달러다). 이때 MCI의 마지막 PSR이 4.9였다. 이 정도 규모의 회사 중에서는 압도적으로 최고의 가치다. MCI는 규모 대비 PSR 기준으로 세계에서 가장 가치가 높은 회사다. 끝으로, 어드밴스드마이크로디바이스는 시가총액이 7,600만 달러에서 9억 8,600만 달러로 증가했고, 1983년 초 PSR이 2.9였다.

반면 일부 주식은 실망스러웠다. 테스데이터Tesdata는 1978년 순위 3위였고, 시가총액이 1,800만 달러였다. 1983년 초 이 회사의 시가총액은 1,000만 달러로 떨어졌는데 1982년에는 최저 수준인 400만 달러까지 내려간 적이 있었다. 컴퓨터오토메이션Computer Automation은 연구 초기에 시가총액이 4,800만 달러였으나 연구 말기에는 2,900만 달러였다. PSR이 가장 높았던 워터스어소시에이츠는 재난 수준은 아니더라도 커다란 실망을 안겨주었다. 1978년 이 회사는 시가총액 8,600만 달러와 PSR 2.53으로, 분명히 대중으로부터 사랑받는 회사였다. 이 회사는 1980년 2분기에 밀리포어Millipore에 불과 9,100만 달러에 인수되면서 목록에서 탈

슈퍼 스톡을 발굴하는 핵심 지표

표 7-1 PSR 상위 10대 기업

순위	회사명	PSR	매출액 (백만 달러)	시가총액 (백만 달러)
1	워터스어소시에이츠 Waters Associates	2.53	34	86
2	매뉴팩처링데이터시스템스 Manufacturing Data Systems	1.46	24	35
3	테스데이터 Tesdata	1.38	13	18
4	플랜트로닉스 Plantronics	1.19	54	64
5	포페이즈시스템 Four Phase System	1.13	80	90
6	MCI커뮤니케이션 MCI Communications	1.13	72	81
7	팀셰어 Tymshare	1.00	92	92
8	사이코 Sycor	0.99	72	71
9	어드밴스드마이크로디바이스 Advanced Micro Devices	0.93	82	76
10	컴퓨터오토메이션 Computer Automation	0.92	52	48

표 제목 행 우측:

락했다.

10대 회사에 포함된 다른 회사들은 그럭저럭 평범한 실적을 올렸다. 예를 들면 사이코Sycor는 초기 시가총액보다 딱 8% 높게 거래되었다. 팀셰어Tymshare는 연구 초기에 시가총액 9,200만 달러로 시작해서 한때 최고 6억 2,200만 달러까지 올라갔지만(이 시점에 PSR이 2.6이었다), 나중에 시가총액 겨우 2억 400만 달러로 떨어졌고 PSR은 0.67이 되었다.[15]

이들 PSR이 높은 10대 기업 중 7개 기업의 실적이 얼마나 부진했는지 실감하려면 이 기간이 기술주 전체에게 매우 이례적인 기간, 즉 전례 없는 성장기였다는 점을 이해해야 한다. 이 기간에 H&Q 기술주 지수는 5배 이상 상승했고, 연복리 약 40%나 성장했다. 이런 배경 조건을 감안하면 PSR이 높은 10대 기업 중 7개 기업의 부진한 실적이 두드러지게 나타난다.

그런데 PSR이 낮은 주식들의 실적은 깜짝 놀랄 만큼 대조적이다. 목

---

15 이 정도면 팀셰어는 연복리 15% 수준으로서 나쁘지 않은 실적이지만, 세계 최고의 가치 기업으로 꼽힐 정도는 못 된다.

록의 바닥에 있던 인포매그는 PSR이 겨우 0.24에 시가총액이 800만 달러에 불과했는데, 연구 기간 말에는 회사명이 컴퓨터앤드커뮤니케이션스테크놀로지Computer & Communications Technology로 변경되었다. 이 회사는 시가총액이 1억 5,000만 달러가 넘었고 PSR은 2.0을 넘었다. 그레인저어소시에이츠Granger Associates는 초기에 시가총액이 겨우 900만 달러였고 PSR은 0.50이었다. 이 회사는 말기에 시가총액이 2억 5,000만 달러가 넘었고 PSR이 5.0을 초과했다. 그레인저의 PSR은 5년 동안 10배 넘게 증가했다.

저PSR 집단의 일부 회사들은 배수는 조금 증가했지만, 그래도 실적은 상당히 훌륭했다. 예를 들면 피니건코퍼레이션Finnigan Corporation은 연구 초기에 PSR이 0.43이었고 시가총액이 겨우 900만 달러였다. 연구 말기에 PSR은 1.2였지만 시가총액은 6,600만 달러로, 초기보다 7배 넘게 증가했다. 캘리포니아마이크로웨이브California Microwave(챕터34 사례 참조)는 연구 초기에 시가총액 1,900만 달러와 PSR 0.63이었다. 1983년 초, 이 회사의 시가총액은 1억 5,000만 달러를 넘었고 PSR은 1.50이 되었다. 전체 기간에 걸쳐 진정한 슈퍼 스톡이었던 롬Rolm은 초기에 PSR이 그룹 평균과 거의 같은 0.81이었고 시가총액이 2,900만 달러였다. 롬은 말기에 시가총액이 11억 달러가 넘었고 PSR은 2.5가 넘었다.

이러한 종목들이 상승한 주된 이유는, 기술주들이 인기를 끌어 모으면서 강력한 강세장이 왔기 때문이다(최근 기술주들은 PSR 기준으로 과대평가되었다. 대단한 강세장이었다).

1982년 11월이 되자 H&Q 목록 가운데 27개 종목의 PSR은 3.0을 넘어섰다. 이들 중 8개 종목은 PSR이 6.0을 넘었다. 그 이후로 PSR 증가

속도가 더 빨라졌다. 1983년 5월, 목록 가운데 54개 종목의 PSR이 3.0을 넘어섰고, 27개 종목은 6.0도 넘었다(1978년 초에는 목록에서 가장 높은 PSR이 겨우 2.534였다는 점을 기억하라).

1983년에 비해 1978년에는 PSR이 얼마나 낮았는지 주목하라. 지난 50년 전체의 PSR을 비교해보면(챕터13~14 참조), 이른바 기술주의 PSR은 1978년에 낮았고 1983년에 높았음이 분명해진다(단지 PSR이 낮다는 이유만으로 주식을 사서는 안 된다. 특성도 잘 살펴야 한다).[16]

500~1,000% 상승한 목록상의 모든 종목이 연구 초기에는 예외 없이 PSR이 1.5 미만이었다. PSR이 1.0을 넘는 슈퍼 스톡은 둘뿐이었다. 상대 실적을 보면 이해가 된다. PSR이 가장 낮은 종목 $\frac{1}{3}$이 PSR이 가장 높은 종목 $\frac{1}{3}$보다 매 분기 단위로 계속해서 높은 실적을 올렸다. 목록에 있는 종목 가운데 MCI와 어드밴스드마이크로디바이스를 비교하면 그 차이는 더 극적으로 나타난다(물론 두 회사는 자체적으로도 매우 가치 있는 회사들이다).[17] 흥미로운 점은 객관적으로 선정된 모집단에서 뽑아낸 우수한 속성을 지닌 동질적 종목들 가운데, PSR이 낮은 종목이 높은 종목에 비해 잠재 이익이 높으면서도 잠재 위험이 낮았다는 사실이다(분기 단위로 전체 기간에 대해 그런 결과가 나왔다). 이 사실만 보더라도 PSR이 높은 주식은 피해야 한다.

---

16 사실 세계 최악의 회사도 부도가 나는 과정에서는 망하기 직전에 PSR이 아주 낮아진다.
17 우리는 이러한 변화를 연구하는 과정에서, H&Q의 실적 우수 종목 선정 작업이 탁월했다는 결론도 내리게 되었다. 실패 종목이 비교적 적었고, 손실 폭도 상대적으로 작았으며, 평균 이익이 막대했기 때문이다. 이들은 5년 동안 계속해서 일부 종목을 솎아내고 새로운 종목을 추가했는데, 대개 미래의 부진 종목들이 탈락되었고 이들 대신 포함된 종목들은 더 높은 실적을 기록했다.

PSR로 기업의 성장 가능성
알아보기

표 8-1은 1982년 11월 H&Q 목록에 포함된 회사의 숫자를 규모와 PSR 수준별로 보여준다. 예를 들면 1열 2행에는 매출액이 1억~2억 달러고 PSR이 0~1인 회사가 4개 있다. 마찬가지로, 4열 4행에는 매출액이 3억~4억 달러고 PSR이 3.0~4.0인 회사가 딱 하나 있다.

표 8-1의 좌하에서 우상으로 올라가는 대각선은 이른바 '절대 가지 말아야 할 지역Never-never Land'을 구분하는 선이다. 대각선 오른쪽 지역은 월스트리트의 극소수 '신성한 기업Sacred Cow'만이 도달했던 기업 규모와 PSR의 조합이다. 대각선 오른쪽에 자리 잡은 소수 기업은 표 아래에 이름을 명시했다.

이들 기업들은 규모 대비 PSR 기준으로 가장 높은 가격이 매겨진 기업들이다. 어떤 면에서 이들은 모두 뛰어난 기업들이다. AMD, 애플컴퓨

표 8-1 PSR과 회사 매출액 규모에 따른 기업 분포　　　　H&Q 통계 요약, 1982년 11월

최근 12개월 매출액 (억 달러)	PSR 기준 회사의 수							
	0~1	1~2	2~3	3~4	4~5	5~6	6 이상	계
0~1	8	17	16	3	2	5	8*	59
1~2	4	7	2	3	2	1a	0	19
2~3	2	2	1	0	0	0	0	5
3~4	1	2	2	1b	1c	0	0	7
4~8	2	4	2d	0	1e	0	0	9
8 이상	11f	5	2g	0	0	0	0	18
계	28	37	25	7	6	6	8	117

표시된 각 위치에 속하는 회사들의 구체적 목록은 다음과 같다.

a 탠던Tandon

b AMD

c 탠덤Tandem

d 애플Apple, 프라임컴퓨터Prime Computer

e MCI

f 데이터제너럴Data General, 모토롤라Motorola, 내셔널세미컨덕터National Semiconductor, 노던텔레콤Northern Telecom, 스토리지테크놀로지Storage Technology, 텍사스인스트루먼트Texas Instruments, 테크트로닉스Tektronix 등 왕년의 전설적 거대기업들

g 왕Wang, 인텔Intel

터, 인텔, MCI, 프라임컴퓨터, 탠덤컴퓨터, 탠던, 왕이 여기에 포함된다. 이 목록에서 PSR이 가장 높은 기업은 인터컴으로서 18¾이었으며, 매출액이 1,800만 달러에 불과했다. PSR이 가장 높은 8개 기업(*표시된 그룹)은 표 8-2와 같다.

PSR과 매출액 규모로 성장 가능성 살펴기
/

　그렇다고 이런 주식들이 오를 수 없다는 말은 아니다. 1982년 11월부터 1983년 5월까지의 강세장 동안, 이렇게 높은 수준에서도 분명히 더

회사명	연매출액(백만 달러)	시가총액(백만 달러)	PSR
인터컴 Intecom	18	338	18.78
콜라겐 Collagen	9	120	13.33
홈헬스케어 Home Health Care	22	217	9.86
제넨테크 Genentech	26	251	9.65
컨버전트테크 Convergent Tech	63	568	9.02
시게이트 Seagate	44	316	7.18
테라코프 Tera Corp.	32	221	6.91
에반스앤드서덜랜드 Evans & Sutherland	48	326	6.79

올랐다. 그러나 잠재 보상은 위험에 비해 하찮은 수준이다. 데이터포인트의 사례를 기억하라. 실제로 11월부터 5월까지 상승하는 동안, 이들 주식은 목록의 PSR이 낮은 주식보다 실적이 뒤처졌다(중장기적으로 PSR이 높은 그룹은 낮은 그룹보다 계속해서 실적이 뒤처진다). 이 법칙에 예외가 되는 종목도 여러 개 있지만, 예외에 속하는 건수가 극히 적기 때문에 투자 실적에는 거의 영향을 미치지 못한다. 예를 들면, MCI는 대기업으로 성장하면서 이미 높은 수준이었던 PSR이 비정상적인 수준으로 더 높이 올라갔다. 이 회사는 눈에 띄는 독특한 예외다. 표 8-1을 다시 보면, 이 회사는 대각선 오른쪽으로 떨어져 나와 있다. 그러나 이런 예외는 거의 없다(MCI는 나중에 쓰러졌다).

PSR과 성장은 반비례한다
/
이 연구에서 얻은 흥미로운 또 하나의 결과는 거대기업의 PSR이 중소기업의 PSR보다 항상 낮다는 점이었다. 이런 현상은 연구 초기보다 말기로 갈수록 두드러지게 나타났다(그리고 역전되는 경우는 없었다). 가장 높은 PSR은 항상 소기업에서 나왔다. 매출액 10억 달러가 넘는 9개 회사들의 1978년 초 평균 PSR은 겨우 0.63이었다. 휴렛패커드와 DEC는 동급 회사들 중에서는 가장 높은 가격으로 평가받는 초소형 엘리트 그룹에 속한다. 이 두 회사를 빼면 이 그룹의 평균 PSR은 0.41에 불과하다.

회사의 규모가 성장함에 따라, 이 회사의 PSR은 규모가 비슷했던 다른 회사들의 최고 PSR 이상은 넘을 수 없다고 기대해야 한다. 이것이 이 연구에서 나오는 가장 중요한 결론이다(나는 그 중요성을 몇 번이고 강조하는 바다).

표 8-1의 대기업 부분은 기업 규모가 증가함에 따라 PSR이 감소하는 상대적 정도를 보여준다. 매출액이 8억 달러가 넘고 PSR이 1 미만인 11개 기업들(f그룹)은 이미지가 나쁜 회사들이 아니다. 이들은 텍사스인스트루먼트, 스토리지테크놀로지, 데이터제너럴 등 수십 년 동안 존경받아 온 기업들이다.[18]

매출액이 8억 달러가 넘고 PSR이 1~2인 5개 기업은, 이들 중 3개 기업의 매출액이 거의 10억 달러라는 점이 흥미롭다. 실제로 10억 달러가 넘는 기업 가운데 HP와 DEC 두 회사만 PSR이 1을 넘는다. 이 소수의

---

18 이 목록은 텍사스인스트루먼트(TI)의 PC 문제가 떠오른 시점보다 6개월 이전에 작성되었다. 당시 TI는 '안전한' PC 업체로 평가되고 있었다. 거대기업치고는 PSR이 높았지만(1보다 약간 낮은 수준) 중소기업들보다는 PSR이 낮았다. 이 책을 쓸 무렵, 형세가 역전되었다. TI는 빛을 잃었고, 대규모 상각과 손실을 발표했다. 1983년 여름 중반에 TI의 PSR이 0.67로 떨어졌는데, 이 숫자는 회사 규모에 비해 높지도 낮지도 않은 수준이었다. 이러한 저PSR 기업들이 한때 얼마나 존경받는 기업이었는지 확인하려면, 과거 PSR을 들여다보는 것으로 충분하다. 데이터제너럴은 PSR이 12.59였고 주가가 49달러였다. 1983년에 이 회사 주가는 60달러 중반, PSR은 1.03이 되었다. 스토리지테크놀로지는 1973년에 PSR이 4.3이었고 주가는 7달러였다. 40$\frac{3}{8}$으로 상투를 친 다음, 1983년에 16달러 수준에서 거래되었으며 PSR은 0.60이 되었다. 이 과정 동안 스토리지테크놀로지의 매출은 2,600만 달러에서 10억 달러로 증가했다. TI의 PSR 최고치는 1973년의 3.26이었다. 당시 회사 규모는 지금의 $\frac{1}{4}$보다도 작았다.

회사들은 규모 대비 높은 PSR로 두각을 나타냈다.

결국 이들은 훨씬 높은 PSR로 거래되는 소기업들만큼이나 비싼 값이 매겨진 셈이다(DEC는 나중에 도산했다). 기관들이 **포트폴리오**에서 끈질기게 보유했던 나머지 수많은 전설적인 거대 기술주들도 PSR이 1에 못 미쳤다.

높으면 위험하다
/

PSR이 높으면 위험하다. 이제 우리는 회사가 성장을 거듭해서 거대기업이 되면 PSR이 낮아진다는 사실을 알았다. 회사가 성장해서 매출액이 10억 달러를 넘으면 PSR은 대개 1 아래로 떨어진다. 이런 운명을 벗어나는 회사는 거의 없다. 설사 이런 운명을 벗어나더라도 이 회사의 PSR은 그다지 높지 않다. PSR은 회사 규모가 커질수록 작아지므로, PSR에 비해 규모가 지나치게 큰 회사는(즉, 비슷한 규모의 회사들 중 PSR이 유난히 높은 회사라면) 주가가 취약하며, 상승 잠재력도 빈약하다.

예를 하나 들어보겠다. 챕터33에서 연구 사례로 버베이팀코퍼레이션이 논의된다. 1983년 관점에서 내다볼 때, 이 회사는 싸 보이지 않는다. 1983년 여름 중반에 주가가 50달러 초반이었으며, 버베이팀의 시가총액은 6억 1,000만 달러가 넘었고 연간 매출은 1억 2,000만 달러로서 PSR이 5.1이었다. 나는 버베이팀이 훌륭한 회사라고 생각한다. 플로피 디스크 시장에서 화려한 미래를 맞이할 것이다. 그런데 이런 규모의 회사로서 PSR이 이렇게 높다는 점이 겁난다. 시장 전체가 오르지 않는 한

(그래서 모든 기업의 배수가 극적으로 증가하지 않는 한), 매출액이 약 10억 달러나 되는 버베이팀의 시가총액이 10억 달러를 크게 넘어설 것 같지가 않다.

PSR이
얼마나 낮아야 하는 걸까

주가가 2배로 뛰려면 버베이팀은 매출액이 10배로 늘어나야 한다.[19] 주가가 2배만 되어도 상당한 수익률이 나올 만한 짧은 기간 안에, 매출액이 10배가 될 확률이 얼마나 될까? 별로 높지 않다(앞에서 설정한 슈퍼 스톡의 최소 요건을 충족하려면, 단 3년 만에 10배가 되어야 한다). 아마도 빠르게 성장하려고 노력하는 과정에서 더 많은 현금이 필요하여 주식을 팔게 될 것이므로, 발행주식 수가 증가할 것이다. 그러면 시가총액과 PSR은 증가하지만 기존 주주들의 가치는 증가하지 않는다(성장을 위한 자금 조달 목적으로 주식을 발행하느라 주식가치가 희석되므로, 회사가 성장하면 PSR이 하락 압박을 받는다).

---

19 버베이팀의 매출액이 1억 2,000만 달러에서 12억 달러로 10배 증가한다고 가정하자. 이때 PSR이 1.0이라면(상당히 합당한 가정이다), 회사의 시가총액은 12억 달러가 된다. 이 숫자는 현재의 시가총액 6억 1,000만 달러의 2배다.

그렇다고 버베이팀 주가가 오르지 못한다는 말은 아니다. 오를 수도 있다. 즉, 이 주식이 오르려면 거친 물살을 헤치며 거슬러 올라가야 한다는 뜻이다. 1983년에 회사가 더 열심히 흐름을 거슬러 헤엄칠수록 나중에 더 많은 사람들이 다치거나 몹시 실망할 것이다(버베이팀은 나중에 도산했다). 표 8-1에 대해서 다시 언급하자면 내가 처음 버베이팀을 매수했을 때 이 회사는 1981년 1월 목록에서 1열 1행에 있었다. 내가 1983년 주식을 모두 팔아치운 시점에는 6열 2행으로 이동한 상태였는데, 이것이 '절대 가지 말아야 할 지역'과의 경계선이었다.

기업 공개 때는 PSR을 반드시 살펴라
/

1982년과 1983년에 많은 기업공개가 높은 PSR로 완료되었고, 나중에 투자자들에게 슬픔을 안겨주었다. 투자자들은 전부는 아니더라도 많은 기업공개에서 큰돈을 잃기가 아주 쉽다. 어떤 기업이 매출의 10배로 기업을 공개한다면, 이는 세후순이익률(표 6-1 참조)이 10%인 기업의 경우 PER 100배에 해당한다. 장기간 10% 순이익률을 유지하는 기업은 거의 없다. 이러한 고PSR 기업공개는 높은 수익보다는 장기 손실을 초래하는 경우가 대부분이다.

투자자들은 이 회사가 진정으로 산업의 탁월한 선도 기업이 될 가능성에는 거의 관심을 기울이지 않는 듯하다. 탐욕에 눈이 먼 투자자들은 브로커에게 전화를 걸어 입에 거품을 물면서, 새로 기업을 공개하는 XYZ주식 300주를 사달라고 주문한다. 브로커가 그 회사가 XYZ가 아니라 ZXY라고 말하면, 투자자는 ZXY라도 300주를 사달라고 주문한다. 어쨌든 '신규 종목' 아닌가? 이런 종류의 거품 시장에서, 사람들은 주가가 오른다고 확신한다. 기본 요소에는 거의 관심을 기울이지 않는다. 1982~1983년 신규발행시장처럼 높은 PSR로 발행가가 책정되는 경우라면, 기본 요소에 관심을 기울이더라도 별로 소용이 없다. 이런 강세장이 끝날 때 가장 큰 손실을 입는 사람들은 결국 기대를 저버리는 초고PSR주를 매수한 사람들이다.

손실을 입는 또 다른 무리는, 기대는 충족시키지만 PSR이 엄청나게 높은 초고PSR주를 매수한 사람들이다(같은 이유로 버베이팀도 PSR이 너무 높다). 매출액의 10배에 거래되는 주식에 투자한 뒤 원금을 회수할 때까지 버티려 한다면, 장기간이 소요될 것이다. 차라리 지방채를 사는 편이 낫다. 이런 식의 정신 나간 시장 행동이 시작되면 틀림없이 응징의 시기가 찾아와서 많은 사람들이 고통을 받게 된다. 이번에도 별반 다르지 않다. 원위치장은 역량과 경험이 넘치는 사람에게는 돈을 주고, 돈과 탐욕이 넘치는 사람에게는 경험을 준다. 황소와 곰이 사라진 한참 뒤에도 칠면조는 여전히 시장을 지킨다.

그러나 심지어 강세장의 절정기에도 싼 주식은 있다. 데이터포인트의 예처럼, 인기를 잃은 주식은 순식간에 곤두박질치기도 한다. 약세장에서처럼 강세장에서도 이런 현상이 나타날 수 있다. 예를 들면 내가 버베이팀에 성공적으로 투자한 때는 1981년 강세장의 절정기였다. 일단 기업이 인기를 잃기 시작하면, 이 과정은 극으로 치닫는 경향이 있다. 지나치게 낙관적인 경우에도 마찬가지로 반대편 극단으로 치닫는 경향이 있다. 슈퍼 컴퍼니를 PSR 0.75 이하로 매수한다면 절대 손해 볼 수가 없다. 왜 그럴까?

PER이 매우 낮아져서, 이 수준으로부터 빠르게 가격이 상승하기 때문이다.[20] PSR 0.75란 시가총액과 매출액의 비율이 0.75 대 1이라는 뜻이다. 그런데 머지않아 매출이 20~40% 증가할 것이고, 현재 주가 기준으로 미래 PSR은 0.6 이하가 될 것이다(0.75/1.20=0.62, 0.75/1.40=0.54). PSR 0.6은 세후순이익률 5%인 회사라면 이론적으로 PER 12배에 해당한다(표 6-1에서 추정 가능). 세후순이익률 7.5%인 회사라면 PER 8배에 불과하다.

슈퍼 스톡이란 PSR 0.75 이하에 매수한 슈퍼 컴퍼니의 주식임을 우리는 앞에서 보았다. 또한 PSR을 사용하면, 투자자는 다른 어떤 도구를 사용할 때보다도 더 분명하고 안정적으로 주식을 평가할 수 있음을 알았다. 적자 기업에나 흑자 기업에나 모두 적용할 수 있다. 단기 순이익률이 대단히 높은 경우나 대단히 낮은 경우에도 사용할 수 있다. 개인 구매자가 회사 전체를 매입할 때 지불할 가치를 산정하는 용도로도 사용할 수 있다. 주가에 내재하는 미래 위험을 가리키는 경고 신호로도 사용할 수 있다.

그래도 PSR 하나만으로는 여전히 한계가 있다. 강력한 도구임에는 틀림없지만, 여전히 한계가 있다. 한 가지 도구만으로는 크로스체크가 안 되므로 결과를 보장할 수가 없다. 세상일은 그렇게 만만하지가 않다. 기술주를 분석할 때 PSR을 크로스체크하는 값진 도구가 PRR이다. 이는 다음 챕터에서 다루기로 한다.

---

20 선행PER을 정확하게 예측하는 일은 불가능하다. 정말이지 불가능하다. 챕터5에서도 설명했지만, 정확하게 이익을 예측하는 방법은 없다. PSR 개념을 만들어낸 근본적인 이유는, 미래 이익 수치를 정확하게 예측하지 않고도 적정 매수가격을 산정하기 위해서였다.

PSR만으로 부족할 땐
PRR로 보완하라

    고래를 낚아 올리고 싶다면, 낚싯줄 하나만을 사용하는 것은 바보짓이다. 고래에 가능한 한 많은 작살을 꽂아야 한다. 모든 측면에서 확실하게 잡아야 한다. 슈퍼 스톡을 낚고자 한다면, 평가 과정에 여러 낚싯줄을 동원해야 한다. 이렇게 하면 가격이 너무 비싼 슈퍼 컴퍼니가 아니라 슈퍼 스톡을 낚는 데 도움이 된다. PRR주가연구개발비배수, Price-Research Ratios을 사용하면 PSR(혹은 다른 평가 방법)에만 의존할 때 나타나는 맹점을 발견할 수 있다.

    이 챕터에서는 기술회사technology company만 다룬다. PRR은 연구의 가치를 분석하는 도구다. 기술회사들은 슈퍼 컴퍼니의 모집단에서 커다란 부분을 차지한다. 따라서 PRR은 슈퍼 스톡 분석에 중요한 역할을 담당한다.

PRR은 두 가지 방법으로 실수 방지에 도움이 된다.

- PSR 기준으로는 싸지만 실제로는 슈퍼 컴퍼니가 아닌 회사를 속 아낼 수 있다.
- PSR 기준으로는 비싸 보이지만 실제로는 싼 슈퍼 컴퍼니를 찾아 낼 수 있다.

나중에 설명하겠지만, PRR은 PSR만큼 강력하지는 않다. 그래도 PSR 의 오도를 방지하는 값진 크로스체크 수단이다.

또 하나의 무기, PRR 이해하기
/

PRR은 회사의 시가총액을 지난 12개월의 연구개발비로 나누어 산출 한 값이다.[21] PRR은 주가와 회사 연구예산 사이의 단순한 산술적 관계를 나타낸다. 연구의 생산성이나 산출량이 아니라 단지 연구예산과의 관계 라는 점에 주의하라.

PRR의 가치를 이해하려면, 연구 기능이 무엇이며 그 동인動因이 무엇 인지 이해해야 한다. 그러나 이 개념을 이해하는 사람은 아주 드물다. 요 즘 언론에 연구에 관한 전문 용어들이 많이 떠돌고 있다. 신문, 월스트리 트, 성공적인 기술기업들이 연구개발에 관해서 떠드는 말에 귀를 기울이 다보면, 우리는 혼란에 빠진다. 연구, 연구개발, 제품개발, 상업개발, 엔

---

21 회사의 시가총액은 완전희석발행주식 수에 주가를 곱해서 얻는다.

지니어링(그 밖에 무엇이든) 등은 대부분의 사업에서 그 원천이 동일하다. 고객의 욕구를 충족시키는 데 사용하는 기능적 도구에 불과하다. 마법 따위는 없다.

우리 회사 R&D는 특별하다는 착각

/

대부분 사업에서, 연구 과정에 특별히 독특한 요소가 없다는 점에서 연구는 동질적 상품이다(즉, 휘발유나 설탕처럼 품질이 거의 동일하다). 독자적인 연구도 분명히 존재하지만, 비교적 소수의 거대기관에만 존재한다. 예컨대 벨연구소Bell Labs, 휴렛패커드, IBM, 텍사스인스트루먼트, 정부 연구소, 대학 등이 그렇다. 이런 곳에서는 독자적인 1차 연구나 기초 연구가 수행된다. 그 밖의 다른 곳에서 수행되는 연구는 모두 상업개발이나 응용개발로 부르는 편이 더 적절하다. 명칭에도 나타나듯이, 상업개발이 기초 연구보다 월등히 유용하다(이 말에 기분 나쁜 사람도 있을지 모르겠다).

연구를 동질적 상품으로 보는 개념은 그다지 인기가 없다. 사람들은 연구가 매우 복잡한 것이고, 복잡한 만큼 독자적인 것이라고 믿고 싶어 한다. 일부 경영진은 자기 회사가 진정으로 독자적인 기술과 엔지니어링 그룹을 보유하고 있는 것처럼 사람들에게 알리고 싶어 한다. 또한 이 때문에 경쟁자들이 이 회사를 따라오기가 아주 힘들다고 사람들이 믿기를 바란다. 그래서 시가총액이 높은 회사들 중에는 역겹게도 이런 관점을 밀어붙이는 회사가 많다. 기술회사를 강력 추천하는 증권회사들도 비슷

　　　　　　　　　　　　　슈퍼 스톡을 발굴하는 핵심 지표

한 관점을 내세운다. 이런 관점은 거의 전적으로 틀렸다. 대개 기껏해야 시장 경쟁에서 시간상으로 앞서나가는 정도다.

연구는 상대적인 상품이기 때문에 때로 관리하기가 어렵다. 그래도 상대적으로 동질적인 상품이다. 일부 회사는 다른 회사보다 상품을 더 잘 관리하지만, 그 차이는 아주 작다. 연구에서 나오는 결과가 회사마다 매우 다르기 때문에, 그 차이가 작지 않은 것처럼 보일 뿐이다.

연구가 동질적 상품이라면, 어떻게 연구 결과가 독특하거나 이질적일 수 있는가? 어째서 한 회사는 연구 생산성이 유난히 높고, 다른 회사는 연구 생산성이 떨어지는가? 연구가 사실상 상대적인 상품이라면, 어떻게 이런 일이 일어날 수 있는가? 다양한 회사들의 연구 사이에 얼마나 커다란 차이가 존재하는가? 답은 한 단어로 표현할 수 있다. 마케팅이다.

기술 연구보다 시장 연구가 먼저다
/

가장 기본적인 형태의 시장 연구가 생산 제품의 속성과 성공을 결정한다. 그래서 시장 연구가 연구의 상대적 성공을 결정한다. 늘 그렇듯이, 어떤 회사는 다른 회사보다 연구를 더 잘한다. 대개 연구를 잘하는 회사는 앞서서 마케팅을 잘했기 때문이다. 이 회사는 시장 기회를 잡으려면 어떤 기술이 필요한지 이해했다(물론 예외도 있어서, 마케팅이 부실한 회사가 행운을 잡는 경우도 있다. 우연히 적합한 기술과 제품을 적시에 결합하기도 한다).

애덤 오스본Adam Osborne은 PC 시장에서 트럭도 들락거릴 만한 커다란 구멍을 발견했다. 4개월 만에 오스본 1의 설계, 개발, 출시 준비가 완료

되었다. 이 제품은 수억 달러어치나 팔렸고 휴대성이라는 새로운 추세를 형성했으므로, PC 시장의 경쟁자들은 이를 따라갈 수밖에 없었다. 오스본은 연구가 뛰어난 것이 아니었다(연구와 제품 개발은 무척 간단했다. 4개월 걸렸다). 오스본이 한 일은 미래 시장 욕구를 지극히 정확하게 파악함으로써 처음 2년간 회사가 순풍을 맞이하게 한 것이었다.

그러나 오스본은 견고한 경영진을 구축하는 데는 실패했다. 시장이 성숙기로 접어들었고 자신의 기업가적 시장 감각에 의존했기 때문에, 그는 PC의 다음 발전 단계인 IBM 호환성을 제대로 읽어내지 못했다. 이 단 한 번의 마케팅 실수 때문에 다음 두 컴퓨터 빅센the Vixen(출시되지 못하고 IBM PC가 도입되자 프로젝트가 중단되었다)과 이그제큐티브 원Executive 1에 대한 연구는 사실상 쓸모가 없어졌다.

또한 이 때문에 회사의 가치도 사라졌다. 1983년 9월, 오스본은 생산직 근로자들을 모두 내보낼 수밖에 없었고, 절정기에 1,000명에 이르던 직원 수가 80명으로 줄어들었다. 오스본 컴퓨터의 생존이 경각에 달렸다. 오스본의 유일한 희망은 IBM 호환기종을 개발해서 빠르게 변화하는 시장을 쫓아가는 길뿐이었다. 정확한 시장 인식 덕분에 오스본은 일어섰다. 그러나 부정확한 시장 인식 때문에 오스본은 쓰러졌다. 이렇게 기술제품의 경우 시장에 대한 이해가 기술 자체보다 더 중요하다.[22]

기업이 제품개발에 수년을 소비하고도, 도입 직후 제품을 생각하거나 다른 회사에 팔아야만 하는 경우가 자주 발생한다. 금전적 손실이 막대할 것이다. 수년에 걸친 연구비용이 낭비되었다. 연구에 소비된 자금은 분명히 가치가 없었다. 그 이유가 무엇일까? 기업이 시장을 정확하게 이

---

22 〈월스트리트저널〉, 1983년 9월 12일, p. 31.

슈퍼 스톡을 발굴하는 핵심 지표

해하지 못했기 때문이다.

1983년 초, 나는 네바다 주 리노Reno에 있는 린치커뮤니케이션시스템Lynch Communications System을 방문했다. 이 회사에서는 아틀라스ATLAS라는 신제품을 막 상각하는 참이었다. 전화응답 대행업소를 위한 차세대 제품이었다. 연차보고서에 따르면 최근 막대한 연구 자원이 아틀라스에 투입되었다. 그러나 제품은 상각되었다. 500만 달러의 비용이 발생했다. 이 회사는 이 돈으로 별로 건진 게 없었다. 경영진은 질문을 받자 이 제품이 탁월한 첨단 기술제품이라고 자신 있게 대답했다. 그러나 팔리지 않아서 상각했다. 재무 상태가 매우 나빠서 고객들이 구입 융자를 받을 수 없었다. 융자가 없으면 구입도 없다. 린치의 연구비 투자는 수포가 되었다.

경영진은 이 문제가 마케팅의 기본 결함이라는 인식을 하지 못했다. 린치에는 마케팅 전문가조차 없었다. CEO 딕 더팅어Dick Dertinger는 해외 사업을 위해 구매처를 방문하면서 대부분의 시간을 소비했다. 그는 훌륭한 전문가였다. 그러나 마케팅의 보다 넓은 영역에 대해 누가 책임이 있는가? 마케팅이 부실하면 연구도 소용없다.

마케팅이 부실한 기업은 자신이 지닌 문제도 보지 못한다. 이런 회사는 잇달아 잘못을 저지른다. 이들은 이를 악물고 일류 마케팅 전문가를 영입하여 신제품 결정권을 넘겨줘야 한다. 그러나 그렇게 하지 않고 똑같은 실수를 되풀이하면서 계속 휘청거린다. 이런 식으로 전설이 만들어진다. 슬픈 전설 말이다. 마케팅에 약한 회사는 좋은 회사가 아니다. 마케팅에 약한 기술회사는 기술에도 약하다. 슈퍼 컴퍼니는 완벽하지는 않더라도 마케팅에 강하다.

시장 감각과 전반적인 경영 능력이 강한 기업들(슈퍼 컴퍼니들)은 목적을 달성하기 위해서 효율적으로 연구 조직을 구축한다. 결국 이것이 처음 시작할 때 기업이 하는 일이다. 누군가 제품에 대한 아이디어를 낸다. 이어서 회사는 실행에 필요한 사람들을 고용한다(이것이 앞에서 언급한 오스본 컴퓨터 사례에서 일어난 일이다).

대부분 벤처투자가들은 기술력이 강하고 마케팅이 약한 회사보다는, 마케팅이 강하고 기술력이 약한 회사에 우선적으로 투자하겠다고 말한다. 연구 조직은 만들어낼 수 있다. 일단 회사가 굴러가기 시작하면 특별한 연구원이 따로 있는 것은 아니다. 경영진은 때로 누군가가 참 특별하다고 생각하지만 착각인 경우가 많다.

우리가 연 매출액이 5,000만 달러인 작지만 중요한 회사를 운영한다고 가정하자. 신규 시장을 공략하는 연구 조직을 구축하기 위해서 우리는 자체적으로(십중팔구 기존 엔지니어링 담당 부사장에게 맡겨) 일부 연구를 수행한다. 우리는 이 분야에서 선도적인 사람을 찾아낸다. 엔지니어링 담당 부사장이 전통적인 방식으로 인력을 채용하고 관리한다. 그다지 어려운 일이 아니다.[23]

연구개발 노력 사이에 여전히 큰 차이가 존재하는가? 별 차이가 없다. 실적 차이의 대부분은, 요컨대 우선적으로 개발할 제품을 찾아내는 데서 나온다. 제품이 어떠해야 하는가? 성능이 어떠해야 하는가? 고객이 다른 제품보다 이 제품을 좋아하는 이유는 무엇인가? 매출을 일으키는 동인은 무엇인가? 이러한 마케팅 요소들이 연구 효과의 80%까지도 좌우한다.

---

23 연구 관리에 관한 책도 있다. 이 책의 범위를 벗어나기 때문에, 더 이상 깊이 들어가지는 않겠다. 관심 있는 독자는 필립 프랜시스Philip H. Francis의 《연구개발 관리의 원리Principles of R&D Management》(New York : AMACOM, 1977)를 읽어보기 바란다. 추가 자료를 원하는 사람은 그가 주석을 단 참고문헌을 활용하기 바란다. 나의 개인적 경험은 부록 04에 담겨 있다.

PRR을 이용하면 어떤 슈퍼 컴퍼니가 PSR 기준으로 높게 평가된 것처럼 보이지만 실제로는 싼 경우를 파악할 수 있다. PSR이 1.0으로 약간 높게 평가된 슈퍼 컴퍼니를 생각해보자. 이 회사의 PRR이 5.0으로 매우 낮다고 가정하자. 이는 시장 기회를 감안할 때, 현재의 연구비 지출이라면 조만간 신제품들이 배출되어 매출과 이익이 신장된다는 뜻이다. 이 회사의 마케팅을 확인해보라. 사실이라면, 이 회사는 어떤 연유로 PRR이 매우 낮기 때문에 PSR이 다소 높더라도 가치가 있다. 사실이 아니라면, 십중팔구 이 회사의 마케팅이 부실하다는 뜻이다. 그렇다면 이 회사의 연구비 지출은 결실을 맺지 못할 것이고, 그래서 이 회사는 진정한 슈퍼 컴퍼니가 될 수 없다.

PRR과 PSR을 동시에 적용하면, 슈퍼 스톡에 대해서 간과하기 쉬운 사항들을 심각하게 고려하게 된다. 그래서 PRR을 적용하면 투자자는 자칫 놓치기 쉬운 기회를 찾아낼 수 있다.

최근 나는 캘리포니아 주 새너제이 소재 피니건코퍼레이션 주식을 매수했다. 정교한 분석 도구인 질량 분석계를 생산하는 세계 일류 회사다. PSR 기준으로는 다소 비싸 보였다. 그런데 PRR 기준으로는 싸 보였다. 그래서 나는 더 조사하게 되었고, 미래에 커다란 수익을 가져올 신제품들이 다수 개발 중이라는 사실을 분명히 알게 되었다. 시간이 흐르면 이 투자가 성공인지 아닌지 가려질 것이다. 그러나 PRR을 적용하지 않았다면 나는 PSR만 보고 이 종목을 피했을 것이고, 시간과 노력을 들일 가치가 있는 흥미로운 기회를 놓쳐버렸을 것이다.

사람들이 슈퍼 스톡이라고 이야기하는 회사를 살펴보자(사람들이 적극 권유한다면, 이는 별로 좋지 않은 징조다). 이 종목의 PSR이 0.75라고 가정하

자. PSR 기준으로는 내가 제시한 요건을 충족하는 듯 보인다(여기서 이익에 대해서는 전혀 언급이 없다는 점을 명심하라).

그런데 PRR이 25라고 가정하자. 이 정도면 너무 높다. 이 회사가 미래 이익을 극대화하기 위해서 마땅히 해야 할 지출을 하지 않는다는 뜻이다. 그런데 연구 진행은 저조한 수준이다. 마케팅 노력이 부족하거나 기회를 찾지 못했음이 분명하다.

마법 따위는 존재하지 않으므로, 회사의 연구 노력이 성과를 내더라도 극적인 매출 신장이 따라올 정도는 못 된다는 뜻이다. 그래서 PSR이 낮은 것이다. 아마도 이 회사는 자체적으로 충분한 기회를 찾을 수 없어서 기업 인수를 시도하는지도 모른다. 경영진이 시장을 완벽하게 이해한 것일지도 모른다. 성장 잠재력이 낮다는 사실을 알기 때문에, 연구개발 노력을 낮추고 기업 인수 노력을 높이는 전략을 선택한 것이다.

이 사례에서는 PRR과 PSR을 결합해서 사용함으로써, 겉으로는 슈퍼 스톡처럼 보이지만 실제로는 분명히 아닌 종목을 피할 수 있었다. 이 회사는 심지어 슈퍼 컴퍼니도 아니다. 낮은 PSR은 단지 악성 미끼였을 뿐이다. 이 경우 PRR 덕에 손실 가능성이 높은 종목을 피할 수 있었다.

슈퍼 스톡을 발굴하는 핵심 지표

PRR은
만능키가 아니다

PRR을 너무 정확하게 산출하려 하지 말라. 대충 밸류에이션하는 척도로 사용해야 한다. 미세조정하려 하지 말라. 간혹 PSR로 정확하게 밸류에이션할 수 없는 경우에 사용하라. 먼저 PSR 기준으로 생각하라. 우리는 PRR이 10.4라서 매수하고 11.8이라서 매수하지 않는 식으로는 행동하지 않는다. 이런 식으로 너무 정교하게 숫자를 따지면 나중에 슬퍼할 일만 생긴다. 이보다 더 중요한 요소들이 많이 있다.

PRR을 저격병의 소총처럼 사용해서는 안 된다. 어떤 회사는 다른 회사보다 연구개발에 비용을 더 지출하기도 한다. 어떤 연구 조직은 다른 연구 조직보다 실제 효율성이 20%까지 높게 나오기도 한다. 20%의 오차도 생각하지 않고 PRR을 사용한다면 어리석은 일이다. 단지 PRR이 낮다는 이유만으로 주식을 매수한다면 커다란 잘못이다. 막대한 연구개발이 전혀 쓸모없는 경우도 있다. 낮은 PRR 자체가 단지 악성 미끼일 수도 있다. 너무 예민하게 반응하려 하지 말라. PRR은 크로스체크를 위한 대강의 척도로만 사용하라. PRR의 진정한 가치는 싼 주식을 찾는 데 있는 것이 아니라 실수를 피하는 데 있다.

PRR 활용 시 주의할 것들

/

PRR은 새로운 아이디어다. 투자업계 사람들에게는 이 개념이 생소하다. 이해하는 사람도 많지 않고 받아들이는 사람도 많지 않다. 새로운 아이디어는 항상 저항을 받기 마련이다. 다양한 비판이 등장했다. 일부 비판은 타당하지만 나머지 대부분은 타당성이 없다. 비판들을 좀 더 살펴보면 이 개념을 어디에 적용할 때 적합한지 잘 이해할 수 있을 것이다.

비판 1 ··· "회사마다 회계 처리 방식이 다르다. 회사에 따라 어떤 항목을 연구개발비로 계상하는 경우도 있고 계상하지 않는 경우도 있다. 숫자를 비교할 수 없으므로, PRR을 비교하는 일은 분명히 바보짓이다."

이 비판이 옳은 경우도 간혹 있지만, 많지는 않다. 갈수록 회사들의 연구개발에 대한 회계 처리 방식이 통일되고 있다. 대부분 공개 기업들은 연구개발 노력을 과장하거나 적어도 충분히 공표하는 경향이 있다. 연구는 유행이 되었다. 어떤 회사가 연구를 많이 하지 않는다면, 사람들은 그 회사에 미래가 없다고 생각한다.

1970년대에 캘리포니아 주지사를 지낸 에드먼드 브라운Edmund G. Brown
이 기술 옹호자로서 처음으로 공직에 선출되면서부터, 연구개발은 정치
가들 사이에 상투적인 말이 되었다. 이제는 심지어 대통령까지도 공식적
으로 연구개발을 제안한다. 정치가들은 모두 연구개발을 지지한다. 반대
하는 사람이 하나도 없다. 기술회사들을 지원하는 벤처 자금을 촉진하기
위해서 의회에서 각종 위원회가 정기적으로 개최된다.

국회의원 에드 샤우Ed Zschau는 실리콘밸리를 옹호한다. 그는 성공적인
기술회사의 창립자 겸 CEO 출신 공직자로서 매스컴의 호평을 얻고 있다.

이렇게 연구개발이 강조되다보니, 연구비용은 엄청난 세금 혜택을 받
게 됐다. 감사들도 의회의 지원을 배경 삼아 회사에 연구개발을 강조한
다. 고객 회사들에게 모호한 항목들을 연구 항목으로 분류함으로써 현재
와 미래에 납부할 세금을 절약하는 방법을 알려줄 정도다. 요즘은 연구
로 간주될 만한 항목은 모두 연구로 분류된다. 따라서 기업들은 연구를
과장하지는 않더라도 가능한 한 충분히 계상한다(물론 다음 비판에서 지적
하는 대로, 일부 회사는 다른 회사보다 연구개발에 더 많이 계상하기도 한다).

비판 2 ⋯ "정부의 자금을 지원받는 연구개발은 포함되지 않는 경우도 있다.
이 연구개발을 통해서 기업은 나중에 상업제품에 적용되는 소중한 기술을
익힐 수도 있다."

정부의 자금을 지원받는 연구개발은 상업제품 개발에 직접 적용되지
는 않겠지만, 종업원들의 기술 수준은 높아진다. 종업원들이 익힌 기술
은 나중에(아마도 즉시 또는 몇 년 뒤) 상업제품 개발에 도움이 된다.

나도 동의한다. 사실, PRR에는 정부의 자금을 지원받은 연구개발뿐 아니라 제3자의 상업적 후원을 받은 연구나 엔지니어링까지, 모든 엔지니어링 노력이 포함되어야 한다. 일부 회사는 제3자의 상업적 후원을 받은 연구를 연례보고서에 공개하지 않지만, 그래도 이 정보는 즉시 얻을 수 있다. 회사에 서면으로 신청하면 대개 증권거래위원회 10-K 양식에 따라 자세하게 작성된 자료를 받을 수 있다.

제3자 후원 연구개발은 기술 면에서도 직접적으로 도움이 될 뿐만 아니라 마케팅에도 간접적으로 도움이 된다. 캘리포니아마이크로웨이브가 이 주제를 바라보는 관점이 자못 흥미롭다. 창립자이자 회장 겸 CEO인 데이브 리슨Dave Leeson의 설명에 따르면, 회사에서 고객들에게 연구개발에 돈을 먼저 내놓도록 설득하지 못할 경우 고객들은 그 제품을 사려고 열망하지 않는다. 이런 상황이 되면 캘리포니아마이크로웨이브는 시장 수요가 실제로 존재하는지 오랫동안 힘들여 조사해야만 한다.

따라서 캘리포니아마이크로웨이브는 연구개발 활동에 필요한 자금의 많은 부분을 제3자의 상업적 후원으로 충당한다. 이 회사는 엔지니어링 분야보다 일반 업무 분야의 직원이 더 적고, 마케팅 분야에는 이보다도 직원이 더 적다.

어떤 면에서는 엔지니어링이 마케팅 업무를 하는 셈이다. 회사가 체결하는 평균 계약단가가 높은 점을 보면 리슨의 방식은 제대로 먹히는 듯하다. 100만~1,500만 달러짜리 계약이 흔하다(젤리 과자를 파는 회사라면, 제3자로부터 대규모 연구개발 자금을 지원받기가 한층 어려울 것이다).

드문 경우겠지만 만약 제3자 후원 연구개발 자금이 회사의 증권거래위원회 10-K 양식에 상세하게 나오지 않으면 어떻게 해야 하는가? 그

슈퍼 스톡을 발굴하는 핵심 지표

래도 연구 활동에 대한 근사치는 얻을 수 있다. 엔지니어링 업무에 직접 참여하는 엔지니어의 수는 쉽게 물어볼 수 있다(대개 10-K 양식에 나온다). 산업무역협회 회원 명부에도 나온다.[24] 전체 종업원 가운데 엔지니어링을 전담하는 종업원의 비중은? 일반적으로 이 비중에 $\frac{2}{3}$를 곱하면, 매출액에 대한 연구개발 비용의 비중과 비슷하게 나온다. 이 숫자는 조금 틀릴 수는 있지만 크게 틀리지는 않는다.

예를 들어, 회사 후원 연구개발과 제3자 후원 연구개발을 모두 포함해서 어떤 회사의 엔지니어링 전담 인력 비중이 12%라고 가정하자. 이 회사의 매출액 대비 연구개발 비용은 약 8%($12\% \times \frac{2}{3} = 8\%$)일 것이다. 이 방법을 사용하면, 회사에서 제3자 후원 연구개발을 구분하지 않는 경우에도 연구개발 비용을 추정할 수 있다.

> **비판 3** … "회사에서 시장을 유지하려는 방어적 활동에 연구개발 비용을 지출하는 경우에는, 새로운 성장시장에 적극적으로 진출하려는 회사의 연구개발 비용보다 낮게 평가해야 한다. 따라서 PRR은 비교가 곤란하다."

이 주장은 타당하지 않다. 방어 성향의 회사들은 당연히 PRR이 낮다. 숫자들은 비교 가능하다.

바로 이런 주장들 때문에 슈퍼 컴퍼니에 대해서만 투자해야 한다. 슈퍼 컴퍼니는 방어 프로젝트에 큰돈을 지출하지 않는다. 그럴 필요가 없

---

24 사서에게 이런 자료를 찾아달라고 부탁하라. 예를 들어 레이저 산업의 경우 전형적인 자료는 〈레이저 포커스 바이어 가이드Laser Focus Buyer's Guide〉다. 이 책은 매년 발간되며(Advanced Technology Publications, Inc., 1001 Watertown St., Newton, MA 02165), 분야별 종업원 수도 나온다. 이런 자료에는 다른 사항들도 많이 나온다. 제품 유형과 동종집단, 자세한 제품 사양, 서비스, 일반 기술 정보, 공급업체, 기능 분야별 기업들, 용어 정의 등도 나온다(에탈론etalon이나 오토콜리메이터autocollimator가 정확히 무엇인가? 이들에게 회석 현상이 일어나는가).

기 때문이다. 앞의 비판은 슈퍼 컴퍼니에는 해당되지 않는다. 따라서 슈퍼 스톡에도 해당되지 않는다.

비판 4 ··· "연구개발에 크게 투자하지 않아도 수요가 크게 성장하는 산업이 존재한다. 이런 경우에도 PRR은 비교가 곤란하다."

나도 동의한다. 마케팅 우위가 우선이라는 말처럼 들린다. 마케팅 연구가 기술 연구를 이끈다.

슈퍼 스톡의 PRR은 대개 5~15 수준이다. 아주 적은 비용으로 좋은 제품을 설계한 덕에 PRR이 높고 주가가 용수철처럼 튀어오르는 경우는 거의 없다. 게다가 상식적으로 생각해볼 때, '푼돈'으로 제품 설계가 가능하다면 십중팔구 기술은 중요하지 않다는 말이 된다.

비판 5 ··· "마케팅이 연구개발의 수익성을 결정하는 데 그토록 중요하다면, 왜 PRR을 강조하는가?"

바로 여기에 PRR의 장점이 있다. 사람들이 이 개념을 받아들이기 힘들어하는 이유도 바로 여기에 있다. 연구는 동질적 상품이므로 손쉽게 계량적으로 분석할 수 있다. PRR은 밸류에이션을 판단하기 위해서 계량 요소를 측정하는 계량적 수단이다. 마법은 마케팅에서 일어난다. 따라서 마케팅은 계량적으로 분석할 수 없다. 마케팅은 질적으로 분석해야만 한다. 마케팅에 주로 질적 분석을 집중하라. 그렇게 해서 이 회사가 슈퍼 컴퍼니인지 판단하라.

1960년대에는 소기업들이 헤드라인을 장식했다. 1970년대에 대기업들이 시장을 이끌자, 사람들은 '2차 상승장'을 논하기 시작했다. 그러나 늘 그랬듯이, 과도한 낙관론은 응징의 기간을 맞으면서 끝났다. 1973년 이후 9년 동안은 모든 주식이 힘들었다. 주가는 폭락했고 나중에 신고가 회복에 실패했다(1974년과 1982년에는 주가가 너무 낮아서 일반 주식을 청산가치보다도 훨씬 싸게 살 정도였다).

일부 섹터는 비교적 나았다. 기술주들은 1978년에 강세장을 시작하여 기간 내내 강세를 유지했다. 석유주도 강세를 보여 신고가를 기록했다. 그러나 대부분 주식들은 1968년이나 1972년 고가를 회복하지 못하고 약세에 머물렀다.

1960년대와 1970년대 내내 PSR은 기회와 잠재위험을 알려주었다. 1960년대와 1970년대 초의 '2차 상승장' 동안 주가는 터무니없는 PSR로 거래되었다. PSR이 너무 높다는 점만 보고 주식을 팔았어도 투자자들은 엄청난 돈을 건질 수 있었다.

최고의 대기업이라 할지라도 PSR이 4.0에 접근하면 투자자들은 주식을 팔아야 한다. 사례를 살펴보자.

컨트롤데이터Control Data는 1968년 절정에 도달했을 때 PSR이 4.4였다. 오늘날 인플레이션을 감안하면 대략 10억 달러에 이르는 회사이므로, 이 PSR은 매우 높은 수치다. 이 회사의 주가는 80달러였다. 1975년이 되자 주가는 6달러 밑으로 떨어졌다. 손실이 90%가 넘는다. 이렇게 낮은 주가에서는 PSR이 겨우 0.18이었다.

1981년에 컨트롤데이터는 1968년보다 7배 큰 회사가 되었는데도, 주가는 여전히 절반에 불과했다. 1974년 PSR이 처음 0.4를 깼을 때 주식을 매수했다면, 손실은 1년 미만으로 한정되었을 것이다. 이 주식은 다음 6년 동안 3배 넘게 올랐다. 낮은 PSR을 보고 컨트롤데이터를 매수했다면 훌륭한 수익을 거둘 수 있었다. 그러나 PSR이 높아진 뒤에도 계속 보유했다면 재난을 당했다.

DEC는 종류가 다른 실패 사례다. 이 주식은 여러 해 동안 상승해왔다. 그러나 회사가 보여준 성장에 비하면 그다지 인상적인 수준은 아니었다. DEC의 사업은 멋진 성과를 올리고 있었다. 1970년 매출액 약 1억 3,500만 달러에서 1981년 30억 달러가 넘는 수준으로 성장했다. 연복리 30%가 넘는 성장이었다. 그런데도 주식의 전체 수익률은 상대적으로 저조했다. 원래부터 PSR이 너무 높았기 때문이다. 주가 상승은 성장의 $\frac{1}{3}$에도 미치지 못했다. 1970년 고가는 42달러였다. 1981년에 113달러로 잠시 고가를 형성했다. 겨우 연복리 9.1%였다. 계속해서 성장한 기업이 아니었다면, 이 정도도 나쁜 실적은 아니다. 1970년 고가를 형성할 때, DEC는 PSR이 9.0이었다.

PSR이 이렇게 높아지면 주식을 팔아야 한다. DEC는 처음에 너무 높게 평가되었기 때문에 회사의 성장에 비해서 수익률이 저조했다. 1981년이 되자 DEC의 PSR 최고치가 1.9로 떨어졌다. 회사의 성장은 빠른 주가 상승으로 반영되지 않고 PSR 하락으로 나타났다. DEC는 PSR이 너무 높게 시작된 탓에 성장세가 빠른데도 수익을 거두지 못한 몇몇 사례에 해당한다. 다른 각도에서 바라보면, 이 주식을 1970년 초부터 1975년까지 보유했을 경우 엄청나게 성장했음에도 손실을 입었을 것이다. 최악의 경우에는 손실이 매입가격의 62%에 이를 수도 있었다. 1975년 주가가 저가인 상태에서, DEC는 PSR이 1.4까지 떨어졌다. 회사가 최고의 성장률을 기록하는 경우조차, 매수시점에 PSR이 높으면 좋은 투자수익을 거두지 못한다. 1980년대 초, 거대기업으로 성장했지만 DEC의 PSR은 비슷한 규모의 회사들에 비해 여전히 가장 높은 수준이었고, 따라서 저조한 미래 실적을 예고했다(DEC는 1983년 말에 도산했다).

이스트먼코닥Eastman Kodak(EK)은 수십 년째 탁월한 회사로 인정받고 있다. 1960년대에 투자자들은 이 회사를 더욱더 믿게 되었다. 1973년이 되자 이 회사 주가는 150달러에 고점을 형성했고 PSR이 7.0에 이르렀다. 우울한 실적이 불가피해졌다. PSR이 3.0을 넘어설 때 이 주식을 팔았어야 했다. 10년 후 회사는 훨씬 더 커졌지만, 주가는 결코 회복되지 않았다. 줄곧 주가는 고가의 절반에도 미치지 못했다. PSR이 4.0을 돌파한 1960년대부터, 이스트먼코닥을 팔기만 했어도 높은 수익을 쉽게 거둘 수 있었다. PSR이 3.0일 때 팔았다면 절정 시점은 아니었지만 장래의 손실을 피할 수 있었다.

존슨앤드존슨Johnson&Johnson도 훌륭한 성장 기업이었으나, 처음 기대가 지나치게 높아서 기대를 충족시키지 못한 사례다. 1973년 매출액이 15억 달러를 넘어선 이 회사는 투자업계로부터 각광을 받았다. 당시 이 회사는 PSR이 5.4였다. 이후 10년 동안, 이 주식은 1973년 가격의 $\frac{3}{4}$ 밑으로도 쉽게 살 수 있었다. 회사의 규모가 거의 5배 성장했는데도 불구하고 말이다.

지금까지 살펴본 실적들을 모토롤라와 비교하라. 모토롤라는 PSR이 터무니없이 높았던 적이 결코 없었다. 회사의 적정 성장이 주가 상승에 불을 지폈다. 1968년에 이 회사는 PSR이 겨우 1.1이었다. 1972~1973년에는 PSR이 1.5에 불과했다. 1974~1975년에는 1973년 고점으로부터 50% 하락했지만, 이런 상태는 오래가지 않았다. 적정 성장에 힘입어 1976년에는 이전 고가를 대부분 회복했다. 1981년이 되자 모토롤라는 신고가를 기록했다. 극적인 정도는 아니지만, 모토롤라는 PSR이 적절한 수준이었으므로 전체 시장보다 나은 실적을 올릴 수 있었다.

1968년, 폴라로이드는 PSR이 8.3, 주가가 140달러였다. 1973년에는 PSR이 6.7, 주가는 그대로였다. 1974~1983년 동안 이 주식은 60달러를 한 번도 넘어서지 못했다. 늘 40달러를 밑돌았다. 고점에서 바닥에 이르면서, 이 주식은 시가총액이 87% 넘게 날아갔다. PSR이 너무 높다는 이 유만으로 매도했어도 '손실'을 피할 수 있었다. 회사가 얼마나 성장하고 주가가 얼마나 오른다는 식의 예측들을 무시했으면 더 좋았을 것이다. 주가가 너무 높다는 점만 빼고 모두 잊어라.

나는 1960년대의 훌륭한 성장주에 관한 사례를 얼마든지 열거할 수 있다. 에이번Avon, 바슈롬Bausch & Lomb, 쓰리엠3M, 블랙앤드데커Black & Decker, IBM, 세링플라우Schering-Plough, 왓킨스존슨Watkins-Johnson 등이 그들이다. 이들도 모두 같은 사례들이다. 에이엠인터내셔널AM International과 제록스Xerox도 매우 요란한 종목이었다. 이들 이른바 성장주들은 빠르게 성장하기는 했지만, 처음부터 지나치게 높게 평가된 주가를 지탱하지는 못했다. 회사가 규모가 큰데도 PSR이 높은 경우, 이 주식은 장래에 큰 실망을 안겨주거나 철저한 재앙이 되었다.

같은 개념이 소기업에 대해서도 똑같이 적용된다. 린치커뮤니케이션시스템은 1960년대에 고공비행하는 고PSR 종목이었다. 이 주식은 고가가 40달러가 넘고 PSR 4.6이었으나, 4달러 아래로 추락하여 PSR 0.35를 기록했다. 바닥에서 매수했다면 이후 4년 동안 5배 넘게 상승했을 것이다. 슈퍼 컴퍼니로 분류하는 사람은 없지만, 이 정도면 별로 나쁘지 않은 실적이다.

어플라이드마그네틱스Applied Magnetics, ADP, 컴퓨터비전Computervision, 하이볼티지엔지니어링High Voltage Engineering, 인터내셔널렉티파이어International Rectifier, 메저렉스 등은 모두 같은 원리가 소기업에도 적용된다는 사실을 보여주는 좋은 사례들이다. 이 밖에도 사례가 수없이 많다. PSR이 높았지만 회사가 빠르게 성장한 덕에 높은 수익을 올린 소기업들을 누구나 몇 개는 찾아낼 수 있다.

인텔Intel도 그런 사례다. 우리는 1974년 정점에서 인텔을 16달러에 살 수도 있었다. 이때 PSR이 8.5였다. 이후 7년 동안 인텔은 13배 넘게 성장했다. 16달러에 샀더라도 이후 6.5년 동안 우리는 3배를 벌 수 있었다. 이 정도면 슈퍼 스톡의 수익률은 아니다. 인텔은 슈퍼 컴퍼니였다. 주가가 너무 높았기 때문에 슈퍼 스톡이 될 수 없었던 것이다. 우리가 인텔을 매수하고자 했다면, 더 나은 방법으로 할 수 있었다. 1974년 말이나 1975년 초, 주가 4달러 미만과 PSR 1.1에 살 수 있었다. 이런 수준에서 매수했다면 같은 기간에 우리는 10배를 벌었을 것이다.

우리가 인텔을 16달러에 사서 7년 동안 보유하여 3배 벌었다고 가정하자. 이보다는 차라리 사업이 잘 분산된 대형 '굴뚝주'에 PSR 개념을 적용하여 투자하는 편이 나았을 것이다.

PPG인더스트리PPG Industries는 1974년에 잘 분산된 매출액 17억 달러 회사였다. 이 회사는 유리, 클로로 알칼리 화학, 도료, 유리섬유 등 4개 분야에서 1~2위를 다투고 있었다. 이 회사는 아마도 평범한 자동차 및 주택 산업에 속한다는 이유로 원래부터 탁월한 회사로는 평가받지 못했다. 그래서 PSR 0.30에 매수할 수도 있었다. 이후 7년 동안 주가가 3배 넘게 올랐지만, PSR이 0.60을 넘어간 적이 없었다.

더 유명한 기업에 투자해서도 비슷한 실적을 올릴 수 있었다. 유에스 스틸U. S. Steel은 내가 살만한 종목이 절대로 아니다. 그런데도 영업실적 이 부실했던 이때조차, PSR의 원칙을 따랐다면 1972~1973년 동안 투 자자는 쉽게 3배를 벌 수 있었다. 이 종목은 1972~1973년의 강세장 동 안 낮은 PSR로 쉽게 살 수 있었다. 처음에 PSR 최고치가 겨우 0.35였으 며, 1974~1975년 시장 하락기까지 꾸준히 상승했다. 시장 전체가 무너 질 때에도 이 종목은 거의 타격을 입지 않았다.

잘 알려지지 않은 회사의 실적을 살펴보자. 버지니아 주 소재 담배 수 출입업체 유니버설리프오브리치먼드Universal Leaf of Richmond를 들여다보자. 1972~1981년 동안 고가 기준으로 이 주식은 연 15.5% 상승했다. 매출 액이 겨우 연 7.5% 증가하고 순이익률도 평균 3%에 불과했지만, 이렇게 거친 시장 환경 속에서 이런 실적을 올렸다. 유니버설리프가 이런 실적 을 올린 이유는 초기 PSR이 0.18로 낮았기 때문이다.

로스앤젤레스 소재 제트기 제조업체 노스롭Northrop Corp.을 살펴보자. 매출액은 1972년부터 1981년까지 14% 증가했다. 순이익률은 평균 약 3%였다. 그러나 1972년 PSR 최고치가 0.15에서 시작되었고 주가는 평 균 연 23% 상승했다.

레이시온Raytheon도 비슷한 사례다. 이 회사는 매출이 16% 증가했다. 순이익률도 꾸준히 증가했다. 1971년에는 PSR 최고치가 0.51이었으나 1981년에는 0.81로 올라갔다. 이 기간에 주식은 연 23% 상승했다.

뉴욕 시 소재 핸디앤드하먼Handy & Harman도 대단했다. 1972~1981년 동안 주가가 고가 기준으로 연 29% 상승했다. 이 회사의 매출은 겨우 12% 상승했는데 말이다. 순이익률은 약 1.3%에서 3.8%로 상승했다가 2.2%로 내려간 다음 다시 3.8%로 올라갔다. 그러나 이 주식은 PSR이 겨우 0.20에서 시작했다. 그래서 적정 영업실적만으로도 이 주식은 진정한 승자가 되었다.

일본의 카메라 제조업체 캐논Cannon은 1972년 PSR 최고치가 0.58이었다. 주가는 이후 9년 동안 9배 넘게 올랐다. 물론 이 회사는 엄청나게 성장했다. 그러나 초기 PSR이 높은 회사들도 엄청나게 성장했지만 주가 상승은 저조했다.

사례는 얼마든지 있다. 1960년대와 1970년대 내내, PSR 분석 원리는 유용했다. PSR이 높은 주식을 팔았거나 사지 않았다면, 투자자는 장기적으로 재앙을 가져다주는 주식 대부분을 피할 수 있었다. 슈퍼 컴퍼니든 아니든, 최고의 기회 대부분은 PSR이 낮거나 보통인 주식에서 나왔다. PSR이 높은 주식을 피하기만 했어도 투자자는 평균 이상의 수익을 올릴 수 있었다.

PSR이 낮은 주식 가운데 내려간 주식은 없었는가? 물론 있었다. 1974년과 1975년에 대부분 주식이 떨어졌다. 저PSR 주식들도 예외가 아니었다. 그러나 평균적으로, 저PSR주는 고PSR주보다 적게 떨어졌고 더 빨리 더 큰 폭으로 회복했다.

이 법칙에 예외는 없었는가? 있었다. 예외가 발생한 주요 부문은 아마도 천연자원 관련 주식이었다. 예를 들어 브롬을 생산하는 그레이트레이크케미컬Great Lakes Chemical을 살펴보자. 이 주식은 PSR이 늘 우리 가이드라인을 벗어나는 수준에서 거래되었다. 주식 실적이 아주 좋아서

1972~1981년 동안 7배 상승했다. 석유와 가스 분야에는 예외가 많았다. 톰브라운Tom Brown, 도체스터가스Dorchester Gas, 게티오일Getty Oil, 페트로루이스Petro-Lewis, 필립스페트롤리엄Phillips Petroleum, 사빈Sabine, 사우스랜드로열티Southland Royalty 등이 그 예다(이러한 예외들은 세계 석유 위기가 지속되었기 때문이라 생각한다).

다른 예외는 없었는가? 예외는 항상 존재하는 법이다. 그러나 우리 스스로 찾아보아야 한다. 좋은 투자기회를 모두 찾아낼 필요는 없다. 단지 좋은 투자기회를 확실하게 찾아내기만 하면 된다.

예외에 해당되지 않는 좋은 투자기회를 찾아내는 일은 쉽다. 1960년대와 1970년대 내내, PSR을 사용했다면 잠재기회를 평가하고 재난을 피하는 데 큰 도움이 되었을 것이다.

CHAPTER
14

매매시점을 잡아주는
'피셔의 공식'

　기본 산업주, 즉 화려하지는 않지만 우리 모두의 일상생활에 필요한 핵심 소재와 부품을 만들면서 잘 굴러가는 회사들은 어떤가? 철강, 자동차, 화학, 종이, 채광, 기계 산업 등은 어떤가? 잘 알려지지 않은 중소기업들은 어떤가? PSR 개념이 잘 맞을까?

　무척 잘 맞는다. 이런 회사들은 흥미로운 회사들에 비해서 PSR이 낮은 경우가 많다. 이런 회사 대부분은 순이익률이 그다지 높지 않고 성장속도도 별로 빠르지 않다. 그래서 PSR이 낮은 것이다.

　이런 주식에 투자하려면 다음 법칙을 지키라.

- PSR 0.4 아래에서 매수하라.
- PSR 0.8에 접근하면 매도하라.

이런 주식들은 PSR이 0.8에 결코 도달하지 못하는 경우가 많으므로 더 빨리 팔아야 할지도 모른다. 미래 전망이 유난히 어두운 회사라면, PSR이 0.6에 접근할 때 파는 편이 낫다. 다른 주식과 마찬가지로, 순이익률 분석이 핵심이다. PSR이 낮은 수준에서는 굴뚝주도 멋지게 오르는 경우가 많다. 그러나 PSR이 0.5~0.6에 이르면 힘을 잃고 떨어진다(나는 슈퍼 컴퍼니만을 추천하는 입장이므로, 이런 종목들을 경계한다. 나 같으면 PSR이 더 오르기를 희망하면서 비우량주식을 계속 보유하기보다는, 이익을 조금만 보고 재빨리 팔아치우겠다).

굴뚝주에 PSR을 적용하면?

/

표 14-1은 알코아Alcoa에 관한 밸류라인 정보다. 알코아는 굴뚝주의 대표적인 사례다. 밸류라인 데이터를 이용해서 우리는 PSR을 계산할 수 있다.

PSR 최고치 및 최저치를 주식의 고가 및 저가와 비교해보면, 우리는 굴뚝주에 대해서 PSR을 어떻게 적용하면 좋은지 감을 잡을 수 있다. 다음과 같이 했다면 훌륭한 투자가 되었을 것이다.

표 14-1 **알코아의 1972~1981년 PSR 최고치와 최저치**

	1972	1973	1974	1975	1976	1977	1978	1979	1980	1981
최고치	0.71	0.82	0.64	0.73	0.72	0.61	0.46	0.44	0.54	0.56
최저치	0.48	0.48	0.32	0.40	0.45	0.41	0.33	0.34	0.37	0.34

- PSR이 0.8에 접근하면 알코아를 팔거나 매수를 포기했다.
- PSR이 0.4 밑으로 떨어지면 알코아를 매수했다.

이런 절차를 밟아나갔다면, 거의 완벽한 거래를 통해서 우리는 단기 이익을 극대화했을 것이다(단기 거래는 위험하므로 나는 추천하지 않는다. 그래도 단기 거래를 한다면, PSR이 유용한 도구가 된다).

스탠더드오일오브캘리포니아Standard Oil of California(SOCAL)를 살펴보자. PSR 개념을 사용했다면, 우리는 다음과 같이 투자했을 것이다.

- 1972년과 1973년 정점에서 매수를 포기하여, 손실을 방지했다.
- 상투를 친 1980년과 1981년 일부를 제외하고 1974~1981년 사이 어느 시점에 매수했다. 이렇게 해서 멋지게 이익을 올렸을 것이다.

인터내셔널미네랄앤드케미컬International Minerals and Chemical도 같은 사례다. 이 회사는 자유진영 국가에서 가장 큰 비료 제조업체다. 우리 법칙을 적용하면 1973년을 제외하고 1969~1974년 사이 어느 시점에 이 종목을 매수했을 것이며, 어느 시점에 매수했어도 이익이 났을 것이다. 우리는 1979년이나 1980년까지 보유했을 것이다. 1974~1979년 사이에 PSR은 우리가 설정한 범위인 0.4~0.8 사이에 놓였다. 1979년 동안 이 종목은 PSR이 0.8에 접근했다. 1980년에 이 종목은 잠시 0.8을 뚫고 올라갔다. 설정된 법칙에 따라 우리는 이 수준에서 주식을 팔았을 것이다. 이어서 이 주식은 떨어졌고 전고점을 회복하지 못했다.

월리엄스컴퍼니Williams Companies는 인터내셔널미네랄의 강력한 경쟁자다. 이 회사에 대해서도 법칙이 적용된다. 이 주식은 전체 주식시장의 움직임과 다르게 움직였다. 시장이 바닥일 때 이 종목은 절정에 이르렀다. 주식시장이 오르면 월리엄스는 내렸다. PSR 법칙에 따랐다면 우리는 절정에서 빠져나왔을 것이다. 그리고 나중에 낮은 가격에 다시 들어갔을 것이므로 이익을 보았을 것이다.

1983년에 시장이 오르자, 많은 굴뚝주들은 너무 비싸서 보유할 수가 없게 됐다.

매매시점을 판단하는 공식
/

PSR은 훌륭한 매매시점 선택 수단이다. 챕터29~30을 보면, 주식시장 시점 선택 수단들은 대개 잘 들어맞지 않는다. PSR은 시장보다는 개별 종목에 어울리는 개념이므로, 기존의 어떤 시점 선택 수단보다 효과적이다.

대부분 시점 선택 수단들은 전반적인 시장 수준에 어떤 현상이 일어나는지를 파악하려 한다. 따라서 본질적으로 체계적이다. 이들은 전체 시스템을 평가하려고 시도한다. 이런 시도는 통하지 않는다는 게 이미 역사적으로 입증되었다.

PSR은 특정 시점의 특정 기업에 대해서 산출된다. PSR은 시장보다는 개별 종목에 어울리는 개념이다. 매매시점을 선택하고자 한다면, 특정 주식만을 주목하라. 다음과 같은 방법을 따르라.

피셔의 공식 ⋯ **1. 어떤 주식의 PSR이 충분히 낮으면, 그 주식을 사라.**

　　　　　2. PSR이 충분히 낮은 주식을 찾지 못하면, 사지 말라.

　당신은 방금 매매시점 선택 방법을 배웠다. 당신은 이제 이 주제에 대해서 내가 아는 거의 모든 내용을 알게 되었다. 개념은 무척 간단하다. 살 만큼 싼 종목이 보일 때가 매수시점이다. 주가가 너무 높아서 PSR이 적정한 종목을 찾기 힘들 때는, 시장이 너무 올랐으니 사지 말라.

　적정한 PSR로 거래되는 주식을 많이 찾을 수 없다면, 십중팔구 시장이 너무 오른 것이다. 1974년이나 1982년에는 수많은 회사들이 터무니없이 낮은 PSR로 거래되었다. PSR 기준으로 보면, 이때가 확실하게 시장이 낮은 시기였다. 1960년대 말, PSR이 낮은 회사가 아주 드물었던 때는 분명히 시장이 너무 오른 시기였다. 특정 회사에 PSR을 적용해서 시장이 높은지 낮은지를 판단하라. 시장이 아니라 개별 종목을 매수하라.

'쓰레기장'에서 빛나는 주식을 건지는 방법
　/
　나는 분기 손실을 발표하는 회사들 중에서 투자기회를 가려낸다(파트4 내용 참조). 슈퍼 컴퍼니를 발굴하는 데는 별로 도움이 되지 않지만, PSR이 0.20, 0.10, 0.06, 혹은 그 밑으로 낮게 거래되는 환상적인 소기업을 발견하기도 한다. 낮은 숫자의 의미가 무엇인가? 매출액이 1억 달러인 회사가 아마도 시가총액 600만 달러에 거래된다는 뜻이다. 매출액 2,000만 달러 회사가 시가총액 100만~200만 달러에 거래된다는 뜻이다.

PSR 0.05에 팔리는 주식을 생각해보자. 몇 년 뒤 시장에서 이 주식을 예컨대 0.50처럼 중간 수준으로 다시 평가한다면, 이 주식은 10배 상승하는 셈이다. 이 기간 회사의 매출액이 2배가 된다면, 20배가 오른다는 뜻이다. 누군가 이 주식을 사들이고 시장에서 이 주식에 대해 열광하게 된다면, 이익은 훨씬 더 커질 수도 있다. 이러한 저PSR주들 가운데서 엄청난 기회를 발굴할 수 있다. 미래에 비상할 '초라한 종목'을 발굴하는 소수의 투자자에게는 엄청난 이익이 돌아갈 것이다.

"하지만 이런 회사들은 틀림없이 끔찍한 회사겠지?"라고 사람들은 말한다. 전혀 그렇지 않다. 분명히 그런 회사도 있다. 과거 실적이 끔찍한 회사도 있다. 그러나 대부분은 실적이 단지 따분할 뿐이다. 이들은 현재 손실이 발생하고 있거나 여러 해 손실을 보았다. 이들은 초기나 좋은 시절에 순이익률이 겨우 2%였을지도 모른다. 이들은 ROA나 ROE가 다소 낮다. 이들은 장기간 성장했지만 특히 경제성장률 이상으로는 성장하지 못했다. 1981~1982년 침체기를 맞자, 이들 주식은 가뜩이나 따분하게 낮은 주가 수준에서 추가로 폭락했다.

챕터15~16에서는 대공황의 쓰레기장에서 투자자에게 눈부신 이익을 안겨준 주식들을 살펴본다. 겨우 3~5년 만에 2,000~5,000% 상승한 종목도 있으니, 이는 남의 실수에서 건진 횡재라 하겠다.

슈퍼 스톡을 발굴하는 핵심 지표

IBM이
슈퍼 스톡이 못 되는 이유

장기 순환 추세는 바뀌는 데 여러 해가(심지어 수십 년이) 걸린다. 순이익률이 높아지고 이익이 증가하면, 주가 수준이 왜곡되면서 강세장에 불이 붙는다. 순이익률이 빈약하고 이익이 정체하면 약세장으로 떨어진다. 이익이라는 장기 추는 앞뒤로 흔들린다.

이런 추세가 모습을 드러내는 데는 오랜 시간이 걸리기 때문에, 우리는 그 변화를 읽지 못하는 경우가 많다. 마치 우리가 시계의 분침이 돌아가는 모습을 보지 못하는 것과 같다. 좋든 나쁘든 현재의 상황은 몇 년 동안 쌓인 희미한 기억에 불과한 경우가 많다. 더 오랜 세월을 거슬러 올라갈수록 기억은 더 희미해진다.

1930년대 되짚어보기

/

1930년대 PSR을 연구하는 일은 타임머신을 타고 과거로 돌아가는 것과 같다. 5년, 10년, 15년 전에 존경받던 기업을 기억하기는 쉽다(지금도 여전히 존경받는 기업이 있는가 하면, 그렇지 않은 기업도 있다. 심지어 도산한 기업도 있다. 에이엠인터내셔널AM International, 에퀴티펀딩Equity Funding, 매그너슨컴퓨터 Magnussen Computer 등은 기억하기 쉽다).

1950년대와 1960년대의 트랜지트론과 이와 유사한 기업들을 기억하는 사람도 많다. 그러나 50년 뒤로 돌아가면 기억이 제대로 작동하지 않는다. 1930년대의 오번오토모빌Auburn Automobile을 기억하는 사람이 몇이나 되겠는가? 우리는 생존한 기업만을 기억하는 경향이 있다. IBM이 그 무렵에도 분명히 존재했다는 사실은 누구나 알고 있다. 〈포춘Fortune〉 선정 500대 기업 대부분에 대해서 이렇게 말해도 큰 무리가 없을 것이다.

샌프란시스코 비즈니스라이브러리San Francisco Business Library에 보관된 무디스Moody's 1933년 판은 너무 낡아서 고무 밴드로 묶여 있었다(이 책을 찬찬히 읽다보니 먼지가 일어나서 계속 재채기가 나왔다). 과거를 돌아보면 안심되는 일도 있고 충격받는 일도 있다. 그러나 가볍게 볼 일은 없다.

피셔인베스트먼트는 1926~1939년 동안 150개가 넘는 주요 회사에 대해서 PBR, PER, PSR을 추적했다. 다음 12개 종목에 대해서는 1957년까지 계속해서 자세히 분석했다.

- 베슬리헴스틸Bethlehem Steel
- 캐터필러트랙터Caterpillar Tractor

- 다우케미컬Dow Chemical

- 이스트먼코닥Eastman Kodak

- FMCFood Machinery

- 제너럴일렉트릭General Electric

- IBM

- J. C. 페니J. C. Penny

- 미드코퍼레이션Mead Corporation

- 레밍턴랜드Remington Rand

- SCMSmith-Corona

- 시어스Sears

1930년대 통념에 따르자면, "1929~1933년 사이에는 주식이 워낙 심하게 난타당해서 훌륭한 회사조차 헐값에 살 수 있었다." 사람들은 약삭빠른 투자자들이 IBM이나 다우케미컬 같은 훌륭한 회사들을 낮은 PER과 PBR로 긁어모으는 모습을 떠올린다. 주식을 거저 줍다시피 하는 모습을 상상한다. 대부분 통념이 그렇듯이, 이런 생각에는 진실도 일부 들어 있지만 순전한 상상도 포함되어 있다.

몇 년 동안 지극히 헐값에 거래되는 주식도 많이 있었다. 그러나 통념과는 달리 결코 헐값에 거래된 적이 없는 주식도 있었다. 1933년 바닥권에서도 주가 수준이 결코 바닥이 아닌 주식도 많았다. 물론 어느 한 가지 밸류에이션으로 보면 싸 보이는 주식도 있었다. 아마도 PER이 낮았을 것이다. 아니면 PBR이 아주 낮았을지도 모른다. 그러나 다른 밸류에이션을 사용할 경우, 이런 주식들은 싸지 않았다. 뛰어난 주식들은 모두 초기 PSR이 낮았다. 초기 PSR이 높았던 주식들은 상대적으로 실적이 좋지 않았다. PER이나 다른 밸류에이션에 관계없이, 이런 현상이 보편적으로 나타났다.

훌륭하지만 대단하지는 않은

IBM을 생각해보자. 끊임없이 성장한 이 주식은 장기간 실적이 매우 뛰어나서 예외에 속한다. 그러나 대단한 예외는 아니다. 1970년대 인텔과 같은 맥락에서 예외였다. 즉, 슈퍼 스톡이 될 정도는 아니었다는 말이다. 터무니없는 말처럼 들릴지도 모르겠다("IBM이 슈퍼 스톡이 아니라고?" 하며 월스트리트에서 외치는 항의가 내 귀에 들리는 듯하다). 사실을 확인해보자.

IBM 주식은 1932년 52$\frac{1}{2}$로 저점을 기록했다. 이 가격으로부터 고점인 117 사이에서 움직였다. 1933년 이 종목의 등락 범위는 75$\frac{3}{4}$~153$\frac{1}{4}$이었다. 이 범위에서 계속 오르내리다가 1936년에 194로 장기 고점을 형성했다. 1939년 잠시 195$\frac{3}{4}$을 뚫고 올랐다가 다시 떨어졌다. 이후로 다시는 195를 회복하지 못하다가, 1945년 250을 뚫고 올라가 고점을 기록했다. 1950년 초까지는 250 밑에서 등락을 거듭했다. 1956년에 IBM은 30년 연구 기간 중 마지막 고점에 도달했다. 당시 IBM은 550달러였다. 이런 움직임이 모두 무엇을 뜻하는가?

우리가 기막힌 행운을 잡았다고 가정하자. 1932년 최저점에 IBM을 사서 1956년 최고점에 팔았다고 가정하자. 수익이 얼마나 났을까? 1932

슈퍼 스톡을 발굴하는 핵심 지표

년 52½에 IBM을 샀다면, 투자액 1달러는 10.48달러로 불어났을 것이다. 여기까지가 좋은 소식이다. 나쁜 소식은, 이만큼 버는 데 24년이 걸렸다는 점이다. 지난 사반세기 동안 겨우 연복리 10%였다는 뜻이다. 1930년대에 대한 통념에 비추어볼 때 도무지 믿기지 않는 실적이다. 우리는 끊임없이 성장한 '슈퍼 스톡'을 역사상 최악의 대폭락 시장 최저점에 매수했다. 무려 사반세기나 계속 보유했다. 매도시점도 나무랄 데가 없어서, 우리는 최고점에 매도했다. 그런데도 실적은 고작 연복리 10%다. 이게 말이나 되는가?

게다가 매매시점 선택이 완벽하지 않았다면 어떻게 되었을까? 최저점에 사서 최고점에 파는 행운을 잡는 사람은 거의 없다. 그러니 우리가 1932년 IBM 가격변동 범위의 중간 수준에서 매수했다고 가정해보자. 적어도 이 정도는 가능하다. 우리의 투자수익률이 어땠을까? 중가中價는 표 15-1과 같다.

우리가 84¾에 사서 475에 팔았다면, 투자액 1달러는 5.61달러가 되었을 것이다. 이 정도 수익이면 24년 동안 수익률이 겨우 연 7.5%라는 뜻이다. 게다가 '끊임없이 성장한 훌륭한 기업'에 투자한 결과다. 어떻게 이럴 수가 있는가? IBM이 우리가 늘 이야기 듣던 그 훌륭한 IBM이 아니었다는 말인가? 물론 그 IBM 맞다. IBM은 그 이상으로 훌륭한 영업

표 15-1 IBM의 가격 변화		(1932년과 1956년 비교)
	1932	1956
고가	117	550
저가	$52\frac{1}{2}$	400
중가	$84\frac{3}{4}$	475

실적을 올렸다. 이 기간 IBM은 매출이 2,000만 달러 미만에서 10억 달러가 넘는 수준으로 성장했다. 문제는, 심지어 대공황의 바닥장에서조차 IBM은 그다지 '싼' 적이 없었다는 사실이다. 1932년 최저점을 기록한 뒤, IBM은 3배가 뛰었다. 1936년이 되자, 1933년 고점보다 약 30% 더 높은 고점을 기록했다.

이 기간의 특성을 감안하면, 이런 실적은 드물지가 않다. 저점을 기록한 직후 몇 년 동안 주가가 20~100배 상승한 주식도 많다. 이런 주식들은 최저점에서 주가가 아주 쌌다. 그러나 IBM은 싸지 않았다.

IBM 주식의 연간 변동 범위(1929~1939)

	1929	1930	1931	1932	1933	1934	1935	1936	1937	1938	1939
고가	255	197	179	117	153	164	190.5	194	189	185	195
저가	109	131	92	52.5	75	131	149	160	127.5	130	145

IBM이 싼 것처럼 보여주는 척도는 단 하나뿐이다. 아래는 1926~1935년 IBM의 PER 최고치와 최저치다.

IBM PER의 최고치와 최저치(1926~1935)

	1926	1927	1928	1929	1930	1931	1932	1933	1934	1935
최고치	8.9	15.9	19.1	23.1	17.1	16.2	13.0	19.0	17.7	19.3
최저치	6.0	7.1	13.1	9.9	11.3	8.3	5.8	9.1	14.1	15.1

IBM은 때때로 PER이 낮은 적이 있었다. 주가가 낮아서가 아니었다. 1932년 저점에 IBM 주가가 아주 낮았다면, 투자 실적은 훨씬 높았을 것이다. 그러나 주가가 낮아서가 아니라 IBM이 돈을 아주 많이 벌었기 때

슈퍼 스톡을 발굴하는 핵심 지표

문에 PER이 낮았다(이익이 너무 커서 PER이 낮았다).

1920년대와 1930년대에 IBM이 벌어들인 것처럼 이익을 내는 회사는 정말이지 없다. 1930년대 내내 IBM은 세후순이익률 23%를 넘기며 계속 돈을 벌어들였다. 1935년에는 세후순이익률이 무려 32.5%였다. 당신은 오늘날 매출액의 32%를 세후이익으로 벌어들이는 회사를 상상할 수 있는가? 우리가 아는 현실과는 동떨어진 모습이다. ROE도 탁월해서 변함없이 12%가 넘었다. 이 회사는 대공황의 영향을 전혀 받지 않은 것처럼 보인다.

1920년대에 아주 높은 가격으로 출발한 주식은 아주 싼 가격으로 떨어진 적이 전혀 없었다. 1932년에 PER이 낮아서 IBM을 싸다고 생각한 사람이라면, 1929년과 1927년에 훨씬 높은 가격에도 IBM이 싸다고 생각했을 것이다. 따라서 PER로는 1930년대 IBM의 가치를 평가할 수 없다.

그러면 무엇으로 평가할 수 있는가? PSR을 살펴보자. 1932년 최저점에서 IBM은 PSR이 2.3이었다. 1932년 최고점에서는 PSR이 5.1이었다. 아래는 1932~1939년 IBM의 PSR 최고치와 최저치다.

IBM PSR의 최고치와 최저치(1932~1939)

	1932	1933	1934	1935	1936	1937	1938	1939
최고치	5.1	6.0	5.5	6.2	5.5	4.6	4.3	4.2
최저치	2.3	3.0	4.4	4.9	4.5	3.1	3.0	3.1

IBM은 원래부터 높았던 PSR이 족쇄가 되어 주가 상승이 어려웠음을 쉽게 이해할 수 있다. 주가는 매출액 증가 속도 정도로만 상승했다. 그 이상은 아니었다. IBM은 PSR 5~6 수준에 형성된 천장을 뚫을 수가 없

었다. IBM은 대단한 순이익률을 유지하고 있었지만(그래서 PER이 그다지 높지 않았다), 시장은 이렇게 높은 순이익률이 장기적으로 지속될 수 없다는 사실을 알고 있었다. 시장은 PER보다 PSR에 귀를 기울였다.

IBM은 단기적으로 매우 큰돈을 벌고 있었기 때문에, PSR 최저치조차 상당히 높은 수준이었다.

이것이 바로 유별나게 수익성 좋은 회사에서 나타나는 가치의 역설이다. PSR이 이미 높으면 주식은 크게 오르지 못한다. 그러나 풍족한 단기 이익 덕분에 PSR은 크게 떨어지지 않는다(어떻게 보면, 닭이 먼저냐 달걀이 먼저냐의 논쟁과 비슷하다).

어느 시점이든 수익성이 악화될 경우 이런 주식은 지극히 취약해진다. IBM 같은 몇몇 회사가 그렇듯이 성장이 장기간 줄기차게 지속될 경우, 주가도 올라가기는 하지만 대단한 정도는 아니다. 아무튼 회사가 계속 성장하는 한, 주가도 올라가기는 한다.

IBM은 1950년대와 1960년대에 환상적인 성장 실적을 보이는 동안 성장주로서의 명성 대부분을 쌓았다. 실적이 좋았던 이유는 주로 1940년대 중후반에 IBM이 알차게 성장했기 때문이다. 1946년, IBM은 PSR이 50년 만의 최저치인 0.51을 기록했다. 그야말로 슈퍼 스톡 수준이었다. 1946~1955년 사이의 10년 중 8년 동안 IBM은 PSR이 1 미만이었다. 그중 4년은 PSR이 0.75 미만이었다.

이 시점을 기준으로 이후 20년 동안 IBM 주가는 높이 날아올랐으며, 결코 퇴색되는 법이 없는 전설적인 명성을 얻게 되었다. IBM은 성장했고 주가는 올랐다. IBM이 다시 인기를 얻어 높이 평가되자, IBM의 PSR도 올라갔다. 1960년대 중후반에 IBM의 PSR이 다시 하늘 끝까지 뛰어

올라 4~6 사이를 오가자, 주가 상승도 다시 멈췄다. 지난 50년을 통틀어 IBM 주식에 투자해서 장기적으로 평균 초과 수익을 올리는 열쇠는, 결국 PSR이 낮을 때 사는 방법이었다.

PSR이 높았던 그 외 기업들
/

1930년대에 IBM만 그런 것이 아니었다. 다른 회사들도 PSR이 높았다. 그럴 만한 자격을 갖춘 회사도 있었지만, 그렇지 않은 회사가 대부분이었다. 코카콜라가 IBM과 비슷한 경우다. 코카콜라도 계속해서 탁월한 이익을 창출했다. 코카콜라도 잠시 PSR이 낮은 적이 있었지만, 대부분은 PSR이 높았다. 그래서 1932년 '바닥'을 찍은 이후 5년 동안 주가는 평범한 실적을 보였을 뿐이다. PSR이 높았던 주식들 대부분은 높게 밸류에이션 받을 자격이 없었다. 이후의 주가 상승이 부진했다.

버로즈Burroughs는 초기에 주가가 높았다. 1930년대 말, 엄청난 강세장이었는데도 버로즈 주가는 1930년대 초와 비슷한 수준에 머물 뿐이었다. 시장도 상승하고 사업도 상승했지만, 주가는 결코 상승하지 않았다.

질레트세이프티레이저Gillette Safety Razor도 1938~1939년 주가가 1932~1933년보다 낮았다. 주된 이유는 초기 밸류에이션이 지나치게 높았기 때문이다. 1932~1933년 질레트는 PSR 최고치가 4.4였다. 1939년에는 질레트의 PSR 최고치가 겨우 1.5였다. 질레트는 성장했지만 사람들은 실망했다. 세후순이익률과 ROE 모두 30% 중반에서 10% 중반으로 미끄러졌다.

과거와 비교해보면 분명히 실망스러운 실적이었다. 오늘날 같으면, 세후순이익률이 질레트의 대공황 기간 최저 수준만큼만 되어도 누구나 만족할 것이다. 그러나 당시 시장은 더 높은 실적을 원했다.

대부분 주식은 1930년대 저점으로부터 크게 상승했다. 유난히 많이 오른 종목도 있다. 1932~1933년부터 5년 동안 10배(1,000%) 상승한 종목도 드물지 않았다. 연복리 59%였다. 이보다 실적이 더 나은 종목도 있었다. 20~40배 상승한 종목도 있었다. 이러한 종목들은 저점에 이르렀을 때는 거저 줍다시피 한 셈이었다.

슈퍼 스톡을 발굴하는 핵심 지표

CHAPTER
16

모두가 아니라는 곳에
슈퍼 스톡이 있다

리비어코퍼앤드브래스Revere Copper and Brass는 저점에서의 시가총액이 겨우 20만 달러였다. 3년이 넘도록 이 회사는 시가총액 60만 달러 밑으로 매수할 수 있었다. 단지 50만 달러 이하로 이 회사 경영권을 사들일 수 있었다. 이 회사의 매출액은 1,500만 달러가 넘었다(당시 IBM과 비슷한 수준이었다). 따라서 이 회사는 PSR이 0.04로서 말도 안 되게 낮았다. 회사 재무상태표는 오늘날의 규모가 비슷한 대부분 회사보다도 건전했다. 이 주식은 저점에서 45배 넘게 상승했다. 저점보다 3배 높은 가격에 매수했더라도 그 이후에 15배 넘게 상승했다. 5년 동안 45배 올랐다면 연 복리 115%다.

다른 저PSR 종목들도 화려한 실적을 올렸다. 디어앤드코Deere & Co.는 3년 동안 20배 넘게 올랐다(연 171%가 넘는 수익률). 레밍턴랜드와 커틀러 해머Cutler-Hammer도 그랬다. 보그워너Borg-Warner도 4년 동안 25배 넘게 올랐다(연 123%가 넘는 수익률). 캐터필러트랙터도 4년 동안 20배 올랐다(연 111%가 넘는 수익률). 지금은 쿠퍼인더스트리Cooper Industries가 된 쿠퍼베세머Cooper-Bessemer도 3년 동안 30배 넘게 올랐다(연 수익률이 무려 210%). L. C. 스미스코로나타이프라이터L. C. Smith & Corona Typewriters도 4년 동안 40배 올랐다(연 150%가 넘는 수익률).

　PSR이 낮지 않은 주식들도 실적은 좋았다. 그러나 이제는 친숙하지 않은 이름이 많다. 캠벨Campbell, 와이언트Wyant, 캐논파운드리Cannon Foundry란 이름을 들어본 사람이 있는가? 우다이유허시Houdaille Hershey를 기억하는 사람이 있는가? 아메리칸시팅American Seating은? 플린코트Flintkote는? 맥그로일렉트릭McGraw Electric은? 불라드코Bullard Co.는? 페어뱅크스모스앤드코Fairbanks, Morse & Co.는? 제너럴케이블General Cable은? 다른 저PSR주들처럼 이들도 20배 넘게 올랐다.

경이적인 성장을 보인 저PSR 사례들
/
우리는 이 연구를 통틀어 이 정도 오른 종목 가운데 PSR이 1.5가 넘는 종목을 단 하나도 발견하지 못했다. 늘 헐값에 거래되던 L. C. 스미스코로나타이프라이터(지금은 SCM코퍼레이션SCM Corporation)를 보자. 회사명에 나타나듯, 이 회사는 타자기를 팔았다. 이들은 계산기, 복사기, 카본지 같은 관련 제품들도 만들어 팔았다. 이 회사의 사업은 오늘로 치면 사무자동화였다(왕Wang이나 NBI 같은 사무자동화 주식은 1980년대 초에 최고 인기 종목에 속했다).

현재 SCM은 타자기에서 화학에 이르기까지 수많은 사업을 영위하는 20억 달러 규모의 거대기업이 되었다. 1933년에는 겨우 500만 달러 규모의 기업이었다. 물론 당시 1달러는 지금 1달러보다 가치가 높았다. 이 회사는 재무상태표도 건실했고 유동성도 우수한 상태를 유지했다. 최악의 경우에도 이 회사의 순유동자산은 자기자본의 $\frac{1}{3}$을 넘었다. 1937년이 되자 이 비율이 개선되어 75%가 넘었다. 오늘날 이 정도로 유동성이 풍부한 회사는 거의 없다. 이 500만 달러 규모의 회사가 1932년과 1933년에는 시가총액이 20만 달러에도 못 미친 것으로 드러났다. PSR은 겨우 0.4였다. 주식을 거저 나눠준 셈이다. 물론 이 회사는 이 시기에 계속 적자를 보고 있었다. 그러나 전체 기간에 걸쳐 보더라도 1931년 자기자본 중 10% 미만을 잃었을 뿐이다. 이 주식은 튼튼한 재무상태표에 힘입어 연복리 150%를 달성했으니 더 이상 무엇을 바라겠는가? (그림 16-1 참조)

쿠퍼베세머도 경이적인 사례다. 1932년에 이 회사는 겨우 200만 달러 규모였다. 총부채는 무시해도 좋을 정도였다. 순유동자산이 순자산가치의 절반을 넘었다. 주식이 저가로 떨어졌을 때, 시가총액이 10만 달러에도 못 미쳤다. PSR이 겨우 0.02였다(경이적인 숫자다). 1936년 말이 되자 주가는 30배 넘게 올랐다. 5만 달러를 주고 회사 절반을 샀다면, 그 주식은 조만간 150만 달러가 되었을 것이다. 현재 쿠퍼인더스트리는 매출액이 30억 달러가 넘는다.

1930년대에 엄청난 이익을 안겨준 종목들은 모두 저PSR주였다. 양극단 사이에 놓인 사례들이 이것 말고도 많이 있다. PSR이 낮은 수십 개 회사들은 1932~1933년으로부터 1935~1936년까지 시가총액이 10~15

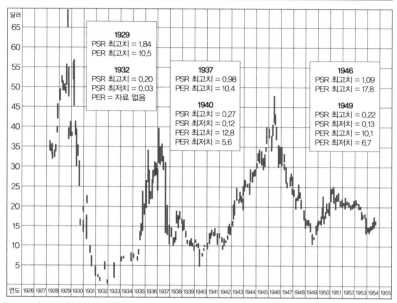

그림 16-1 스미스코로나타이프라이터의 가격 변화

달러

1929
PSR 최고치 = 1.84
PER 최고치 = 10.5

1932
PSR 최고치 = 0.20
PSR 최저치 = 0.03
PER = 자료 없음

1937
PSR 최고치 = 0.98
PER 최고치 = 10.4

1940
PSR 최고치 = 0.27
PSR 최저치 = 0.12
PER 최고치 = 12.8
PER 최저치 = 5.6

1946
PSR 최고치 = 1.09
PER 최고치 = 17.8

1949
PSR 최고치 = 0.22
PSR 최저치 = 0.13
PER 최고치 = 10.1
PER 최저치 = 6.7

자료 : M. C. 호시앤드컴퍼니M. C. Horsey & Company, Inc., P. O. Box H, 메릴랜드 주 솔즈베리Salisbury, Md. 21801

배 상승했다. 주가 상승에 걸린 기간에 따라, 이런 회사들은 연 수익률
75~140%를 창출했다.

거대기업들에게서 배워라
/

훌륭한 기업들은 모두 실적이 어떠했는가? 물론 분명히 예외는 있는
법이다. 초기의 높은 PSR을 뒷받침할 정도로 크게 성장한 기업도 있다.
IBM이 우리가 찾아낸 유일한 예외다. 그나마 대단한 실적도 아니다. 저

슈퍼 스톡을 발굴하는 핵심 지표

PSR주 가운데 '훌륭한 실적'이 많았다. 저PSR주 대부분이 좋은 실적을 올렸다(SCM, 캐터필러, 레밍턴 등은 앞에서 이미 언급했다). 다른 회사들은 어떤가? 베슬리헴스틸, FMC, 미드, 시어스 모두 저PSR주(0.15, 0.33, 0.20, 0.20 미만)였고, 여기에 투자했다면 5년 동안 1,000~2,000% 수익을 올렸을 것이다. 예를 들어 시어스는 1931년에 PER 12배로 최저치였다. 그러나 1932년 절대 최저치에 이르렀을 때에는 이익이 발생하지 않았기 때문에 PER 자체가 없었다(그림 16-2 참조).

J.C.페니는 저PSR주(저가 시점에 0.20)였지만 1932년과 1936년 사이에 겨우 9배 상승했다(그래도 고PSR주보다는 높은 실적이다). 고가 시점에도 PSR은 겨우 1.1이었다.

우리 기준으로 볼 때 PSR이 약간 높은 주식이 세 종목이다. 이스트먼코닥이 그중 하나다. 절대 저가에 이르렀을 때 이스트먼코닥은 PSR이 1.4에 불과했고, 1930년대 동안 5.6배 상승했다. IBM보다는 나은 실적이지만 PSR이 아주 낮은 종목들만은 못하다. 주가 상승의 대부분은 성장으로부터 왔다. PSR은 절정기에 2배가 조금 넘게 상승하여 3.3이 되었다. 마찬가지로, 다우케미컬도 PSR 1.1로 시작하여 1937년까지 7.6배 상승했으며, 절정기에는 PSR이 6.6에 이르렀다.

제너럴일렉트릭은 1932년 절대 저가로부터 1937년 절대 고가까지 7.6배 상승했다. PSR 최저치는 0.93 정도였고, 최고치는 3.8이었다.

1937년 고가에 도달한 뒤, 대부분 종목들은 서서히 하락했다. IBM과 다우처럼 1937년에 PSR이 높았던 종목들이 실적이 부진했다. 다우를 살펴보자. 1937년과 1947년 사이에 다우는 매출액이 2,200만 달러에서 1억 3,000만 달러로 증가했다. 이익은 490만 달러에서 1,270만 달러로

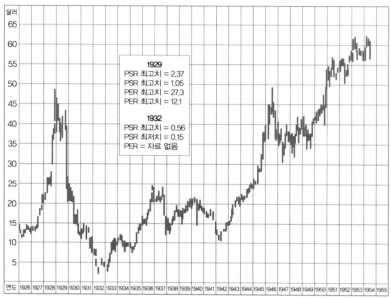

그림 16-2 시어스의 가격 변화

```
달러
65
60
55                      1929
50              PSR 최고치 = 2.37
                PSR 최고치 = 1.05
45              PER 최고치 = 27.3
                PER 최고치 = 12.1
40
                      1932
35              PSR 최고치 = 0.56
                PSR 최저치 = 0.15
30              PER = 자료 없음
25
20
15
10
 5
연도 1926 1927 1928 1929 1930 1931 1932 1933 1934 1935 1936 1937 1938 1939 1940 1941 1942 1943 1944 1945 1946 1947 1948 1949 1950 1951 1952 1953 1954 1955
```

자료 : M. C. 호시앤드컴퍼니M. C. Horsey & Company, Inc., P. O. Box H, 메릴랜드 주 솔즈베리Salisbury, Md. 21801

증가했다. 성장주 학파의 논리를 따르자면 이 주식은 더 올라가야 마땅하다. 그러나 이 주식은 오르지 않았다. 1947년에 이 주식은 1937년보다 낮은 가격으로 거래되었다. 10년 동안 눈부신 성장을 거듭한 뒤, 1947년 이 회사는 마침내 완숙기로 접어들었다. 이 주식은 어떤 기준으로 보더라도 쌌으며, 이후 수십 년 동안 훌륭한 실적을 올렸다.

1920년대 말 주가는 그다지 높아 보이지 않았다. 풍족한 순이익률 덕분에 PER이 크게 오르지 않았기 때문에, 주가가 높다는 사실이 가려졌다. 1929년에는 PER이 매우 낮은 회사들이 많았다. 투자자들은 이런 주식들을 양껏 사들일 수 있었다. 몇 년 뒤 많은 회사들의 PER이 무한대

슈퍼 스톡을 발굴하는 핵심 지표

로 치솟았다. PSR을 엄격하게 사용했다면 투자자들은 이 기간에 엄청난 손실과 두통을 피할 수 있었을 것이다. 투자자들이 PSR 분석을 통해서 1929년의 낙관과 1932~1933년의 비관을 조절했다면, 우리는 오늘날 '대공황'에 대해 언급하지도 않을 것이다.

유명 주식과 무명 주식 모두 1930년대 내내 똑같은 패턴을 반복해서 보여주었다. 고PSR주들은 대체로 성과가 부진했다. 최고의 실적주들은 PSR이 낮았다. 1930년대에는 대부분 주식들이 쌌다. 분명히 쌌다. 이런 생각도 '1930년대에 대한 통념'에 속하지만, 연구 결과 옳은 것으로 드러났다.

옳지 않은 것으로 드러난 통념은, 시장 전체가 헐값이었다는 생각이다. 그다지 싸지 않은 주식도 있었다. 고PSR주들이 그랬다. 공황에서 벗어나면서 창출된 막대한 수익은, 당시 실패한 기업으로 간주되었던 회사의 주식으로부터 나왔다. '남의 실수에서 건지는 횡재'는 금융 역사에 되풀이되는 주제다. 사람들은 회사의 펀더멘털 가치를 간과한 나머지 주식을 쓰레기처럼 내던진다(파트1 내용 참조). 이것이 바로 남의 실수에서 건지는 횡재다. 1930년대를 보든 다른 시대를 보든, '남의 실수에서 건지는 횡재' 개념이 적용된다. 무시당하는 저PSR주들 가운데서, 비길 데 없는 기회가 떠오른다.

슈퍼 스톡과
슈퍼 컴퍼니

가격이 낮다고 무조건 슈퍼 스톡은 아니다. 지금 당장은 일시적 문제를 겪고 있지만, 결국 이를 극복해내고 눈부시게 발전하는 기업의 주식이 바로 슈퍼 스톡이다. 슈퍼 스톡은 반드시 문제를 이겨내고 말 기업, 즉 '슈퍼 컴퍼니'에서만 만들어진다. 슈퍼 컴퍼니를 찾아내는 것이 바로 슈퍼 스톡을 낚아 올리는 길이다. 수많은 기업 중에서 슈퍼 컴퍼니와 일반 기업을 정확히 골라내는 방법은 대체 무엇일까?

슈퍼 스톡을 잡으려면
슈퍼 컴퍼니를 찾아라

슈퍼 컴퍼니를 결정하는 사업의 내용들을 뜯어보는 것이 가장 중요하다. 사업의 본바탕을 이루는 펀더멘털 요소를 분석해 정말로 월등한 기업의 주식을 매수하는 게 슈퍼 스톡 투자의 초석이다. 슈퍼 컴퍼니 주식을 적합한 가격에 매수했을 때라야 진정한 슈퍼 스톡이 될 수 있다. 빈약한 기업 주식을 사서 주가가 2~3배 오를 수는 있다. 하지만 참으로 위대한 기업이 아니라면, 슈퍼 스톡이 될 만큼 주가가 오를 가능성은 극히 희박하다. 슈퍼 컴퍼니는 자체 자금 조달로(즉, 자기자본으로) 평균 성장률을 훨씬 웃도는 성장을 창출한다는 점에서 '확연히 구분되는 기업'이다. 물가가 오르면 슈퍼 컴퍼니가 자기자본으로 창출하는 성장률도 올라야 한다. 슈퍼 컴퍼니는 물가상승률을 공제한 '실질' 성장률 기준으로 적어도 연복리 15%로 성장해야 한다. 물가가 연 6% 오르면 슈퍼 컴퍼니는 연복리 21% 이상 성장해야 하고, 물가가 연 15%로 급등할 경우에는 연복리 30% 이상 성장할 수 있어야 한다. 어느 때를 보더라도 세계적으로 수만 개의 기업 가운데 슈퍼 컴퍼니는 수백 개에 지나지 않는다.

슈퍼 컴퍼니의 5가지 특징
/

이런 기업들은 독특한 특징 때문에 인지도가 높다. 그 밖의 기업들은 눈에 잘 띄지 않는다. 기업의 체력과 성장 가능성을 증권가에서 얼마나 평가해주느냐는 중요하지 않다. 기업 자체의 체력과 성장 능력만 봐야 한다. 혹시 주식을 매수하는 시점에 금융계에서 그 기업을 형편없다고 생각할수록 더 좋다(챕터3~4를 보라). 슈퍼 컴퍼니는 사업의 본바탕에서부터 미래에 성장할 잠재력이 강건한 기업이어야 한다. 사업 내용에서부터 슈퍼 컴퍼니로서 갖춰야 할 특징이 분명해야 한다.

슈퍼 컴퍼니의 사업적 특징을 압축해보면 그 필수 요소는 다음과 같다.

1. **성장 지향성** … 모든 선임 인력들의 성장에 대한 열망이 식을 줄 모르며 조직 전반에 스며들어 있다. 이러한 욕구가 성장하는 시장으로 표출될 뿐 아니라, 성장을 일궈내는 모든 피고용자들의 일상생활에서부터 뿜어져 나온다.

2. **탁월한 마케팅** … 시장의 성격에 생기는 변화를 넓은 시야에서 이해한다. 또 유능한 고객상담 부서를 갖추고서 고객만큼이나 빨리 시장의 변화를 감지한다.

3. 일방적 경쟁우위 … 기존 경쟁자들은 물론, 앞으로 등장할 경쟁자들을 압도하는 경쟁우위에 서 있다. 보통 생산단가가 가장 낮다든가, 적어도 주력 제품군의 한 분야에서 독보적이거나 준독점적 위치를 확보하고 있는 기업이다.

4. 창조적 인사관리 … 피고용자들이 인격적인 대우와 공정한 승진 기회를 누리고 있다고 느낀다. 아울러 부하 직원들의 건설적인 아이디어를 독려하고 금전적으로도 보상해주는 '기업 문화'가 형성되어 있다.

5. 완벽한 재무관리 … 실적이 경영계획에서 벗어나도 신속하게 적응하는 재무관리 능력이 있다. 급변하는 경쟁 상황에 맞춰 재무관리를 계속 개선해 가려는 의지가 있어야 한다. 슈퍼 컴퍼니는 다른 기업들이 하는 관리 방식에 결코 만족하지 말아야 한다.

슈퍼 컴퍼니가 갖춰야 할 수많은 특징들이 더 있다. 즉, 높은 이익률이나 높은 시장점유율, 양질의 경영관리, 선도적인 제품 위상, 고품질 이미지를 비롯한 여러 가지 특징이 그런 것들이다. 이런 특징들은 누구라도 슈퍼 컴퍼니의 특징으로 꼽는 측면들이다. 그러나 슈퍼 컴퍼니를 결정하는 요인들은 위에 든 5가지 요소다. 예를 들어 매출총이익률gross margins과 세전 이익률, 순이익률을 높게 유지할 수 있는 잠재력이 이런 기업에 있어야 한다. 그러나 이익은 결과다. 각 이익 지표들은 동일한 원인에서 나오는 것이고, 현실의 기본 요소로부터 나오는 결과다. 그 원인은 피고용자들과 경영진, 또 그들의 성장 지향성이다.

달리 말하면 슈퍼 컴퍼니는 고용 인력만 보고도 빠른 매출 신장과 건실한 이익률이 확실히 달성되겠구나 하는 생각이 들게 하는 그런 기업이다. 그중에서도 매출이 급신장할 수 있는 잠재력이 얼마나 성장을 지향하고 있는지에 달려 있음은 분명한 사실이다.

슈퍼 컴퍼니의 리더는
'성장 지향성'을 만든다

성장은 배경 없이 그냥 일어나지 않는다. 성장은 경영진의 의식에서 시작되며, 그 의식은 꺼지지 않는 집념이다. 성장을 지향하는 개인의 정신적 특성은 수십 년 동안 인식돼왔다. 즉, 이들은 본래 긍정적인 성품을 가지고 있다. 이러한 사람들의 기록은 나폴레온 힐과 클레먼트 스톤이 쓴 《긍정적인 정신자세를 통한 성공》이나 노먼 빈센트 필의 《긍정적 사고의 힘》에 잘 나와 있다.[25]

누구라도 스스로 이러한 특성을 육성할 수는 있지만, 다른 사람들에게 심어주기는 어렵다. 이것이 진정한 지도자의 역할이다. 어느 정도 오래 지속되는 집단에는, 자질이 좋든 나쁘든 지도자가 있기 마련이다. 집

---

25 Napoleon Hill and W. Clement Stone, 《Success through a Positive Mental Attitude》, Englewood Cliffs, N.J. : Prentice-Hall, 1960. Norman Vincent Peale, 《The Power of Positive Thinking》, Englewood Cliffs, N.K.: Prentice-Hall, 1952.

단 안에서 상호 작용이 생기는 초기부터 자연스러운 서열이 나타난다. 추종자들은 그들의 의지를 결집해서 지도자에게 권력을 맡긴다. 많은 사람들이 지도자가 권력을 장악한다고 잘못 생각한다. 보통은 그렇지 않다. 이와 반대로, 지도자들이 육성하는 추종자들이 지도자들에게 권력을 준다. 추종자들은 지도자에게 바라는 것들이 있다. 미래상과 신념, 타인에 대한 존중, 추종자들에 대한 존중이 그런 것들이다.

추종자들은 동료들과 함께 지도자에게 동조함으로써 그의 이런 자질들을 흡수한다. 그러한 모습을 지켜보면 아름답다고 느껴진다. 슈퍼 컴퍼니의 주요 피고용자들이 동료들에게 말을 건넬 때면, 그들의 눈에서 빛이 난다. 또 그들이 상사들을 묘사할 때는 전설 같은 일화들을 꺼낼 때가 많다. 평범한 회사들에서는 피고용자들 사이에서 이런 모습이 보이지 않는다.

조직과 구성원을 바꾸는 리더의 힘
/

최근에 친구 하나가 버베이팀에 입사했다. 이전에 거대한 전자회사의 마케팅 관리자로 일할 때 그는 상당히 심각한 '업무 탈진' 상태를 보였다. 그는 이 회사를 높이 평가하고 있지만, 그의 상사와 직장 동료들에 대해 말할 때면 아주 좋지 않은 감정이 드러났다. 그가 버베이팀에 출근하는 첫날에 회장이 그를 찾아왔는데, 이미 어느 정도 그에 대해 알고 있었다. 이 이야기를 할 때 내 친구의 눈에서 빛이 났다. 그가 이전 회사에 다닐 때는 지점장 이상의 고위직을 만나본 적이 없었다. 자기가 회장에 대해 아는 것보다 회장이 자신에 대해 더 많이 알고 있다는 사실 자체가 그에게는 놀라운 일이었다. 새로운 회사의 회장처럼 그에게 깊은 인상을 준 사람은 거의 없었다. 미국의 업계에서 탈진 상태로 빠져나온 이 친구는 왕성한 의욕으로 일하면서도 지치는 기색을 전혀 보이지 않았다. 입사 초기 몇 주 동안, 그는 하루 15시간 동안 일하면서, 이 회사에 오기를 정말 잘했다고 아주 기뻐했다. 슈퍼 컴퍼니는 어느 회사를 보더라도 이와 같다. 최고 경영진의 태도가 추종자들에게 흡수된다.

슈퍼 컴퍼니는 문제를 잠재적인 기회로 본다. 제조 공정에 숨어 있던 비용이 발견되면 문제로 볼 수 있다. 한편, 앞으로 비용을 낮추고 제품 가격을 낮춰서 매출을 늘릴 수 있는 기회로 볼 수도 있다.

경쟁업체의 신제품 출시를 문제로 볼 수 있다. 하지만 그로부터 고객의 성향을 더 파악해서 새롭게 시장에 진입할 때 활용할 기회로도 볼 수 있다. 일례로, 개인용 컴퓨터PC 시장에서 활동하던 회사들 중에 IBM의 PC 시장 진출에 겁을 먹었던 곳들도 있었다. 그러나 이를 보고 PC 시장의 미래가 열렸다는 증거로 본 회사들도 있었고, PC 부속 제품들의 판매 기회가 눈앞에 다가왔다고 본 회사들도 있었다. 슈퍼 컴퍼니의 경영진이라면 먹구름이 태양을 가리더라도 은빛의 밝은 코로나에 시선을 두는 법이다.

슈퍼 컴퍼니의 지도자를 보면 사소하고 우연한 자리에서도 카리스마가 확연하게 드러난다. 회사의 움직임이 그의 일거수일투족에서 비롯되기 때문에, 언제나 카리스마가 배어날 수밖에 없다. 그의 신념은 확고해야 한다. 지금보다 더 나아지려는 욕망, 또 더 크고 위대한 회사의 지도자로 거듭나려는 그의 욕망은 겸허한 행동으로 더 빛을 발한다. 부하 직

슈퍼 스톡과 슈퍼 컴퍼니

원들을 아주 자랑스러워한다는 게 그의 말에서 배어난다. 또 그는 언제나 자기보다 유능하고 신뢰할 수 있는 부하 직원들을 데려오려고 한다. 그가 그런 사람들을 찾게 되면, 가능한 한 '설득해서' 데려오고야 만다. 부하 직원들은 그가 근본적인 의미에서 자신들을 키워주고 있음을 알고 고맙게 생각한다. 이런 부하 직원들은 이 지도자의 생각을 다시 자신의 부하 직원들에게 전파한다.

이렇게 사람들 사이에 퍼져가는 과정을 통해 최종적으로 성장을 추구하는 조직이 형성된다. 마케팅과 기술, 또 간접 지원업무의 개념들이 회사의 각 층마다 축적되며, 조직 전반에 걸쳐 상하좌우로 교류된다. 이 기업에는 미래의 성장을 위한 아이디어가 마를 날이 없어서, 회사 안에서 나오는 아이디어들 중에서 가장 좋은 것들을 선택하게 된다. 하위 관리직은 이런 아이디어들을 상사를 진지하게 존중하는 자연스러운 자세에서 수용한다.

의사결정 과정에서의 존중은 슈퍼 컴퍼니를 평범한 기업들과 구분해주는 특징 가운데 하나다. 이 점은 어느 부문보다도 마케팅에서 뚜렷하게 드러난다.

CHAPTER
19

슈퍼 컴퍼니의 무기는
'탁월한 마케팅'이다

마케팅이 모든 것의 열쇠다. 아마도 성공에 가장 중요한 단일 요인은 마케팅일 것이다. 즉, 다른 어느 이유보다도 뛰어난 마케팅을 갖추지 못한 탓에 파산하게 되거나, 시들한 상태에 머무는 기업들이 훨씬 많다. 기업의 존재 이유는 고객이기 때문에 탁월한 마케팅은 그 무엇보다도 중요하다.

뛰어난 마케팅 사례는 아주 드물다. 탁월한 마케팅 사례가 드문 것은 사업의 어느 부분보다도 예술에 가까운 일이기 때문이다. 가장 단순하면서도 최선의 마케팅은 사람들을 도와주는 것이다. 진부하게 들릴지 모르지만 옳은 말이다. 그리고 사람들을 이해하지 못하면 제대로 도와주기가 힘들다. 고객의 마음을 읽는 능력 때문에 좋은 마케팅이 희귀한 것이다.

모든 것의 열쇠가 되는 마케팅

/

마케팅이 그저 유창한 말재간에 불과하다고 잘못 알고 있는 사람이 어디에나 있다. 이런 사람들은 마케팅을 영업력으로 잘못 알고 있다. 물론, 영업도 그 자체로 기술이다. 이 영업력에 더하여, 마케팅에는 다음 기능들이 들어간다.

1. 광고
2. 시장 연구
3. 상품화 계획
4. 홍보
5. 영업 관리
6. 서비스
7. 전략 기획 및 상품 기획

마지막 항목이 가장 중요하다고 본다. 기업들이 패착을 범하는 허다한 대목이 전략적인 차원이기 때문이다. 중소기업에서는 마케팅 담당 부사장이 별도 직책으로 있더라도 CEO가 보통 마케팅을 진두지휘한다. CEO는 그래야 한다. 시장에 대한 중요한 전략적 결정은 CEO가 내려야 하는 사안들이기 때문이다.

전략 기획의 열쇠는 지금은 보이지 않는 시장의 잠재력이 어떻게 전개될 것인지를 판단하는 직관적 능력이다. 전략 기획은 합리성을 초월한다. 합리성은 논리에 의해 제약된다. 논리는 필요하지만 충분한 것은 아니다. 인생에서 가장 중요한 문제들에는 논리만으로 결정할 수 없는 것들이 많다. CEO의 역할은 바로 여기에서 시작된다.

마케팅 부서의 역량이 좋든 나쁘든, 마케팅에 대한 CEO의 직관이 강하지 못하면 기업은 계속 자기 발에 걸려 비틀거리기 일쑤다. 시장을 보는 직관적 이해력이 뛰어난 사람이 경영하는 회사가 기술이나 생산, 재무가 주특기인 논리적인 사람이 경영하는 회사보다 더 뛰어나다. 기술이나 생산, 재무 등 마케팅 이외의 기능은 보통 외부에 아웃소싱할 수 있다. 그러나 마케팅만큼은 직접 해야 한다.

아무리 마케팅에 뛰어난 CEO라도 그를 보좌하는 능숙한 마케팅 인력을 배치해야 한다. 고위 경영진은 모든 차원의 문제와 상황에 대처할 때 이들과 편안하게 어울려 일할 수 있어야 한다. 다음 사례들을 통해 마케팅의 중요한 측면을 살펴본다.

"약속은 작게, 실천은 크게"

밥 모텐슨Bob Mortensen은 하버드 대학교의 경영대학원 출신이다. 그는 세계 최초의 레이저 세일즈맨이었다. 세계적인 주력 레이저 회사인 스펙트라피직스Spectra-Physics에서 전사 마케팅 총괄을 맡았고 이어서 부사장을 지냈다. 그는 이제 퀀터레이Quanta-Ray라는 자기 회사를 설립해 이끌게 되었다. 즉, 자기 회사보다 더 큰 회사들과 억센 경쟁을 뚫고 가야 하는 도전에 뛰어든 것이다.

유난히 뛰어났던 그의 마케팅 경력을 본다면, 누구나 그가 자신의 마케팅 기량을 주 무기로 삼아 모든 것을 결정할 것으로 예상했을 것이다. 그러나 그는 전혀 다르게 행동했다. CEO만이 확정할 수 있는 기본적인 제품 전략을 수립한 뒤에, 그는 모든 마케팅 사안을 유능한 마케팅 부사장인 진 왓슨Gene Watson에게 일임했다. 유능한 왓슨이 능력을 발휘할 수 있었던 것은 모텐슨이 마케팅 관리자에게서 얻어야 할 것을 정확히 알고 있었다는 점도 빼놓을 수 없는 이유였다. 모텐슨 자신이 더할 나위 없는 마케팅맨이었기 때문이다. 그는 왓슨과 바싹 붙어서 일했지만 왓슨이 마음껏 뜻을 펴도록 길을 열어주었다.

왓슨은 제품의 색상에서부터 광고 포인트에 이르기까지 모든 사안을 직접 지시했다. 광고와 홍보를 대행할 회사들도 그가 결정했다. 또 어떤 영업 인력을 채용할 것인지도 결정했다. 왓슨이 채용한 영업 인력 대부분은 영업 경험이 전무한 사람들이었는데, 이들을 훈련시키는 일을 그가 직접 맡았다. 광고와 홍보 업무를 처리하는 왓슨의 솜씨는 능수능란했다. 그가 채택한 광고는 고객들이 스스로 퀀터레이에 대한 입소문을 내게 만드는 그야말로 '고급' 홍보 수단이었다. 그는 또 주도적인 과학자들과 성공적인 관계를 맺어서, 퀀터레이 레이저의 성능을 예시하는 기술 보고서를 작성하도록 유도했다. 최상의 홍보 자료를 만든 셈이다.

나는 왓슨과 모텐슨에게서 광고와 홍보의 가장 유익한 교훈을 얻었다. 즉, 약속은 작게 하고 실천은 크게 하는 것이 고객 사이에 명성을 쌓는 데 최선이라는 것이다. 고객들이 보증된 제품의 품질보다 항상 더 나은 효과를 본다고 인식하게 되면, 그들 스스로 더 많은 고객들을 불러오는 기업의 동맹 세력이 된다. 그들은 써본 제품에 대한 입소문을 내고 새 제품을 추가 구매한다. 제품을 과대 포장하지 않는 사람들임을 알게 되면, 고객들은 그들을 대하면서 마음이 '훈훈'해진다(사람들은 살면서 여러 가지 일에서 너무 많이 속았기 때문에 걱정과 의심이 앞서는 경우가 대부분이다).

사람들은 믿을 수 있는 사람과의 관계를 높이 평가한다.

퀸터레이가 매출을 달성하는 데는 고객들이 애써준 덕이 컸다. 왓슨이 "작은 약속과 큰 실천"으로 고객들의 호평을 심어나갔던 방법은 항상 레이저 장비의 실제 성능보다 공표하는 제품 사양을 크게 낮추는 것이었다. 이에 따라 고객들 사이에는 제조업체가 주장하는 제품 성능을 신뢰할 수 있다는 생각이 빠르게 퍼졌다(일본 전자업체들은 이 기법을 잘 이용해서 다른 제품보다 높은 가격을 받는 데 활용할 때가 많았다). 아울러 고객들은 마음 한쪽에 있던 '걱정의 비용'에서 벗어난 덕에, 비싸지 않게 구매한다고 느끼게 되었다.

회사의 사장으로서 모텐슨은 분명히 시장에서 떨어져 있지 않았다. 중소기업의 사장들은 중요한 판매 건에 대해서는 본인이 직접 영업 전선에 나선다. 사실 여러 해 동안 모텐슨과 왓슨은 한 사무실에서 서로 책상을 나란히 붙여서 쓰는 최상의 의사소통 체제 속에서 살았다. 모텐슨이 시장에서 분리될 여지가 없었다. 또 그 사무실로 찾아드는 생산, 연구개발, 재무 등 모든 사안들에 왓슨이 마케팅 관점을 가미하는 것도 극히 자연스러웠다. 이런 과정을 통해 퀸터레이는 여타 뛰어난 레이저 회사들이 간과했던 '가변 파장 고체 레이저' 시장을 일궜다.[26]

경영진이 마케팅을 장악하고 있는가

그리 성공적이지 못한 어느 회사의 이야기다. 마케팅 부사장은 완고했으며 본인 이외의 아무도 시장을 어떻게 다뤄야 할지 모른다고 생각

---

26 퀸터레이는 레이저업계 주도자인 스펙트라피직스에 인수되어 이 회사 내 고체 레이저 사업의 핵으로 자리 잡았다. 이 인수합병은 내가 1976년에 퀸터레이에 투자한 지 5년 후의 일이었다. 나는 투자 원금의 30배가 넘는 수익을 실현했다. 마케팅을 꿰뚫어 보는 두 사람이 슈퍼 컴퍼니에 얼마나 기여할 수 있는지를 실제로 입증한 사례였다.

했다. 그는 CEO나 마케팅 부서 이외의 사람이 고객을 접촉하면 시기하면서 화까지 냈다. 이 마케팅 부사장은 연구개발이나 재무 부문의 누군가가 무슨 이유로 고객을 접촉하는 날에는 성정이 폭발하며 노발대발했다. 그가 정말로 시장을 '자유자재'로 다룰 수 있었다면 그래도 별 문제가 없었을 것이다. 하지만 불행하게도 그렇지가 않았다(자유자재로 시장을 다룰 수 있다면, 그가 그렇게 과민반응을 보이지도 않았을 것이다). 조만간 이 마케팅 부사장과 CEO 둘 다 교체돼야 했다. 그러나 회사는 이미 큰 타격을 입은 뒤의 일이었다.

어느 작은 전자회사의 영업력이 드러난 사례를 살펴보자. 이 회사는 극도로 섬세한 전자 공정 제어 장비를 생산한다.

다양한 사업 부문을 거느린 거대한 다국적기업 고객이 최근에 한 대에 수십만 달러나 하는 이 장비를 여러 사업장에 설치하기 위해 한꺼번에 여러 대를 구입하기로 결정했다. 구매 결정은 각 사업 부문별로 이루어졌다. 유사한 장비를 생산하는 다른 공급업체들도 있었기 때문에, 사업장마다 경쟁입찰로 구매가 결정돼야 마땅했다. 그러나 경쟁입찰은 없었다. 각 사업 부문의 구매부서들은 다른 공급업체들은 별로 고려하지도 않은 채, 비교적 규모가 작은 이 회사 제품만 구입했다.

나는 이 장비를 구입한 고객사의 본사 경영진에게 물어봤다.

"어떻게 이럴 수가 있죠? 각 사업 부문의 구매부서는 경쟁입찰을 거쳐 구매해야 한다는 본사 규정이 있지 않습니까?"

본사의 구매관리팀장을 맡고 있는 이 사람은 어찌 된 일인지 자기도 잘 모르겠다고 대답했다. 고객사의 본사 차원에서 해당 구매 건이 거론될 틈도 없이, 공급업체의 영업 인력이 각 사업 부문의 구매 결정자들을 순식간에 납득시켰던 게 분명했다. 그 구매 가계약서에는 고객이 6개월 동안 장비를 사용한 후에도 만족하지 못할 경우에는 공급사가 전액 환불해준다고 보증돼 있었기 때문에, 구매 결정자들은 별 위험이 없다고 생각했다. 이런 연유로 각 구매자들은 다른 공급업체나 본사의 사정을 알아보지도 않고 바로 결정해버렸다.

설치된 장비는 완벽하게 가동되어 아무 장비도 반품되지 않았다. 이 사례는 데일 카네기Dale Carnegie의 책에 나오는 이야기처럼 들릴 정도다. 나중에 나는 이 작은 전자업체의 경영진에게 앞으로 더 향상시키고자 하는 업무 기능은 어느 것이냐고 물어봤다. 이 회사의 최고위급 임원 세 사람이 아무런 상의도 없이 한결같이 대답하는 것을 보고 놀랐다. 이들은 개선해야 할 주된 업무 기능으로 이미 강력하게 구축돼 있는 마케팅을 꼽았다.

영업과 서비스가 어떻게 운영되는가

마케팅처럼 변화무쌍한 감각에 좌우되는 영역에서는 절대적인 규칙을 확립하기가 불가능하다. 그러나 몇 가지 지침은 있다. 정교하거나 고가인 제품을 제조하는 기업이라면 대개 강력한 직판 영업이 가장 좋다. 반면, 판매대행업체의 유통망을 통해 마케팅하는 회사는 주의해야 한다.

판매대행업체를 통해 마케팅을 하는 기업은 마케팅 업무를 지휘하는 데 애로가 생길 수 있다. 단일 업체의 제품군에 전념하지 않는 영업 인력에 대해서는 훈련과 동기부여도 어렵고, 규칙을 적용하고 영업 방침을 조정하기도 쉽지 않다. 다른 문제로는, 판매대행업체의 '지사들'이 책임질 수 없는 약속을 동원해 회사 제품을 판매할 수도 있다. 과대 포장한

슈퍼 스톡과 슈퍼 컴퍼니

약속이 제대로 실현되지 못하면 제품이나 회사의 평판에 먹칠을 하게 될 수도 있다(즉, "작은 약속, 큰 실천"과는 반대로, "속 빈 강정"으로 외면당할 수 있다).

소기업들은 자체 영업 인력을 둘 여유가 없기 때문에 처음에는 판매 대행업체를 쓰게 된다. 이들은 보통 사업 규모가 커지면서 자체 영업 인력을 두게 된다. 저가 제품을 생산하는 기업들은 이런 경향이 덜하고, 정교한 제품을 생산하는 업체에서 보다 많이 나타난다.

서비스는 무심코 지나치기 쉬운 사업 영역이지만, 효과적인 판매 수단일뿐더러 아킬레스건으로 작용할 수도 있다. 고객들 몇 명하고만 이야기해보면 한 회사의 서비스 수준이 드러난다. 서비스를 외주업체에 맡기는 회사는 의심스럽게 봐야 한다. 판매대행업체들과 마찬가지로, 외주 서비스 업체를 훈련하고 동기를 부여하며 제어하기는 어려운 일이다. 서비스 외주업체로 자신의 경쟁업체를 활용하는 회사들이 많은 것은 놀라운 일이다.

작지만 지명도 높은 첨단기술 업체를 최근에 방문했다. 이 회사의 주가는 어느 기준으로 봐도 높다. 이 회사의 주된 경쟁업체는 DEC다. 놀랍게도 이 회사는 미국 내륙 시장의 서비스를 DEC에 전부 맡기고 있다. DEC는 좋은 기업이지만, 경쟁회사 제품의 서비스에 그리 신경 쓰지 않을 것이라고 상상하기는 어려운 일이 아니다(다른 사람의 고객을 서비스하는 일에 자신의 고객을 신경 쓰는 것만큼 헌신적이겠는가).

마케팅 관리의 열쇠는 영업 인력, 마케팅 매니저, 마케팅 부사장, 최고경영자의 상호 작용에 있다. 이 사람들 각자가 중요하고, 각자가 자기 기량을 발휘해야 한다. 그렇지만 관리하는 입장에서는 하나같이 다루기 힘든 사람들이다. 이들은 겉으로 보기에는 지적이고 상냥하며 호감이 가는 사람들이다. 그러나 그들 내면에서는 심심치 않게 동요를 느끼는 사람들이 많다.

영업 인력은 대부분 외근 환경에서 독자적으로 일하기 때문에 관리하기가 어렵다. 그들은 여러 가지 점에서 자신의 생활을 독립적이라고 본다. 경영대학원의 사례 분석 중에는, 현지 판매 조직에 대한 통제력을 상실한 기업 사례들이 넘쳐날 만큼 많다. 마케팅 매니저들 중에는 '피터의 법칙Peter Principle'이 말하는 것처럼, 형식적인 승진을 거쳐 자기 능력 이상의 자리에 앉아 있는 영업 인력이 많아서, 이들도 관리하기가 어렵다. 마케팅이 월등해지려면 CEO와 마케팅 부사장 사이에서 뭔가 다른 추진력이 나와야 하고, 또 조직 전반으로 확산돼야 한다.

최고 경영진에서 마케팅의 강점이 보이지 않는다면 더 두고 볼 것도 없다. 투자자 입장에서는 마케팅을 진두지휘하는 최고위직의 이 두 사람을 면밀하게 지켜봐야 한다. 이들에 대한 정확한 판단이 기업을 정확히 판단하기 위한 선결 조건이다.

CHAPTER
20

슈퍼 컴퍼니는
'일방적 경쟁우위'가 있다

슈퍼 컴퍼니는 기존 경쟁업체들은 물론, 앞으로 출현할 잠재적 경쟁자에 대해서도 경쟁우위를 확보하고 있어야 한다. 이러한 경쟁우위 요소는 보통 생산단가가 가장 낮다든가, 적어도 주력 제품군의 한 분야에서 독보적이거나 준독점적 지위를 확보한다는 뜻이다.

내 책상 위에는 다음과 같이 적힌 작은 표지판이 걸려 있다.

"내 삶에서 원하는 것은 일방적 우위뿐이다."

독점적이거나 독보적인 것을 확보하고 있는 기업은 다른 기업에 비해 높은 매출총이익률gross margins[27]을 누리는 우위에 설 수 있다. 매출총이익률이 높다는 것은 앞으로 빠르게 성장하기 위한 자금 여력이 이익으

---

27 매출총이익은 매출에서 매출원가를 공제한 값이고, 매출총이익률은 매출총이익을 매출로 나눈 값이다. 매출원가는 제품의 생산과정에 투입되는 직접 생산비만을 고려한 비용이다.

로 창출됨을 뜻한다. 이것은 슈퍼 컴퍼니의 필수 요건이다.

경쟁우위는 매출총이익률의 원천
/
독보적인 우위에는 여러 가지 형태가 있다. 사업 성격에 따라 우위가 좀 더 가시적인 경우도 있고 잘 드러나지 않는 경우도 있다. 예를 들어 광업에서는 지하 매장 자원의 차이로 우위가 판가름나기도 한다. 소비재의 경우에는 상표와 특허로 우위가 갈리기도 한다.

우월한 생산기술로 생산단가를 낮추는 것은 가장 일반적인 우위 요인이면서 필수 불가결한 요인으로 작용할 때도 있다. 상품개발 과정에서 잘 갖추어진 마케팅과 연구개발의 협조 체제는 경쟁에서 한발 앞서가는 데 도움이 되는 이점이기도 하다.

연구개발을 판단하는 궁극적인 기준은 합리적인 매출총이익률을 낼 만큼의 저비용으로 원하는 제품 사양을 구현할 수 있는가다. 마케팅 부문이 최고 경영진에게 제시하는 상품 기획안에는 고객 만족에 필요한 제품 사양이 들어가기 마련이다.

마케팅 부문은 제품 사양 외에 필요한 제품 가격도 산정한다. 이러한 제품 사양과 가격을 전제로 마케팅 부문은 일정 기간에 걸친 판매량 예측치를 산출한다. 엔지니어링 부문은 이렇게 산출된 조건 내에서 작업해야 한다. 제품은 '지정된 세부 사양'을 갖춰서 '적합한 생산량'으로 충분히 '낮은 단위비용'에 '생산 가능하도록' 설계돼야 한다.

연구개발의 창의력과 효율이 가장 크게 발휘되는 곳은 바로 이와 같

슈퍼 스톡과 슈퍼 컴퍼니

은 '원가를 고려한 설계design-to-cost'다. 미래의 제품 수익성에 이만큼 중요한 역할을 수행하는 기능은 없으며, 이는 전적으로 엔지니어링에 달려 있다.

"이곳의 비용을 줄일 수 있어?"

"저곳은 좀 값싸게 해도 되는 것 아니야?"

"이 사양만큼은 절대 비용을 아끼지 말아야 할 핵심이야!"

'원가를 고려한 설계'에서 기업들이 제품개발의 첫 단추를 잘못 꿰는 일이 비일비재하다. 연구개발이 매출총이익률, 나아가 순이익률에 중대한 영향을 미치는 곳은 바로 이 기능이다.

애초에 비용이 높게 설계된 제품은 그 결함을 교정하기가 어렵다. 영영 교정이 불가능하기 쉽다. 출시 때부터 매출총이익률이 빈약한 제품은 줄곧 그 상태에 머무는 경우가 많다.

내 생각에 IBM은 슈퍼 스톡은 아니지만, 많은 사람들이 슈퍼 컴퍼니라고 믿는다. IBM은 최소한 장점을 많이 보유한 초우량 경쟁자인 것만은 분명하다. IBM이 계속 혜택을 누리는 장점은 그 이름이다. 다른 업체들을 문전박대하는 고객이라도 IBM에게만은 문을 열어준다는 것은 컴퓨터업계에서 널리 알려진 사실이다. 고객들은 IBM이라는 이름에 호감을 가지고 대응한다. 또 IBM이 요구하는 여러 형태의 공급자 혜택에도 우호적으로 반응한다.

금융계는 기술기업들에게 독점적인 우위가 있다고 쉽게 인정한다. 기술기업들은 뭔가 독특한 것을 공급한다는 관념이 투자자들에게 있기 때문에, 이런 기업들의 주가가 높게 형성되는 경우가 많다.

독보적인 기술로 우위를 확보하고 있는 기업들의 목록은 쉽게 만들

수 있을 것이다. 그러나 기술 수준이 낮거나 기술적 요소가 아예 전무한 기업들 중에도 독보적 우위를 누리는 사례가 아주 많다. 네브래스카 주 오마하Omaha 출신의 전설적 투자인인 워런 버핏은 사업적 우위의 또 다른 형태인 '지역 독점판매권'을 확보한 언론사 주식을 좋아한다. 맥도날드와 토이저러스Toys-R-US는 사람들을 홀리는 마케팅 로고를 통해 우위를 만들어냈다.

때때로 기업들은 유관 사업을 인수하면서 얻는 규모의 경제로 우위를 만든다(이익률이 종종 시장점유율에 직결되는 이유는 챕터25~26을 보라). 슈퍼 스톡을 찾아내려면, 먼저 슈퍼 컴퍼니를 찾아야 한다. 슈퍼 컴퍼니는 매출총이익률 및 순이익률에서 두드러진 수익성을 가져오는 비범한 경쟁 우위를 확보하고 있어야 한다.

누코Nucor Corporation는 극히 전통적인 산업인 철강업에서 경쟁우위를 창출했다. 누코는 높은 수익성을 유지하면서도 수입 철강제품과 경쟁할 수 있는 저비용 공정을 개발했다. 연속주조continuous casting는 철강업에서 오래전부터 익히 알려진 기술이다. 누코는 미국 내 소형 제철소minimill 개념을 활용해서 저렴한 고철을 주입하는 결합연속주조coupling continuous casting 공정을 개척했다.

1970년대 중반에 누코의 제철소는 철강 원재료가 최초로 용해된 시점부터 완제품으로 가공될 때까지 중단 없이 연속 처리될 정도로 효율화되었다. 누코가 향상시킨 공정 효율 덕분에 철강 1톤당 에너지 투입량과 자본비용, 노동비용이 줄어들었다.

결국 누코는 양호한 이익을 산출하는 원가 구조를 갖춘 덕에 1977년과 1982년의 경기 침체기에도 설비를 계속 확장할 수 있었다. 이때는 미

슈퍼 스톡과 슈퍼 컴퍼니

국과 외국의 여타 철강회사들은 손실을 내고 있던 때다.

슈퍼 컴퍼니는 경쟁자들을 앞서는 우위를 통해 수많은 혜택을 누린다. 이런 혜택은 당연히 월등한 시장점유율을 확보하는 기초가 된다. 투자자가 투자할 시점에 슈퍼 컴퍼니가 높은 시장점유율을 확보하고 있을 필요는 없다. 일례로, 내가 처음으로 누코에 투자했던 시점에 누코의 시장점유율은 대부분의 제품에서 낮은 상태였다.

슈퍼 컴퍼니가 진정한 경쟁우위를 가지고 있다면, 시장점유율을 높여가거나 적어도 목표 수준으로 유지할 수 있어야 한다. 중기에서 장기적인 목표를 조준하는 애널리스트가 기업에 물어봐야 할 표준적인 질문은 이것이다.

"앞으로 이익률을 개선하기 위해 지금 어떤 조치를 취하고 있는가?"

이 질문은 "앞으로 시장점유율을 높이기 위해 어떤 조치를 취할 것인가?"와 결국 같은 질문인 셈이다.

이러한 질문에 엉뚱한 답변들이 나올 때가 많다. 판매관리비의 이런저런 항목들을 줄이겠다고 설명하는 경영진도 있고, 연구개발비까지 줄이겠다는 경우까지 있다. 이런 비용 절감책들이 적절한 경우도 있겠지만, 참된 해결책은 매출총이익 수준에서 나와야 한다. 좀 더 단도직입적인 질문은 "매출총이익률을 높이기 위해 어떤 조치를 취할 것인가?"다. 매출총이익률을 높이는 일은 대개 시장점유율을 높이는 일이나 마찬가지다.

수익성과 시장점유율은 긴밀하게 연결된 것이어서, 자기 산업에서 시장점유율을 선도하지 못하는 회사에 장기 투자를 했다가는 아무 효과도 보지 못하기 쉽다. 시장점유율이 낮은 회사에 장기 투자를 한다면, 그 회사가 결국에 선도 업체를 따돌리고 시장점유율 우위 업체로 올라선다고 기대할 수 있어야 한다.

고객이 제품의 '값어치'를 톡톡히 누리고 있는가

종종 고객의 입장에 맞춘 제품 차별화가 우위를 가져오기도 한다. 사소한 차이를 부각시킬 수 있는 틈새시장에 맞춰 설계된 제품이나 가격 대비 성능의 특장점을 살리는 제품으로 판매 가격을 좀 더 높게 받는 경우도 많다. 마케팅에 뛰어난 기업은 제품의 어떤 측면이 고객에게 가장 값진가를 식별할 수 있다.

제품의 이런 사양을 부각시키는 반면 다른 사양에서 비용을 줄여, 고객이 지불하는 제품의 '값어치'를 크게 높일 수 있다(개인용 컴퓨터에 휴대 기능을 도입한 것은 그 대표적인 사례다). 이러한 제품의 출시는 공급업체나 고객이나 모두 득을 보는 일이다. 이런 경우의 시장점유율은 그 틈새시장에 국한해서 판단해도 좋다.

시장 규모나 기업 규모의 차이에 착안하는 것도 이와 같은 범주에 들어가며, 골칫거리를 피할 수 있는 가장 유용한 분석 도구 중 하나다(그 중요성을 고려해 챕터23~24의 상당 부분을 규모의 차별화에 할애했다).

CHAPTER
21

슈퍼 컴퍼니는
'창조적 인사관리'를 한다

노사관계도 슈퍼 컴퍼니를 가려내는 주된 요소다. 경제신문이나 업종 전문지들을 보면, 기업에서 일어나는 노사 갈등이 계속 기사로 등장한다. 이런 문제들은 불필요하게 고초를 겪는 불행한 사태다.

슈퍼 컴퍼니들은 노동조합과 좀처럼 대립하는 일도 없고, 노사분규는 더욱 찾아보기 힘들다. 슈퍼 컴퍼니의 노사관계는 적합한 관계 이상으로 양호하기 때문이다. 현명한 경영진은 경영 못지않게 노사관계가 회사의 성공에 중요하다고 본다.

최근 몇 년 동안 피고용자들이 창의적인 혁신이나 제품 아이디어 등에서 회사 경영에 참여하는 사례가 미국 기업들에서 늘고 있다. 노사관계에서 특정한 모델이 있는 것은 아니다. 피고용자들의 환경을 개선해서 더 높은 효율을 창출할 수 있도록, 그들을 고무할 수 있는 방법을 찾아보려는 의욕과 지속적인 의지가 열쇠다.

생산성을 좌우하는 인사관리
/

노사관계에서도 누코는 모범 사례다. 누코의 연차보고서에는 모든 피고용자들의 이름이 깨알 같은 글씨로 한 사람도 빠짐없이 기록돼 있다. 이렇게 근로자들의 이름을 단지 연차보고서 표지에 올려놓는 데서 끝나는 게 아니다. 각 피고용자는 그들이 소속된 소규모 단위조직의 목표달성률에 따라 보상을 받는다.

피고용자 한 사람이 받을 수 있는 보상에는 정해진 한도가 없다. 회사는 철강을 얼마나 효율적으로 생산하느냐 하는 결과에 따라 각 피고용자가 최대한 많은 소득을 벌어가기를 바란다. 소규모 단위조직의 효율은 각 구성원의 기여도와 직결되도록 측정된다. 따라서 단위조직의 각 구성원은 다른 구성원들이 높은 능률을 내며 기여도를 높이도록 서로 협조한다. 능률이 뒤처지는 사람은 해고되는 게 아니다. 이런 피고용자들은 팀의 동료들에 의해 격리되다가 조만간 퇴사한다.

누코의 제조현장 근로자들이 받는 평균 연봉은 3만 달러를 웃돈다. 교육 수준이 높지 않은 블루칼라 근로자로서 전혀 초라한 급여가 아니다. 이들이 스틸워커스유니온Steelworkers Union에서 일한다면 훨씬 낮은 급여를 받았을 것이다.[28]

---

28 1980년 스틸워커스유니온 근로자들의 평균 연봉은 2만 6,450달러였고, 누코는 3만 1,000달러였다.
    자료 : 〈Business Week〉, September 21, 1981, pp. 42Z−n16.

슈퍼 스톡과 슈퍼 컴퍼니

누코는 여기서 더 나아가, 피고용자들의 보다 나은 미래를 위해 모든 근로자의 자녀에게 교육비를 지원하고 있다. 자녀 한 명당 대학 교육 지원금으로 매년 1,400달러가 지불된다. 아무 제한 조건이 없어서 대학에 다니는 자식이 4명인 피고용자는 연간 5,600달러를 지원받는다. 이런 정책은 피고용자의 복지 개선이 가져올 효과가 비용 이상의 값어치를 발휘한다는 점에서 현명한 이기주의다.

또 피고용자들과 주주들에 대한 약속을 실천하기 위해 누코의 전 임원이 받는 연봉의 절반 이상이 회사의 순이익에 연동돼 결정된다. 회사 형편이 좋아지면 임원들도 같이 좋아진다. 1982년과 같이 혹독한 침체기에 임원들은 다른 때보다 낮은 보수를 받았다.

다른 기업들도 노사관계를 개선하려고 수많은 방법을 활용한다. 회사 주최 칵테일파티에서부터 근로자 운동 센터에 이르기까지 다양한 방법이 등장하고 있다. 피고용자의 아이들을 위해 일과 중 보육시설을 운영하는 회사들도 있고, 매주 한 번씩 오후 5시에 회사 차원의 칵테일파티가 열리기도 한다. 피고용자들이 스스로 촬영한 소재로 회사 영화를 만드는 곳도 있다. 이러한 활동들은 수없이 다양하고, 참여하는 사람들의 아이디어와 의욕에 따라 얼마든지 새로운 내용이 도입될 수 있을 것이다.

경영진의 의욕과 끊임없는 상상력에 따라 슈퍼 컴퍼니는 계속 축복받은 기업으로 거듭날 수 있다. 그 열쇠는 생산성을 촉진하고 아이디어가 경영진으로 흘러들도록, 경영진이 피고용자의 환경을 개선하기 위해 지속적으로 새로운 발상을 모색하는 일이다.

슈퍼 컴퍼니의
'재무관리'는 완벽하다

재무관리는 지루한 일로 보일 수 있지만, 성공에 필수 불가결한 요건이다. 빠르게 성장하는 과정에 투입되는 모든 요소들이 기록으로 확보돼 있어야 한다. 즉, 이런 기록은 현재 굴러가는 진행 과정을 상세하게 반영하는 숫자들을 잘 집계한 자료다. 슈퍼 컴퍼니의 재무 부문은 적어도 다음 사항들을 담은 관례화된 보고서들을 월 마감일 3주 후나 그 이내에 산출한다.

1. 체계적인 재무제표(최근 월간 및 분기 실적, 연초 이래 누계 실적)
2. 영업 활동 수준에서 제품별, 이익센터별로 분리 집계된 최근 월의 재무제표
3. 최근 월의 주문, 미처리 주문 잔량, 출하 및 재고 현황

4. 손익계산서의 매출총이익 아래의 세부 비용 항목별로 경영계획과 대비한 실제 비용 지출 실적(월간 및 연초 이래 누계 실적)
5. 기능별 인력 현황의 추이를 파악하기 위한 피고용자의 직무별, 소속별 인원수(좋은 경영진은 언제, 또 어느 곳에 인력을 추가해야 하며, 줄여야 하는지를 항상 파악하고 있다)

사업의 실상을 분석하는 데 쓸 수 있는 창의성에는 한계가 없다. 슈퍼 컴퍼니는 자료를 축적하고 분석하기 위한 새롭고 더 나은 방식을 찾기 위해 늘 노력한다. 슈퍼 컴퍼니는 경영정보시스템을 혁신하는 데 저항하지 않고, 오히려 모든 수준에서 변화와 변화를 위한 발상을 독려한다.

재무는 기업의 성장요소를 반영한다
/
재무관리는 전사를 총괄하는 재무 담당 부사장급 임원이 맡는다. 때때로 이 기능은 '최고 재무책임자CFO, chief financial officer'나 '부사장(재무 담당)vice president finance' 등의 다른 명칭으로 불리기도 한다. 소규모 기업에서는 이 기능이 마케팅, 연구개발, 제조 이외의 관리 업무를 총괄하는 부사장이나 전무급 임원에게 주어진다. 재무관리를 맡은 임원 밑에는 재무 및 자금 담당treasurer과 회계 및 통제 담당controller이 배치된다.

재무 인력들은 업무 성격상 보수적이고 정해진 틀대로만 일하는 사람들이 대부분이다. 재무팀장과 회계팀장을 새로 채용하거나 변화시켜서, 재무관리를 정밀하게 개선하는 일은 CFO의 책임이다.

주요 재무 담당 임원들에게 아주 복잡한 이 업무에 대해서 "수풀 더미 밖으로 불러내는" 질문을 제기해서, 그들의 의식 상태에 대한 단서를 찾아보라. 질문은 그들 혀끝에서 당장 대답이 나올 만한 적절한 수준이어야 하지만, 구체적인 질문이어야 한다.

임원으로서 쉽게 대답하기 곤란한 민감한 내용을 질문하면 안 된다. 전형적인 질문은 이런 것이다.

"월별로 마케팅 지출은 몇 %나 변동합니까? 최근 몇 달간의 마케팅 비용은 경영계획과 비교할 때 얼마나 차이가 났습니까?"

이런 질문이 경영진에게 그리 민감한 사안일 수는 없다. 기량과 경험을 갖춘 면담자라면 답변의 양상에서 그 회사의 재무관리에 대한 중요한 단서를 알아볼 수 있다.

즉, 회사가 당장 동원할 수 있는 자금력이 어느 정도인지가 드러난다. 또 그들이 이전에 고려해보지 않았거나 챙겨보지 않았던 문제들에 어떻게 반응하는지도 볼 수 있다. 자료로 확인되는 지나간 사실에 못지않게 변화에 대한 태도도 중요하다.

슈퍼 컴퍼니의 고위직 재무 담당 임원들은 어떤 질문이 나오더라도 두 가지 방식 중 하나로 자료를 찾을 수 있다. 하나는 기억하고 있는 내용이 바로 나오는 경우고, 다른 하나는 그들의 평소 업무 환경에서 근거리에 위치한 서류 파일이나 컴퓨터 단말에서 자료를 찾는 경우다. 이런 직무의 사람들은 항상 숫자와 함께 산다는 점을 염두에 두라.

일반인들은 금세 잊어버릴 어마어마한 분량의 숫자들을 이들은 줄줄이 기억하는 게 보통이다. 또한 숫자는 그들이 '먹고사는 일'이기 때문에, 회사에서 돈이 움직이는 그 어느 일에 대해서든 곧바로 파악하는 것은 그들 본연의 업무다.

밥 프릭Bob Frick을 예로 들어보자. 그는 1970년대 중반 메저렉스의 CFO였다(지금 그는 뱅크오브아메리카Bank of America의 CFO다). 프릭은 그야 말로 산더미 같은 분량의 자료들을 다 기억하고 있었다. 그를 만나자마자 그의 엄청난 지력을 분명히 느낄 수 있었다. 그의 머릿속에 없는 사실에 대한 질문이 나오자, 그는 자리 뒤에 놓여 있던 서류철 책장으로 의자를 돌렸다.

거기에는 최신의 사업 관련 세부 사항들이 들어 있었다. 그의 서류철들은 잘 정리돼 있어서, 그는 금세 필요한 자료를 찾았다. 물론 당시는 컴퓨터를 쓰지 않았던 때였지만, 지금 같으면 프릭은 컴퓨터로 더 빨리 자료를 찾았을 것이다.

때때로 업무를 개선하거나 다른 방식으로 처리할 새로운 아이디어가 떠오를 때가 있다. 고위직 재무 담당 임원들에게 그런 아이디어에 대해 어떻게 생각하는지를 물어보라. 질문을 대하는 감정적 반응에서 재무관리를 혁신하고 향상시키는 변화에 대한 그들의 자세가 드러날 수 있다. 이를테면 그런 아이디어를 고려해본 적도 없고, 새로운 것에 즉각적인 거부반응을 보이는 사람들도 있을 것이다. 또 그런 아이디어를 검토해보았지만, 자기 회사에는 어째서 맞지 않는 생각인지를 차근차근 설명해주는 사람들도 있을 것이다.

슈퍼 컴퍼니의 재무 담당 경영자들은 새로운 아이디어를 기꺼이 수용한다. 또 투자자가 제기하는 어떤 아이디어라도 이들이 모를 만한 내용은 거의 없다. 그들이 더 나은 해결책을 마련해서 채택되지 않았던 아이디어도 있을 것이다. 여기서 중요한 것은 계속 개선시키려는 의욕이 갖춰져 있느냐다.

　마케팅과 재무관리, 노사관계가 탁월해야만 슈퍼 컴퍼니가 될 수 있다. 이러한 장점들이 경쟁자들이 쉽게 넘보지 못할 커다란 우위와 결합돼 있어야 한다. 피고용자들 사이에 성장 지향성이 두루 퍼져 있는 환경 속에 이러한 장점들이 갖춰져 있어야 한다.

　영리한 사업가들은 보상이 작아 보이는 분야에서 정력을 낭비하지 않는다. 경쟁에서 이긴다면 훌륭한 기업이다. 그러나 경쟁을 피한다면 그보다 더 월등한 기업이다. 가능하면 경쟁에서 맞붙지 않고 피하는 게 현명한 일이다. 이제 다른 기업과 맞붙지 않고 경쟁을 피해 가는 상황을 살펴보자. 이런 기업에 투자하면 다른 투자자들과의 경쟁도 피해 가는 셈이다.

　　　　　　　　　　　　　　　　　　　　　　　　슈퍼 스톡과 슈퍼 컴퍼니

CHAPTER
23

개미들 속에서
슈퍼 컴퍼니 찾아내기

　인생은 너무 짧다. 또 저 바깥세상에는 그저 재미 삼아 남의 점심을 뺏어 먹는 덩치 큰 악당들이 득실거린다. 그자들 근처에는 가지 말라. 사업의 세계에서도 그렇다. 다윗이 혼자서 골리앗을 때려눕힐 때도 가끔은 있다. 그러나 아무 생각 없이 제 발에 걸려 넘어지는 골리앗에 다윗 두세 명이 깔려 죽을 때가 더 많다.

　내 아들들은 토요일마다 TV에서 '개미핥기' 만화를 즐겨 본다. 개미핥기는 개미들을 짓밟기도 하고, 개미들을 깔고 앉기도 한다. 어느 모로 보나 당하는 것은 개미다. 개미핥기는 별로 볼품도 없고, 관심을 두는 사람들도 별로 없다. 내가 만화영화 제작사를 운영한다면 화면에 올릴 만한 동물들 가운데 개미핥기는 거의 최악의 후보일 것이다. 어쨌든 개미핥기는 가엾은 개미들의 삶을 처참하게 만드는 존재다.

개미핥기가 사는 동네는 위험하다

/

큰 기업들은 큰 시장에서 잘한다. 작은 기업들은 작은 시장에서 잘한다. 큰 기업이 작은 시장에서 잘하거나, 작은 기업이 큰 시장에서 잘하는 경우는 극히 드물다.

큰 시장, 특히 성장 잠재력까지 큰 거대한 시장은 큰 기업들을 불러들인다. 수십억 달러 규모의 거대기업들은 전혀 주저 없이 거대한 시장에 뛰어든다. 그러나 이렇게 덩치 큰 기업들은 아주 빨리 성장하는 시장이더라도 규모가 작은 시장에 뛰어드는 일은 망설인다.

개인용 PC 시장을 생각해보자. PC 시장은 단 몇 년 만에 60억 달러의 시장으로 불어났고, 지금도 빠르게 성장하고 있다. 처음에 팔려 나간 애플컴퓨터에서 첫 파일이 생성되기 전에 DEC와 휴렛패커드HP, IBM, 텍사스인스투르먼트TI를 비롯한 거대기업들은 전부 PC의 시장 잠재력을 알아봤다. 그러나 초기에는 이들 중 아무도 시장에 진입하지 않았다. 애플과 케이프로Kaypro, 오스본, 라디오샥Radio Shack을 비롯한 작은 기업들이 빠르게 성장하는 이 작은 시장을 두고 각축을 벌이는 동안, 거대기업들은 이 시장이 들어갈 만한 시장인지를 지켜보고만 있었다.

1982년에 이르러 시장이 커졌을 때는 덩치 큰 선수들이 뛰어들었다. 그들 가운데 IBM은 짧은 시간 동안에 이 광활한 PC 시장의 막대한 부분을 차지했다. IBM은 시장 평론가들이 다른 제품에 비해 열등하다고 평가한 제품으로 높은 시장점유율을 달성했다. IBM이 시장에 진입할 때는 소규모 기성 업체들이 이미 우월한 하드웨어를 갖춘 제품들을 공급하고 있었지만, 판매량이 그리 많지는 않았다. 이런 업체들에는 IBM처럼 큰

슈퍼 스톡과 슈퍼 컴퍼니

시장을 움직이는 세력이 없었다. 독립적인 소프트웨어 회사들은 IBM의 하드웨어가 최고든 아니든 IBM이 잘해낼 것이라고 봤기 때문에, 프로그램을 제작해 IBM에 납품했다. IBM은 엄청난 소프트웨어를 계속 제공받았기 때문에 평범한 하드웨어로도 매력적인 PC를 내놓을 수 있었다.

1983~1984년은 여러 개미핥기들이 마구 나대던 때였다. 그들이 내딛는 걸음마다 적지 않은 개미들이 고초를 겪어야 했다. TI가 자사 PC 가격을 매겼던 방식을 보라. 그 가격으로 이익이 나느냐 아니냐는 중요하지 않았다. 그들은 원하는 시장을 얻겠다고 작정하면 손실을 내면서도 오랫동안 사업을 밀고 갈 수 있다. TI가 전자계산기와 전자시계에 어떻게 뛰어들었는지를 보라. 바우마Bowmar는 전자계산기를 처음으로 출시한 개척자였다. 바우마가 만든 전자계산기인 바우마 브레인Bowmar Brain을 기억하는가? TI의 전자계산기 가격 공세는 바우마를 순식간에 파산법 11장에 해당하는 최악의 파산으로 몰고 갔다.

거대기업들과 직접 경쟁에 맞붙기 쉬운 시장은 피하라. 거대기업들은 이익을 내지는 못해도 상대방에게 큰 손실을 입힐 수 있다(나 같으면 개미핥기에게 잡아먹히는 것도 두렵지만, 그 덩치 밑에 깔려 죽는 것도 두렵다). 기업은 자신의 규모에 적합한 시장을 선택해야 한다. 개미 기업, 즉 소기업은 개미핥기 기업들에게는 구미가 당기지 않는 작은 시장을 상대해야 한다. 작은 시장에는 거대기업이 출몰하지 않는 게 일반적이다.

어느 회사에서든 장군처럼 생각하는 사람들은 많지 않다. 대부분의 사람들은 대령이나 소령, 대위 혹은 하사관이나 이등병처럼 생각한다. 기업들 대부분은 가장 중요한 시장에 가장 뛰어난 사람들을 배치할 것이다. 거대기업은 큰 시장에 가장 뛰어난 인력을 배치할 것이다. 각각 연간 매출이 40억 달러에 달하는 DEC와 HP, TI를 생각해보자.[29] 이런 기업들은 매년 20%의 성장을 목표로 한다. 즉, 1983년에는 매출을 8억 달러 늘려야 하고 1984년에는 10억 달러를 늘려야 한다. 이런 기업을 경영하는 입장에 있다면, 시장 규모가 고작 1억 달러인 시장에 기웃거리는 어리석은 행동을 하겠는가? 게다가 그 시장에 수완 좋은 기업가들이 이끄는 수많은 소기업들이 이미 자리를 잡고 있다면 더욱 꺼리지 않겠는가?

작은 기업을 위한 시장은 따로 있다
/
일본 기업은 미국의 기업인들에게 공포의 대상이다. 많은 이목이 일본 기업들을 주시하고 있다. 그들이 다른 시장에도 진입할까 봐 불안해하는 기색들이 역력하다. "일본인들이 자동차와 철강, TV 산업에서 벌였던 일을 우리에게 벌일지도 몰라"라고 생각한다.

일본 기업들의 스타일은 큰 시장에서 큰 효력을 발휘한다. 이들은 대중 소비자 마케팅이나 가격 위주의 마케팅이 필요한 분야에서 아주 잘한다. 반면, 섬세한 고객이나 전략적인 기획이 많이 필요한 시장을 상대로 직판 비중이 큰 분야에서는 일본 기업들이 상대적으로 취약하다.

레이저 시장을 생각해보자. 공정의 중간에 사용되는 부품 성격인 레이저 시장은 20년간 성장했지만, 여전히 수억 달러의 규모에 불과하다. 게다가 '레이저 광선'을 발생시키는 다양한 기술별로 수많은 틈새시장들이 형성돼 있다. 그중에서 대표적인 기술이 아르곤 레이저, 이산화탄소

---

29 1983년 자료에 근거함.

레이저, 다이오드 레이저, 레이저 색소, 엑시머 레이저, 헬륨－네온He-Ne 혼합기체 레이저, 루비 레이저, 반도체 레이저, 야그YAG 레이저 등이다.

이 시장의 주력 기업으로 새너제이 소재 스펙트라피직스와 팔로알토 소재 코헤런트Coherent가 있다. 이 두 회사는 레이저 산업을 일으킨 초기 선구자들에 속한다. 1983년 스펙트라의 매출은 1억 3,500만 달러였다. 제3위 규모의 회사인 플로리다 소재의 컨트롤레이저Cotrol Laser의 연간 매출은 1,500만 달러도 안 되었다. 10여 개의 여타 공급업체들은 이보다 훨씬 규모가 작았다.

수많은 대기업들이 이 시장에 뛰어들었지만, 웬만한 시장점유율을 확보할 수 없었다. 미국은 일본에 레이저를 많이 수출한다. 일본의 대기업들도 레이저를 제조하지만, 일본의 레이저 시장은 규모가 작다. 그렇다고 이들이 더 넓은 미국 시장에서 제품을 판매하기도 어렵다. 일본 업체들은 집약적인 마케팅에 취약하기 때문이다. 레이저 장비 한 대를 판매하기 위해서는 높은 수준의 기술영업과 서비스 지원이 필요해서 미국에 현지 기반이 없는 기업이 따라가기 어렵다. 즉, 일본 기업들은 미국 시장에 발붙이기도 어렵고, 규모도 작으며, 따라서 단위비용이 높기 때문에, 자동차 산업처럼 규모의 경제를 확보할 수가 없다. 미국의 레이저 회사들은 일본 기업들보다 더 큰 규모와 낮은 비용을 갖추고 있어서 일본 레이저 시장의 상당 부분을 점유하고 있다. 산업 특성에 따라서 똑같은 현상이 나타난다. 작은 시장에서는 일본 기업들이 상대적으로 취약하다.

플로피디스크의 경우를 따져보자. 플로피디스크는 PC의 대세에 올라타는 거의 확실한 '게임'이었다. PC 산업이 면도기라면 플로피디스크는 '면도날'인 셈이다. PC를 제대로 쓰는 사용자라면 PC를 구매한 해에 수

백 달러어치의 플로피디스크를 구매한다. 즉, 이 둘은 함께 가는 시장이다.

내가 처음으로 버베이팀 주식을 매수했을 때, 플로피디스크 시장 규모는 2억 5,000만 달러도 안 되었다. 당시는 8인치 디스크가 대부분이었고 5.25인치 디스크가 성장은 더 빨랐지만 시장 규모는 더 작았다. IBM은 8인치 디스크를 만들었고 5.25인치 디스크는 만들지 못했다. 3M도 이 시장에 뛰어들었고, 히타치Hitachi도 참여했다. 이들 세 기업은 양질의 제품을 만들었지만, 아무도 좋은 판매 실적을 거두지 못했다.

플로피디스크 시장은 소규모 기업들이 장악하고 있었다. 버베이팀은 5.25인치 디스크에서 35%의 시장점유율을 차지해서 완벽한 입지를 구축하고 있었다. 그 나머지 시장을 놓고, 다이선Dysan과 사이덱스Xidex와 같은 다른 소규모 업체들이 각축을 벌였다. 이 시장은 3M과 같은 큰 기업에게는 꽤나 작은 시장이었다. 히타치를 비롯한 일본 기업들의 시장점유율은 낮은 수준에 머물렀다. 그들은 여전히 이 시장에서 별다른 성과를 보지 못하고 있다. 일본 기업과 미국의 대기업들은 아무리 노력해도 빠르게 성장하는 이 시장에서 높은 시장점유율을 차지해본 적이 없다. 시장이 더 성장하면 개중에 높은 시장점유율을 획득하는 곳도 나올 것이다. 하지만 그 사이에 버베이팀은 작은 시장의 성장 과정에 발맞춰서 35%의 시장점유율을 계속 유지할 수 있을 것이다.

대형 연구소와 경쟁하지 말라
/
큰 시장을 피해야 하는 것처럼 주류 기술도 피하는 게 좋다. 앞서 설

슈퍼 스톡과 슈퍼 컴퍼니

명한 것과 똑같은 이유가 성립되는 경우가 많다. 될 수 있는 대로 나라 차원의 주력 연구소들이 중점을 두는 기술 분야는 피하도록 하라. IBM 이나 TI, 또 벨연구소와 같은 대형 연구소들이 힘을 쏟는 분야의 기술들 은 조만간 그들 자신이나 다른 기업들이 참여하는 큰 상업적 사업으로 이어진다.

그 대신에 이런 대형 연구소들이 연구개발 자금을 쏟아 붓지 않는 분 야를 주목하라. 큰 기업들은 미래 시장 잠재력이 크다고 보는 분야에 거 액의 연구개발 자금을 투입하기 마련이다. 작은 기업이 여러 해 동안 노 력해서 더 나은 신기술을 개발할 수도 있지만, 거대한 연구기관이 추진 하는 5,000만 달러짜리 프로젝트 한 방에 무용지물이 될 수도 있다. 주 류 기술을 피하는 것은 대개 큰 시장을 피하는 것과 같다.

작은 기업에게는 빠르게 성장하는 시장이면서 개미핥기들에게는 구 미가 당기지 않는 작은 규모의 시장이 최상이다. 이 점을 이해하지 못하 는 작은 기업들이 큰 시장에 뛰어들지만, 피해를 입는 경우가 많다. 연 간 매출이 5,000만 달러 규모의 작은 기업이라면, 1억 5,000만 달러 정 도의 규모에서 빠르게 성장하는 시장이 이보다 훨씬 크고 더욱 빨리 성 장하는 시장보다 훨씬 유리하다(그 근거는 챕터26을 보면 완전히 드러날 것이 다). 그 이유에는 너무 빨리 성장하려는 유혹에 빠지지 않을 것이라는 점 도 있다(파트1을 보라). 하지만 주된 이유는 작은 시장이 개미핥기를 피하 는 길이라는 점이다.

개미를 거인으로
키워주는 재무상태표

개미는 한 번 소풍 길에 자기 몸집보다 큰 빵 조각을 가져올 수 있다. 우리는 그렇지 못하다. 우리는 겨울에 대비하는 다람쥐들처럼 자원을 작은 조각들로 비축한다.

재무상태표가 튼튼하면 두통약을 엄청나게 절약할 수 있다. 재무상태표가 튼튼한 기업에 투자하면 위험이 대폭 줄어든다. 그러나 손실을 내더라도 미래가 밝은 기업이라면 투자해서 걱정할 게 없다. 반면, 손실 규모가 회사의 인수 가격과 대조해볼 정도로 큰 기업은 투자에 유의해야 한다. 그런 기업에게는 미래가 전혀 없을지도 모른다. 재무상태표 분석은 상당히 평이하다. 회계학 전공이 아닌 대학생들도 그 기본 내용을 초급회계 과정에서 쉽게 습득한다.

일반적인 원칙은 앞으로 기업이 얼마나 손실을 볼 것인가를 고려하고, 그다음에는 재무상태표가 이 손실을 지탱하기에 충분하거나 그 이상인가를 확인하는 게 가장 안전한 길이다(이익 분석을 다룬 다음 챕터를 보라). 슈퍼 컴퍼니는 최악의 손실을 적어도 5년간 지탱할 수 있는 여유 운전자금을 확보하고 있어야 한다. 이것은 내가 '미래손실 충당금future-loss coverage'이라고 부르는 개념이다. 미래손실 충당금이 클수록 더 좋다.

총자산에서 부채 비중이 40% 미만이면 좋다. 회사의 부채가 작을수록 위험도 작다. 이것은 아주 상식적인 기준이다. 그리고 부채의 전체 규모를 따질 때는 잠재적인 '우발채무contingent liabilities'[30]까지 고려하는 게 중요하다.

현금흐름은 결정적인 요소다. 세련되지 못한 투자자들 중에는 기업이 적자를 내더라도 막대한 현금흐름을 확보할 수 있다는 점을 모르는 사람들이 많다. 손익계산서에서 '감가상각' 항목에 계상되는 현금은 어려운 시기가 왔을 때 기업의 채무지불 능력을 유지하는 데 큰 효력을 발휘한다. 즉, 날아드는 청구서를 결제하고 문가에서 기웃거리는 늑대들을 막아주는 자금이다.

회계상 손실이나 적자는 잠정적으로 수용해도 좋지만, 현금흐름이 마이너스인 경우는 주의해야 한다. 마이너스 상태의 현금흐름을 적어도 3년간은 여유 운전자금으로 충당할 수 있어야 한다(현금이 바닥나면, 사업을 중단하기가 쉽다). 슈퍼 컴퍼니가 감가상각이나 기타 회계상 자산상각을 통해 현금흐름을 확보하게 되면, 적자 상태에서 그 주식을 매수하더라도 위험은 대폭적으로 줄어든다.

---

30 여기에는 미전입 연금 부채unfunded pension liabilities, 소송 위험, 미래에 환경이나 규제상의 결함 교정 등이 해당된다.

회계감사는 누가 하는가

/

기업의 회계감사는 8대 회계법인이 맡는 게 좋다. 즉, 아서 앤더슨 Arthur Anderson & Co., 아서 영 Arthur Young & Co., 쿠퍼스앤드라이브랜드 Coopers & Lybrand, 피트-마윅-미첼 Peat, Marwick, Mitchell & Co., 터치로스 Touche Ross Co., 딜로이트해스킨스앤드셀스 Deloitte Haskins & Sells, 프라이스워터하우스 Price Waterhouse & Co., 언스트앤드휘니 Earnst & Whinney 가 그에 해당되는 회계법인들이다. 슈퍼 컴퍼니들의 95%가 이들 중 한 회계법인에게 감사를 맡긴다. 아마도 모든 상장회사의 80% 이상이 이들에게 회계감사를 맡길 것이다. 규모가 작은 기업들도 규모가 커지게 되면 이들 8대 회계법인으로 바꾸는 곳들이 많을 것이다.

이들 대형 회계법인이 감사를 맡는다고 해서 재무상태표가 정확하다는 보장은 없다. 누구에게나 실수는 있는 법이다. 하지만 8대 회계법인에게 감사를 받았으면, 대체로 표준적인 절차가 준수되었다고 볼 수 있다. 기업의 연차보고서에 이런 회계법인들의 서명이 있으면, 재무상태표가 그래도 실제에 근사하다고 믿을 만한 근거가 된다.

이들보다 소규모인 지방 회계법인들도 감사 업무를 잘 처리할 수는 있지만, 이들 중에는 회계감사가 일상 업무가 아닌 곳들이 많다. 이들에게는 이례적인 사건이나 절차를 처리할 만한 여건이 갖춰져 있지 않을 수도 있다. 지방 회계법인이 회계감사를 맡고 있다면, 그 회계법인에 감사를 맡기는 상장기업이 몇 개나 되는지, 또 어떤 회계법인인지를 물어보는 게 좋다. 개중에는 회계감사 업무도 활발하지 않고 경험도 별로 없는 곳들도 많다.

슈퍼 스톡과 슈퍼 컴퍼니

지배지분의 집중을 경계하라

/

슈퍼 컴퍼니들을 보면, 최고 경영진이 큰 소유 지분을 확보하고 있는 게 일반적이다. 경영진에는 보통 회사 설립자들이 들어 있다. 뒤늦게 합류한 경영진에게도 회사를 발전시키고 주식가치를 높일 동기를 부여하기 위해 자사 주식을 매입할 옵션이 주어지는 사례가 많다.

자사 주식의 큰 물량을 보유하고 있는 경영진은 일반 주주들의 동반자인 셈이다. 이들에게는 주식가치를 높일 동기가 충분하다. 특히 이런 경영진은 회사의 재무상태표를 보호하려고 할 것이다. 어느 회사의 주식을 사는 순간, 우리는 경영진과 그 회사의 재무상태표를 공유하게 된다. 경영진이 얼마나 자사 주식을 소유해야 좋은지에 대한 확고한 기준은 없지만, 몇 가지 도움이 될 만한 생각을 해볼 수 있다. 경영진은 합리적인 급여를 받아야겠지만, 그들이 소유하는 주식에 비해 급여가 작아야 한다. 경영진의 소유 지분이 급여 액수에 비해 별로 크지 않다면 회의적으로 봐야 한다. 이런 여건에서는 회사의 가치보다 급여가 경영진에게 더 중요할 수 있다. 경영진의 소유 지분이 연봉 총액의 적어도 10배 정도는 돼야 이상적이다.

지배지분controlling interest이 한두 사람에게 집중돼 있는 경우도 회의적으로 봐야 한다. 이런 경우는 아주 좋을 수도 있지만, 아주 나쁠 수도 있다. 모든 게 그 사람들에게 달려 있다. 아무에게도 지배지분이 집중돼 있지 않은 상황에서 경영진이 부진한 실적을 내고 있다면, 이사회에서 경영진을 갈아치울 공산이 크다. 한두 명에게 지배지분이 집중되어 있으면, 그들의 수중에 회사의 미래가 달려 있는 셈이다. 이들 소수의 소유자들이 큰 성공을 일으킬 수도 있고, 완전히 실패할 수도 있다. 이런 상황에서는 이사회가 소액 주주들을 보호하기 위해 나설 수가 없다.

지배지분을 확보한 경영진이 합리적이라면 일반 주주들을 미래의 번영을 함께 나눌 기업 소유주로 인식한다. 질이 나쁜 경영진은 소액 주주들을 성가신 존재로 본다. 또 지배지분을 쥐고 있는 덜떨어진 CEO는 회사를 자기 것이라고 보고, 소액 주주들을 이류 시민쯤으로 취급한다.

지배지분을 확보한 CEO는, 능력이 부족하더라도 자부심이나 자기 욕구에서 서투른 경영을 고집할 수도 있고, 고만고만한 친구에게 경영을 맡길 수도 있을 것이다. 혹은 그가 자신의 녁녁한 재산에 만족하고서, 회사와 그의 부를 키워갈 열정을 잃어버릴 수도 있다. 이렇게 지배지분을 가지고 있는 CEO들 중에는 자신과 주주들에게 큰 성공을 안겨준 사람들도 많고 또 실패한 사람들도 많지만, 어느 업종이든 성공보다는 실패가 더 많은 편이다.

소수의 특수 관계인들이 경영권을 장악하고 있는 경우에는, 이 지배지분 소유자들이 어떤 사람들인지를 면밀하게 알아보는 것이 무엇보다도 중요하다. 이 점을 평가할 만한 수단이 없다면, 안전을 택해서 다른 곳에 투자하는 게 나을 것이다.

슈퍼 스톡과 슈퍼 컴퍼니

슈퍼 컴퍼니를 고르는
확실한 기준 '이익 분석법'

미래 이익 분석은 투자에서 핵심적인 문제다. 이익 분석에는 시가총액과 매출, 순이익이 함께 관련된다. PSR과 PER도 결부된다. 또 밸류에이션과 펀더멘털 분석도 필요하다. 이런 분석은 아무리 강조해도 지나치지 않다. 이익 분석은 전혀 새로운 개념이 아니며, 아주 오래전부터 사용했던 개념이다.

결국 이익 분석이란 무엇인가? 그것은 기업이 미래에 돈을 얼마나 벌것인지를 대략적으로 예측하는 것을 말한다. 지금 당장은 기업의 이익이 거의 없다시피 할 때도, 이익 분석으로 예측할 수 있다. 다음 분기나 내년에 기업이 얼마나 벌 것인지에 주안점을 두는 사람들이 많다. 나는 그러지 않는다. 이 챕터와 다음 챕터는 다가올 몇 년(이상적으로는 5년) 동안의 이익을 추정하는 방법에 중점을 둔다.

이익 분석으로 경쟁우위 종목 알아내기

/

이익 분석은 순이익 결함을 겪는 기업의 밸류에이션을 합리적으로 평가하는 펀더멘털에 해당되기 때문에, 슈퍼 스톡 분석에 결정적인 요소다. 결함 현상이 나타날 때, 대부분의 투자자들에게는 기업을 평가할 만한 합리적인 근거가 없다. 이익 분석을 할 수만 있다면, 다른 투자자들에 비해 정말로 한 수 위에 서는 것이다. 기업이 손실을 내고 주가가 떨어질 때에도 우리는 기업의 가치를 매길 수 있다. 장기적인 이익 분석의 장점은 다가올 몇 년 동안 기업의 수익성이 얼마나 될지를 어느 정도 정확하게 예측할 수 있다는 점이다.

아메리칸위지트로닉스American Widgetronics를 슈퍼 컴퍼니로 판단했다고 하자. 하지만 확신이 서지 않을 수 있다. 몇 가지를 검토해보았더니 모두 괜찮아 보였다. 이제는 결론을 내리려고 한다. 이때 이익 분석은 슈퍼 컴퍼니를 가려내기 위한 마지막 단계다. 그와 동시에 이익 분석은 슈퍼 스톡을 판별하는 첫 단계다.

이익 분석은 사업 분석과 밸류에이션을 잇는 중간고리다. 이익 분석은 기업을 분석하는 기간에 수집한 산발적인 정보를 결합하며, 기업의 미래를 폭넓게 조망하기 위한 다면적인 방법이다.

개념 정의	• 순이익률margins=세후순이익/매출
	• 세전 이익률Pre-tax margins=(매출-세금을 제외한 총비용)/매출
	• 매출총이익률gross margins=(매출-매출원가)/매출
	• 매출total sales=제품 및 서비스로 창출된 수입

과거 순이익으로 미래 예측하기

/

과거에 기업 순이익률이 어땠는지 그 역사를 살펴보라. 그다음에는 미래의 순이익률이 지난 역사와 같은 수준일지, 아니면 그보다 높거나 낮을지를 판단해보라. 기업들의 순이익률 추이는 양상이 아주 다르다. 꾸준하게 5~7%의 순이익을 내는 기업들이 있다. 한편, 여러 해 동안 10%씩 벌다가 아무 이익 없이 몇 해를 보내서 평균 순이익률이 5%대인 기업들도 있다. 또 오랜 기간 낮은 이익률로 일관하는 기업들도 있다. 어떤 기업들은 좋은 시절에 조금 벌다가 나쁜 시절에 큰 손실을 내기도 한다. 소수 정예의 기업들만이 꾸준하게 10%대의 높은 순이익을 낸 역사를 가지고 있다.

슈퍼 컴퍼니의 정의상, 이들의 순이익은 해당 산업의 경쟁자들에 비해 높은 평균값을 보인다. 제조업 분야의 슈퍼 컴퍼니는 장기적으로 평균 5%의 순이익을 벌어야 한다. 아무리 월등한 기업도 장기적으로 10%를 넘는 순이익을 버는 경우는 드물다. 기업이 빠르게 성장할 때는 특히 높은 순이익률을 유지하기가 어렵다. 새로운 경쟁자들이 진공 속으로 빨려 들어가듯, 이익도 높고 성장도 빠른 분야로 몰려들기 때문이다. 새로운 경쟁자들이 성공하지는 못하더라도 산업 내 다른 기업들의 순이익률을 떨어뜨릴 수 있고, 슈퍼 컴퍼니라도 그 영향을 받는다. 비제조업 분야의 슈퍼 컴퍼니들은 신규 진입자들의 경쟁 압력에 훨씬 더 민감한 영향을 받는다.

어느 기업이나 산업에서 PSR이 높게 나타나면, PSR이 낮은 다른 곳도 있다는 점을 항상 기억하라. PSR로 나타나는 시세는 미래의 순이익률에 의해 큰 영향을 받는다(챕터6의 표 6-1을 보라). 미래의 순이익률이 낮으면, 현재의 PSR이 일정하다고 할 때 미래의 PER이 높다는 것을 뜻한다. 미래의 순이익률이 높으면, 현재의 PSR이 일정하다고 할 때 미래의 PER이 낮다는 것을 뜻한다.

어느 기업이고 재무 상태의 역사는 그곳에 자리 잡은 '재무적인 문화'를 말해준다. 최근 5년 동안 순이익이 매년 2%에 못 미쳤던 제조업체가 있다고 가정해보자. 이런 기업을 슈퍼 컴퍼니로 봐야 할지 의심스러울 것이다.

순이익률이 낮았다는 것은 무언가를 말해준다. 즉, 당시 경영진이 저조한 실적을 그러려니 했거나, 적어도 견딜 수 있다고 생각했음을 뜻한다(그들은 분명히 양호한 순이익을 내지 못하는 데 적응이 되었을 것이다). 또 이 사회도 지나치게 당황하지 않았고, 경영진도 그랬다는 이야기다. 모름지기 불만에 찬 일부 주주들은 다른 사람들에게 주식을 팔았을 것이고, 이 주식을 사겠다는 사람들은 시들한 실적에 맞춰서 낮은 가격에 넘겨받았을 것이다. 어쨌든 큰 난리 없이 그렇게 흘러왔다는 이야기다.

무언가가 이들을 흔들어 깨우지 않으면, 이런 기업은 슈퍼 컴퍼니가 되기 어렵다. 삼복더위에 잠에 취한 개와 비슷하다. 힘을 줘서 '걷어차지' 않으면 이 개는 계속 잠에서 깨어나지 못할 것이다. 이런 기업이 슈퍼 컴퍼니가 되려면 어떤 발길질이 그 개를 깨울 것인지를 분간해야 한다. 예전에 누가 걷어찼던 적이 있었는가? 그 개가 정신이 번쩍 들면 어느 방향으로 달려갈 것인가? 내 경험상 경영진 교체를 포함한 '발길질'이 아니면 이 '잠에 취한 개'가 깨어나는 모습을 거의 보지 못했다.

이 발길질에는 경영진 교체 이상의 것이 필요하다. 기업문화를 일신

슈퍼 스톡과 슈퍼 컴퍼니

할 대대적인 혁신도 필요하다. 낡은 인사들은 내보내야 하고 '잠에 취한 개'라는 비판을 받아야 한다. 기업의 재생을 선포하는 큰 나팔 소리와 함께 새로운 집단이 들어와야 한다. 이러한 일대 혁신 없이는 중간 관리층과 하위의 피고용자들은 미래가 더 나아질 것이라고 쉽게 믿지 못한다. 그러지 않고는 이들의 회사 생활을 과거와 다르게 유도하는 일은 어려울 것이다. 회사의 수익성과 성장을 향상시키겠다는 이야기가 나와도 이들은 하품이나 하고 있을 것이다. 그들에게는 그냥 지나가는 이야기로 들릴 뿐이다. 문화 혁신 없이는 잠에 취한 개가 슈퍼 컴퍼니가 되기는 어렵다. 그래서 새로운 경영진을 구해야 한다.

이제는 훌륭한 성장과 양호한 순이익을 달성해왔던 기업을 고려해보자. 경영진이 노력하는 한, 경영진이 실수하더라도 이사회가 용서해줄 공산이 크다. 어쨌든 그들은 지금까지는 잘해왔다. 그들에게 기회를 더 주어야 하지 않은가? 이 경영진은 높은 순이익 달성을 중시했던 이전의 기록을 가지고 있다. 높은 순이익은 그냥 생기는 게 아니다. 순이익을 벌기보다 없애기가 더 쉽다. 높은 순이익은 사람들이 애써서 만들기 때문에 생긴다. 이 경영진에게 문제가 있을지도 모르지만, 그들은 잘해보려고 노력할 것이다.

순이익률 목표의 중요성
/
확인한다고 해로울 것은 없다. 기업의 순이익률 장기 목표는 경영진에게 쉽게 물어볼 수 있는 일이다. 순이익률 목표가 없는 기업은 한 번도 본 적이 없다. 신중하게 짜낸 목표는 아닐지라도 우리 회사의 순이익률 목표는 이것이라고 제시할 숫자는 있기 마련이다. 물어보라! 그리고 들어보라! 이 대화에서 그 기업이 어떻게 생각하는지가 드러날 수 있다. 이런 사고방식은 이익 분석에서 주요한 요소 중의 하나다.

기업이 설정한 목표는 현재의 순이익률보다 높기 마련이다. 잠에 취한 개를 맡게 된 새 경영진이 설정하는 순이익률 목표는 과거의 기록보다 상당히 높을 때가 많다. 이렇게 기업이 높게 설정된 목표를 달성하려면, 과거와는 아주 다르게 일해야 한다. 얼마나 다르게 일해야 하는지를 그들이 파악하고 있는가? 잘 모르는 기업들이 많다. 그들은 해야 할 일을 현격하게 과소평가해서, 자신의 목표를 달성하지 못할 때가 많다. 슈퍼 컴퍼니들은 이와 달리 해야 할 일을 잘 알고 있고, 목표를 이뤄낸다. 당신이 원하는 답변을 경영진이 알아챌 수 있는 질문들로 시작하면 안 된다. 순이익률을 높이기 위한 전략을 경영진에게 질의하라. 잠에 취한 개의 경우라면, 과거와 근본적으로 달라지기 위한 조치들이 들어 있는지 눈여겨봐야 한다.

비용 낮추기 vs 이익률 높이기

경영진의 반응은 다음 두 가지 중의 하나가 될 것이다.

- 매출총이익률을 높일 수 있는 개선책이 제시된다. 이것은 연구개발비Research(R), 일반관리비Administrative and General expenses(AG), 판매비Sales expenses(S)를 그대로 유지하면서 더 많은 이익을 산출하는 방법이 될 것이다.

- 연구개발비$_R$나 일반관리비$_{AG}$ 혹은 판매비$_S$를 삭감해서 이익을 높이는 개선책이 제시된다.

수익성을 높이는 가장 견고한 방식은 매출총이익률을 높이는 것이다. 이를 위해서는 과거와는 근본적으로 다른 무언가를 하는 것이 필요하다. 제조원가를 낮추는 제품 설계가 그런 일이다. 또 같은 제조원가에서 더 높은 가격을 받을 수 있도록 독특한 특징을 제품 설계에 반영하는 일이 될 수도 있다.

연구개발비$_R$와 일반관리비$_{AG}$, 판매비$_S$, 즉 RAGS의 절감은 효과가 오래가기 힘들다. 경쟁이 심해지면 다시 원상태로 돌아가기 때문이다. RAGS를 삭감하는 것보다는 RAGS로 얻을 결과를 관리하는 편이 더 효과가 크다. 마케팅과 연구개발에 큰 예산을 지출하지 않으면, 매출총이익률을 높이기 위한 제품과 공정, 시장을 개발하기 어렵다.

원만한 기업들은 대부분 RAGS에 적어도 매출의 20%를 지출할 필요가 있다. 어느 기업이 최소한 5%의 순이익을 벌려면, 법인세율 50% 하에서 매출총이익률이 30%를 넘어서야 한다. 왜 그런지 따져보자.

다음 표에 두 기업을 예시해놓았다. 기업 A의 매출총이익률은 30%다. 기업 B의 매출총이익률은 40%다. 이들이 각각 RAGS에 매출의 20%를 지출한다. 세후순이익률의 차이를 보자. 매출총이익률이 30%인 기업 A는 우리의 경계선인 순이익률 5%에 간신히 도달했다. 한편, 매출총이익률이 40%인 기업 B의 순이익률은 그 2배인 10%를 벌 수 있다. 매출에서 RAGS 지출액이 차지하는 비율은 다음과 같은 경우에 높아진다.

- RAGS 지출은 고정된 상태에서 매출이 줄어들 때
- 미래의 성장 잠재력 향상을 위해서 RAGS에 더 많은 예산을 배정할 때

신제품 개발이나 기존 제품군의 홍보 확대를 위해 RAGS에 더 많은 예산을 지출해야 한다고 가정해보자. 기업들은 재무회계와 재무관리 시스템을 구축해서 이 예산을 운영하고자 할 것이다. 이 예산을 어떤 방식으로 산출하는가는 중요하지 않다. 어쨌든 매출 대비 RAGS 지출 비중이 높아진다. 이렇게 될 경우에 어떤 사태가 벌어지는지 살펴보자. 다음의 표는 기업 A와 B가 앞의 표와 동일한 매출총이익률로 RAGS 지출을 각각 매출 대비 25%로 높이는 경우다.

이 시나리오에서 기업 A는 우리의 목표치인 순이익률 5%를 달성하지 못한다. 기업 B는 매출총이익률이 높기 때문에 이 목표치를 용이하게 달

표 25-1 **가상 기업의 매출총이익률과 순이익률 비교**(RAGS 20%)

		기업 A	기업 B
매출총이익률		30%	40%
매출		100	100
매출원가		70	60
매출총이익		30	40
비용	연구개발(R)	5	5
	일반관리비(AG)	5	5
	마케팅(S)	10	10
RAGS 총계		20	20
세전이익		10	20
법인세		5	10
세후순이익률		5%	10%

슈퍼 스톡과 슈퍼 컴퍼니

성한다. 이 두 사례에서 높은 매출총이익률의 가치가 명확히 드러난다. 50% 이상의 매출총이익률은 아주 훌륭한 목표다. 이때는 유보할 이익이나 미래의 성장을 위한 RAGS 예산에도 더 많은 여유가 생긴다. 아주 훌륭한 손익계산서가 다음과 같이 도출될 수 있을 것이다.

이러한 손익계산서에서는 다음 기에 쓸 자금을 당기이익으로 확보하면서 미래에 대비해 지출할 여유가 생긴다.

그러나 불행하게도 회계는 완벽하지 않다. 어느 기업에서는 매출원가에 들어가는 항목이 다른 기업에서는 마케팅 비용이나 일반관리비로 취급되기도 한다.

어떤 비용을 어느 회계 항목으로 처리하는가를 결정하기란 경영진에게도 어려운 문제다. 서비스 조직은 아주 효과적인 영업 수단으로 작용할 수 있다. 서비스의 일정 부분에서 발생하는 수입을 매출로 잡고, 그 비용을 매출원가로 간주해야 하는가, 아니면 고객의 추가 구매를 독려하

표 25-2 가상 기업의 매출총이익률과 순이익률 비교(RAGS 25%)

		기업 A	기업 B
매출총이익률		30%	40%
매출		100	100
매출원가		70	60
매출총이익		30	40
비용	연구개발(R)	7	7
	일반관리비(AG)	7	7
	마케팅(S)	11	11
RAGS 총계		25	25
세전이익		5	15
법인세		2.5	7.5
세후순이익률		2.5%	7.5%

표 25-3 매출총이익률이 50%일 때의 손익계산서

		이상적인 기업
매출총이익률		50%
매출		100
매출원가		50
매출총이익		50
비용	연구개발(R)	8
	일반관리비(AG)	7
	마케팅(S)	11
RAGS 총계		26
세전이익		24
법인세		12
세후순이익률		12%

기 위한 마케팅 비용으로 간주해야 하는가?

마찬가지로 기술적 설치가 필요한 제품 판매는 영업 인력과 기술 인력, 또 제조 인력이 동시에 동원될 때가 많다. 각자의 직능에 따라 투입되는 시간을 반영해야 판매 결과의 회계적 구성이 정확하게 추정될 것이다. 손익계산서에서 매출원가나 매출총이익, 판매비, 연구개발비 혹은 일반관리비로 나와 있는 많은 항목은 경영진의 가정을 바탕으로 계상되는 것이다.

CHAPTER
26

어떤 경쟁우위가
슈퍼 컴퍼니를 만드는가

각 회사의 경영진마다 서로 다른 가정을 하기 때문에, 어느 회사의 손익계산서에서 어느 한 항목의 적합한 수준을 정확히 판단하려는 것은 대부분 어리석은 일이다. 그런 일은 과학보다는 기술에 가깝다. 마케팅 비용이 8%인지, 아니면 9%인지를 가지고 너무 신경 쓰지 말라. 전반적인 매출총이익률 목표가 39%냐, 아니면 41%냐는 중요하지 않다. 이익 개선 목표를 달성하는 데 중요한 것은 그 계획이 전체적으로 의미가 있느냐다. 눈여겨봐야 할 것은 바로 이 부분이다. 계획의 각 부분을 종합해봤을 때 의미가 있어야 한다. 높은 매출총이익률이 달성되려면, 뭔가 남다른 방법이 추진돼야 한다. 높은 매출총이익률은 다음을 토대로 달성된다.

• 미래의 고객 수요와 경쟁의 성격을 정확히 간파하는 상품 기획

및 마케팅. 이 일이 제대로 돼야 미래의 상품 단가 설정과 물량 추정이 의미가 있다.

- 미래의 제품 단가에 재료비 및 생산비용을 저렴하게 맞추는 원가를 고려한 제품 설계. 아주 낮은 단가로 대량생산이 가능하면서도 고객의 필요를 충족시킬 수 있도록 제품이 설계돼야 한다.
- 생산과정의 각 단계마다 세부 요소들을 놓치지 않는 제조비용의 효율화

다른 기업들이 따라 하기 힘든 해당 기업의 고객 서비스 능력이 무엇인지를 찾아보라. 이 능력이 꼭 독보적인 기술이 아닐 수도 있다. 그 능력은 고객을 이해하는 남다른 능력일 때가 더 많다. 경영진 스스로가 '일방적 경쟁우위'를 논리 정연하게 인식하고 있지 못하다면, 슈퍼 컴퍼니가 아니다.

경영진에게 이익 목표를 어떻게 달성할 것이냐고 물어보면 흥미로운 답변들이 나오게 된다. 이 답변들을 정말로 혁신성이 엿보이는 행동과 그동안 쭉 추진해왔어야 마땅한 행동으로 구분해보라. 재고비용의 삭감, 생산효율의 제고, 매출채권의 평균 유통기간 단축, 광고비용의 축소 등을 비롯한 갖가지 비용 '쥐어짜기'는 모두 좋은 것들이지만, 이런 것들이 일방적 경쟁우위가 되기는 어렵다. 이런 조치들은 경쟁자들도 다 하는 일들이다. 즉, 모두 필요한 것들이지만 충분한 것은 못 된다.

기업이 쥐어짜기 활동으로 이익 목표를 달성하려고 한다면, 지금까지 제대로 경영이 되지 않았음을 시인하는 것이다. 경영진이 예전과 동일한 사람들이라면, 앞으로 경영이 크게 달라지기는 어렵다. 그들은 왜 변화하

려고 하며 그 목적은 무엇인가? 잠에 취한 개를 이끌어온 경영진이라면, 쥐어짜기의 기치를 높이 들었더라도 별로 쥐어짜지지 않기가 십상이다. 잠에 취한 개는 새로운 경영진을 만나야 그나마 쥐어짜질 가능성이 있다.

새 경영진은 고용 인력들의 예전 행태를 그리 어렵지 않게 간파할 수 있다. 피고용자들이 어느 지점에 머물러 있었으며, 각자의 직무에서 무슨 일을 했었는가? 각자 예전 직무에서 쥐어짤 여지가 존재했는가?

예전에 해봤던 일을 더 잘한다는 계획만으로는 좋은 성과를 거두기 어렵다. 교과서적인 단순한 경영만으로는 평균 이상의 성과가 나올 수는 있어도 현격한 성과는 못 거둘 것이다. 지금까지 이익이 보잘것없었는데, 순식간에 양호한 이익을 창출하겠다는 주장은 믿기 어렵다. 전반적인 경기 침체에서 탈출하는 시기를 빼면 이런 경우는 극히 드물다. 극적이고 지속적인 이익 향상이 장기적으로 이어지려면, 사업의 성격에서부터 대대적인 변화가 선행돼야 한다. 슈퍼 컴퍼니는 풍족한 이익을 창출하게 해주는 일방적 경쟁우위를 확보해야 한다.

일방적 경쟁우위의 다양한 종류
/
'일방적 경쟁우위'는 여러 가지 형태로 발생하며, 대개 마케팅과 생산, 연구개발 3가지로 나누어진다. 예전에 연구개발이 단순한 상품 이상의 존재였을 때는 고유한 기술이 일방적 경쟁우위로 작용할 때가 많았다. 오늘날에는 이런 경향이 약화되었지만, 가끔은 독보적인 기술이 일방적 경쟁우위를 가져온다.

마케팅에서의 일방적 경쟁우위에는 여러 가지가 있다. 단순하게는 고객의 마음을 더 잘 움직일 수 있는 지식이 될 수도 있다. 이것은 상당히 일반적인 마케팅 우위의 형태다. 조 블로Joe Blow는 저축대부조합Savings & Loan 업계에서 초기 직장 생활을 보냈다. 나중에 그는 저축대부조합을 떠나서 이들에게 금융상품과 서비스를 판매하는 일을 시작했다. 그는 새로운 동향을 파악하기 위해 그가 아는 인맥을 활용했다. 다른 회사들의 영업 인력은 저축대부조합들의 구매 담당자 수준밖에 접근하지 못했지만, 그는 이 시장에서 진행되는 일을 빠르게 감지했다. 다른 회사들은 저축대부조합의 핵심적인 고위 의사결정자들이 격의 없이 터놓고 이야기하는 상황을 만들지 못했다. 조 블로는 이 문지방을 쉽게 넘었다. 그가 그 사람들을 잘 알고 있었던 점도 있었지만, 그보다는 그들이 생각하는 대로 그도 생각할 수 있었기 때문이다.

유명한 정보서비스 회사로, 지금은 에이시닐슨A.C. Nielson의 자회사인 데이터퀘스트Dataquest를 생각해보라. 이 회사의 반도체 산업 서비스가 초창기에 성공을 거뒀던 주된 이유는 짐 레일리Jim Reilly가 경영과 영업을 지휘했기 때문이다. 레일리는 시그네틱스Signetics, 인터실Intersil, 페어차일드Fairchild를 거치며 반도체 산업에서 성공적인 마케팅 경력을 오래 쌓았다. 그가 데이터퀘스트의 서비스를 판매하기 위해 고위급 인사들을 찾아가면, 다른 사람들은 할 수 없는 일이었지만 그는 쉽게 문을 열고 들어가 사람들의 관심을 살 수 있었다. 단시일 내에 반도체 서비스는 데이터퀘스트에서 가장 앞선 최대 사업 부문으로 성장했다.

이른바 일방적 경쟁우위에 대해 좀 더 자세히 들여다보자. 이런 우위에는 다음과 같은 유형들이 들어간다.

- 유통 우위, 그리고 제품 기반이나 원가 기반, 기술 기반을 다른 시장으로 확산시킬 수 있는 능력
- 밀접한 계열의 제품들을 동시에 광고하는 규모의 경제
- 영업 비밀
- 경쟁자들이 뒤쫓아 가려면 오랜 시간이 걸리는 시간적 우위
- 저비용 생산기술
- 고객의 높은 단가 지불을 유도할 수 있는 고급 이미지

이 목록은 끝없이 이어진다. 여기서 주안점은 우리가 투자할 때 앞으로 평균 이상의 수익률을 얻을 수 있느냐를 결정하는 주된 요인이 될 만한 일방적 경쟁우위를 찾는 일이다. 투자할 기업이 계속 경쟁우위를 유지할 수 있다고 믿을 만한 탄탄한 근거가 있는지를 판단하라.

높은 시장점유율은 훌륭한 경쟁우위다

높은 시장점유율은 사람들이 오래전부터 일방적 경쟁우위로 손꼽아 온 형태다. 보스턴컨설팅그룹은 이 개념을 현대적인 이익 분석의 영역으로 확장시켰고, 잠재적 수익성을 판단하는 열쇠로 시장점유율의 활용도를 높였다. 시장점유율 개념은 수십 년 전부터 직관적으로 활용되었다. 그 한 극단으로는, 이 개념을 기초로 오래전에 셔먼Sherman과 클레이튼Clayton의 반독점법이 탄생했다. 정부는 극히 높은 시장점유율을 불공정하다고 보고 불법화했다. 경영학계에서는 보통 시장점유율이 미래의 수익성을 파악하는 핵심 도구로 자리 잡고 있다. 시장점유율이 미래의 이익률에 왜 중요한가는 자명한 것으로 간주되었다.

이 문제는 닭이 먼저냐 달걀이 먼저냐 하는 문제와 비슷하다. 슈퍼 컴퍼니는 시장점유율을 지속적으로 높여가다가 산업을 지배하게 된다. 이어서 슈퍼 컴퍼니는 확보된 시장점유율을 통해 이익률을 높게 유지하고, 다시 높은 이익률을 토대로 산업 지배력을 유지하기 위한 개발비용을 조달한다. 그러나 상대적인 시장점유율이 더 힘을 발휘한다.

 그 이유를 살펴보자. 일반적으로 시장점유율이 30%에 달하면 높은 점유율로 간주된다. 정말로 시장점유율이 중요한 것일까? 시장점유율이 중요하지만, 상대적인 시장점유율이 가장 중요하다. 아래 표에 서로 다른 산업에 속한 기업 세 곳을 예시해놓았다. 각 기업은 자기 산업에서 30%의 시장점유율을 확보하고 있다. 이들 각 기업은 똑같이 시장점유율이 30%지만, 각 산업에서 시장점유율의 상대적 비중은 전혀 다르다. 이러한 차이는 그들의 잠재적 수익성과 관련 있을 수밖에 없다. 기업 C의 산업 내 입지가 가장 유리하고 기업 A와 B와의 차이도 현격하다. 즉, 기업 C는 산업에서 지배적인 위치에 있다. 기업 C의 단위 생산비용은 해당 산업에서 가장 낮을 확률이 높다. 왜냐하면 산업 내 어느 경쟁자보다도 많은 생산 물량에 비용을 분산시킬 수 있기 때문이다. 따라서 이 기업은 규모의 경제를 토대로 개발비용과 시장조사 비용을 충당할 여유를

표 26-1 가상 기업의 시장점유율 비교 분석

	기업 A	기업 B	기업 C
시장점유율	30%	30%	30%
최대 경쟁자의 시장점유율	50%	30%	12%
차순위 경쟁자의 시장점유율	20%	15%	7%
경쟁자의 수	3	9	18

슈퍼 스톡과 슈퍼 컴퍼니

누릴 수 있지만, 규모가 작은 산업 내 여타 기업들은 이런 이점을 누릴 수 없다. 나아가 경제 침체기에 기업 C는 열세에 있는 다른 기업들보다 가격을 더 많이 인하할 수 있을 것이다.

높은 시장점유율이 기업 C에게 불리하게 작용하는 경우는 생산기술이 급격하게 변할 때뿐이다. 예를 들어 구식 공정의 설비에 막대한 고정투자가 들어가면 시장점유율 선도 업체에게 불리하게 작용할 수 있다. 1960~1970년대에 미국의 철강회사들은 시장점유율이 높았지만, 수입 철강과 국내 소규모 고철 재생 제철소의 경쟁력을 앞세운 시장 진입을 막을 수 없었다. 미국 철강회사 가운데는 여전히 낡은 평로平爐, open-hearth 제강 공정을 사용하던 곳들이 많았는데, 일본을 비롯한 해외 철강회사들은 새로운 기술로 설비를 구축해서 설비가 낡은 미국 철강회사들과 경쟁했다.

잘 알려져 있지는 않지만, 미국 내 소규모 고철 재생 제철소들은 더욱 치명적인 영향을 미쳤다. 미국의 소규모 고철 재생 제철소들은 연속주조 공정 및 기타 혁신을 통해서 단 10년 만에 선재rod, 압연flat, 봉강re-bar, 'ㄱ' 형강angle과 여타 길고 납작한 철강물 시장에서 철강 대기업들을 몰아냈다. 예전에는 유에스스틸 철강으로 제작되던 침대 틀이나 원유 굴착탑은 이제 채퍼렐Chapparel과 플로리다스틸Florida Steel, 조지타운Georgetown, 누코 등이 제작한 철강으로 제조된다. 이런 사례는 다윗이 골리앗을 때려눕힌 실례다.

한편, 소비자 선호는 변하는데 기업 C가 아무 대응도 하지 않으면 시장을 잃을 수도 있다. 제너럴 모터스General Motors와 포드Ford는 1960~1970년대에 소형차 위주로 바뀌는 미국의 자동차 수요를 무시한 탓에 시장점유율이 떨어졌다. 이론적으로 시장점유율 선도 업체는 시장 조사와 소비자 선호의 변화를 파악하는 일에 경쟁자들보다 더 많은 자원을 투입할 수 있는 게 당연하다. 그러나 높은 시장점유율로 압도적 우위를 누리는 기업들도 그 잠재력을 항상 활용하지 못할 수 있다. 경영진이 시장 변화에 제대로 대응하지 못할 수도 있고, 단순히 능률적인 생산에 실패할 수도 있기 때문이다. 그렇지만 높은 시장점유율에서 나오는 잠재력은 크다.

기업 B도 기업 C와 마찬가지로 상대적으로 강한 입지 덕분에 산업 내에서 행사력을 가지고 있지만, 기업 C보다는 어려운 상황에 있다. 기업 B의 최대 경쟁자가 똑같은 힘을 가지고 있기 때문이다. 기업 B와 그 최대 경쟁자, 두 회사는 서로에게 큰 피해를 입힐 수 있는 잠재력을 가지고 있다. 이런 시장 상황은 헤비급 프로권투에서 무하마드 알리와 조 프레이저Joe Frazier의 관계와 비슷하다. 이 두 선수는 모두 챔피언 실력을 갖추고 있는 게 분명하지만, 15회전을 치르고 나면 둘 다 녹초가 된다. 어느 한 선수가 상대방보다 더 나을 게 없는 막상막하다. 이런 싸움의 승패는 실력보다는 정신력에서 갈리는 경우가 많다.

이제 기업 A의 사례를 보자. 이 기업의 절대적인 시장점유율은 30%로 높지만 상대적인 시장점유율은 주도 업체에 비해 낮다. 따라서 기업 B는 규모가 더 크고 힘이 더 센 경쟁자의 행동에 따라 취약한 상황에 빠질 수 있기 때문에, 그 입지가 강하지 않은 것은 분명하다. 이와 같이 경쟁자의 수는 적고 각 경쟁자마다 상당한 비중의 시장을 분할하고 있는 산업에서는 호경기에 모두가 좋은 이익률을 누릴 때가 많다. 이들 각자에게 우선은 이익이 중요하기 때문이다. 1970년대 초에 다우케미컬이

슈퍼 스톡과 슈퍼 컴퍼니

"정책적인 가격 설정"이라고 불렀던 것처럼, 이들 사이에는 격렬한 가격 경쟁을 피하는 비공식적인 담합이 생기기 쉽다.

그러나 경기가 시들해지면 정치적인 협상도 시들해진다. 경제가 열악해지면 이 기업들은 전면적인 가격 전쟁으로 치닫게 된다. 이런 상황에 직면하면 기업 A는 최대 경쟁자의 맹위에 속수무책으로 당하기 쉽다. 이 때 최대 경쟁자는 기업 C가 자기 산업의 경쟁자들에게 행사하는 우위에 맞먹는 위력을 기업 A에게 행사할 수 있다.

이 밖에 성장이 경쟁 상황을 더욱 복잡하게 만드는 요인으로 작용할 수 있다. 산업이 수요 침체로 어려움을 겪을 때보다, 산업이 강력한 수요를 맞아 성장 환경으로 돌입할 때 각 기업은 아주 다른 상황에 직면하게 된다. 얼핏 생각해봐도 성장으로 상황이 돌변할 것은 자명하다. 만약에 앞의 표에 예시된 기업 C가 속한 산업이 빠르게 성장할 것이라고 널리 인식되고 있다면, 소규모 기업들은 증자와 채권 발행을 통해 공격적인 경쟁에 나설 수 있게 된다.

그러나 반대로 산업이 위축되는 상황이라면, 소규모 기업들은 자금을 조달해줄 사람을 만나기 어려울 것이다. 이 두 가지 상황의 차이점을 대비해보라. 하나는 수많은 첨단기술 기업들이 설립되고 벤처캐피털의 자금 조달과 높은 PSR로 주식 공모를 제공받는 상황이다. 다른 하나는 지속적으로 산업의 상대적 중요성이 위축되는 철강 및 그 관련 산업과 같은 상황이다. 성장으로 시장점유율 분석이 타당성을 잃는 게 아니라, 어느 정도 조정될 뿐이다.

이익 분석법의
계산 공식

몇 해 전에 나는 간단한 이익률 예측 공식을 만들었다. 이 공식은 이익 분석의 여러 요소들을 정량적으로 결합한 것인데, 숫자를 그대로 적용하기보다 생각할 논점을 찾아내기 위한 것이다.

공식으로 예측하는 기업 잠재 이익률

어느 공식도 이익률에 영향을 미치는 다양한 변수들을 모두 설명할 수는 없을 것이다. 내 공식도 그렇지만, 앞으로 기업 이익의 잠재력에 대한 질문을 찾아낼 수 있다는 점에서 유용하다. 그 공식의 가장 축약된 형태는 다음과 같다.

$$연평균\ 장기\ 잠재\ 이익률 = \frac{0.13 \times (시장점유율)^2 \times (1+산업\ 성장률)}{최대\ 경쟁자의\ 시장점유율}$$

언뜻 봐서는 이 공식의 쓰임새를 알기 어렵다. 그러나 그 효력은 강력하며 사용하기도 쉽다. 이 공식에는 시장점유율과 상대적 시장점유율, 성장률이 고려돼 있다. 혼란스러워 보일 수도 있지만, 계산은 용이하다. 시장점유율 숫자 두 개와 성장률을 알면, 계산기로 이 공식을 계산하는 데 몇 초도 걸리지 않는다. 산업 내 전체 기업의 수는 무시한다. 기업들이 많다면 각 기업의 시장점유율은 대부분 미미할 것이기 때문이다. 반대로, 소수의 기업들만 존재한다면 변수 간 경제논리의 작용은 이 공식에 의해 포괄된다. 단, 이 공식에는 법인세율이 50%라는 가정이 들어 있다.

한 기업의 시장점유율이 100%인 경우에는 이 공식을 적용할 수 없다. 시장점유율이 100%라면 경쟁자가 전혀 없는 독점 상태를 뜻한다. 현실에서는 정부가 독점 시장을 만들어내거나, 독점 상태로 규제하지 않으면 독점은 존재하지 못한다. 정부가 규제하는 공공서비스의 사례처럼 독점이 존재한다면, 대개 이익률이 높지 않은 산업이다.

우리가 선정한 기업의 경쟁자가 100%의 시장점유율을 장악하고 있는 경우는 어떤 상황인가? 이 경우는 우리 기업은 매출도 없고 따라서 이익도 없는 경우다. 우리 기업의 시장점유율이 100%라면, 독점을 통해 이익률이 무한대가 되는 경우다. 논리상으로는 가능한 경우지만, 경제학자들은 그럴 가능성은 거의 없다고 주장할 것이다.[31]

---

31 독점 생산자들도 대부분 유별나게 높은 이익률을 얻지는 못한다. '수요의 가격탄력성이 극도로 낮은', 극히 드문 경우가 아니라면 이례적으로 높은 이익률은 불가능하다.

이 공식은 다양한 시장점유율 상황과 성장이 아주 빠르거나 마이너스인 상황에도 적용할 수 있다. 공식 내 상수 0.13은 논리에 따라 연역된 것이 아니라, 장기적인 경험치를 대입해 귀납적으로 산출된 값이다. 가장 중요한 일차적 변수는 기업이 속해 있는 정확한 시장과 산업이 무엇이냐는 것이다. 이것은 아주 어려운 문제가 될 수 있다. 일례로 페덱스 Federal Express는 어느 시장에 속한다고 봐야 하는가? 여러 산업에서 활동하는 기업이나 다양한 사업 부문을 거느린 복합기업의 경우도 아주 복잡한 문제가 된다. 한편, 하나의 산업 내에도 수많은 이질적인 시장이 섞여 있는 경우가 흔하다. 예를 들면 운송비용의 제약에 따라 지역적으로 정의되는 시장이 존재할 수 있다(시멘트 산업의 경우가 하나의 예다). 또 대부분의 고가 소비재들처럼 사회적으로 한계가 정해지는 시장도 있을 수 있다. 케이프로Kaypro컴퓨터는 자동차 산업에서 폭스바겐Volkswagen과 같은 보급형 제품인데, 자동차 산업의 메르세데스Mercedes에 견줄 수 있는 그리드시스템스컴퓨터Grid Systems Computer와는 전혀 경쟁 관계에 있지 않다. 그리드시스템스컴퓨터의 가격은 케이프로컴퓨터보다 6배나 비싸서, 이들은 컴퓨터 산업에 속하지만 사실은 전혀 다른 시장에서 활동한다.

실제 공식 대입 사례

이 공식의 이론적 타당성을 검증하기 위해 몇 가지 사례를 검토해보자. 우리가 향후 5년 동안 연평균 40%로 성장한다고 판단한 산업에서 시장점유율이 30%인 기업이 있다고 하자. 이 기업의 최대 경쟁자는 12%의 시장점유율을 확보하고 있다고 가정한다. 우리의 공식에 대입하면, 이 기업의 이익률은 13.7%의 '잠재력'을 가지고 있다.

슈퍼 스톡과 슈퍼 컴퍼니

$$\text{잠재 이익률}_{(C)} = \frac{0.13 \times (0.30)^2 \times (1+0.40)}{0.12} = 0.137$$

이 기업은 가장 이상적인 상황에 근접해 있다. 즉, 빠르게 성장하는 시장에서 이 기업의 시장점유율은 높고 또 지배적인 위치에 있다. 한편, 이 기업의 최대 경쟁자는 30%의 절반도 안 되는 12%의 시장점유율에 머물러 있다. 이런 상황이라면 상식적으로 봐도 미래가 밝다고 짐작할 수 있다(다행히 우리의 공식에서도 그렇게 나온다). 이런 기업의 이익률이 형편없게 나온다면, 스스로 실책을 범했다는 말이 된다. 즉, 전략을 잘 짜지 못했거나 제대로 집행하는 데 실패했을 것이다. 이 공식이 말해주는 것은 이 기업이 13.7%의 이익률을 획득한다는 것이 아니다. 역으로 이 공식은 이 기업이 적절히 사업을 전개했을 경우에 훌륭한 이익률을 획득할 '잠재력'을 가지고 있음을 말해준다. 즉, 앞 챕터에서 나온 기업 C의 사례에 산업이 아주 빠르게 성장한다는 가정이 추가된 경우다.

앞 챕터의 사례에서 기업 B를 고려해보자. 이 기업과 그 최대 경쟁자의 시장점유율은 둘 다 30%다. 이 산업의 성장률을 5%라고 가정하면, 공식에 따른 기업 B의 잠재 이익률은 4.1%밖에 되지 않는다. 즉, 시장점유율은 30%로 높더라도 산업의 성장률이 낮다는 점이 크게 반영된 결과가 산출된다.

$$\text{잠재 이익률}_{(B)} = \frac{0.13 \times (0.30)^2 \times (1+0.40)}{0.30} = 0.041$$

어느 기업이 성장률이 낮거나 쇠퇴하는 산업에 속해 있는데, 평균 이상의 이익률을 얻는다는 것은 아주 어려운 일이다. 아주 절대적인 우위를 확보하지 않으면 힘들다. 최근 몇 년 동안 철강 산업의 평균 이익률은 아주 낮았고, 시장점유율이 높은 기업도 이익률이 낮았다. 누코는 일반 상품형 철강을 제조했다. 즉 'ㄱ'형강과 봉강, 압연스트립flat strip, 채널 channel, 아이빔I-beam 및 기타 구조물이 그런 제품들인데, 이들은 성장 전망이 거의 없다시피 한 일반 상품형 제품들이다. 누코는 1970년대 초에 아주 낮은 시장점유율로 사업을 시작했다. 이러한 불리한 여건에도 누코는 여러 가지 일방적 경쟁우위를 개발해서 평균 이상의 이익률과 성장을 달성했다.

공식의 핵심 포인트는 이것이다. 즉, 어느 기업이 이익률 목표를 달성하는 데 비범한 일방적 경쟁우위가 어느 정도 필요한지를 투자자들이 판단하게 해준다는 점이다. 누코의 사례를 이 공식에 대입하면 낮은 이익률이 산출될 수밖에 없다. 즉, 이를 준거로 누코를 분석할 때 일방적 경쟁우위가 얼마나 발휘될 수 있는지, 우위의 성격은 어떤 것인지에 모든 주안점을 두어야 함을 뜻한다. 나머지 요인들은 모두 부차적인 것들이기 때문이다.

이 공식에서는 잠재 이익률로 마이너스가 나올 수 없다는 점을 주목하자. 모든 기업은 이익을 산출할 잠재력을 가지고 있다. 즉, 시장점유율이나 성장률, 경쟁 상황이 어떻든 잠재력은 존재한다. 잠재력이 있다는 것은 잠재력이 실현된다는 것과 다르다. 기업들은 잠재력이 없어서가 아니라, 잠재력만큼 대응력이 좋지 못하기 때문에 장기적으로 손실을 보게 된다.

슈퍼 스톡과 슈퍼 컴퍼니

잠재력과는 별도로 기업들은 기회가 있을 때마다 우위를 추구해야 한다. 물론 경쟁자들도 그럴 것이다. 경쟁자들의 이익률을 고려하는 것도 중요하다. 경쟁자들의 이익률은 얼마이며, 우리가 고려하는 기업에 대해 어떤 의미가 있는가? 경쟁자들이 '우리의' 기업에 대해 무언가 일방적 경쟁우위를 확보하고 있는가? 경쟁자들이 자신에 대해 강력한 우위를 가지고 있다고 인정할 기업은 어디에도 없다. 이 문제는 그 기업의 고객과 납품업체, 경쟁자들에게 물어봐야 결정적인 단서가 나오는 영역이다. 상대적인 경쟁 상황을 파악할 때는 《위대한 기업에 투자하라》[32]에 기술돼 있는 '사실 수집scuttlebutt' 방법이 필요하다.

경쟁자들은 어떤 수준의 이익을 얻고 있으며, 그 이유는 무엇인가? 경쟁자가 아주 높은 이익률을 얻고 있다면, 당신이 주목하는 기업도 양호한 이익을 얻어야 마땅하지 않은가? 그 이유는 무엇인가? 어쩌면 경쟁자가 '일방적 경쟁우위'를 가지고 있을지도 모른다.

이것은 평가 과정에서 중요한 포인트다. 이 지점을 넘어선 다음에는 몇 가지 간단한 규칙이 미래의 이익률을 가늠하는 데 도움이 된다.

---

32 필립 피셔Philip Fisher, 《위대한 기업에 투자하라Common Stocks and Uncommon Profits》, New York : Harper & Row, 1958.

계산 결과를 분석하는
5가지 규칙

다음은 이익률 분석에 유용한 규칙들이다.

규칙 1 ··· 슈퍼 컴퍼니 후보의 잠재 이익률이 예측 공식에서 높게 나왔다면 (그리고 이 기업에 대해 일방적 경쟁우위를 행사하는 경쟁자가 없는 것 같다면), 실제 이익률이 잠재 이익률에 미달하는 이유는 경영진의 일반적 운영능력 부족 때문이다.

핵심 인사들의 과거를 토대로 경영진의 운영능력을 잘 알아두는 것이 중요하다. 특히 CEO와 대조해서 최고 운영책임자COO, chief operating officer 를 주목해야 한다. COO 직무가 성공적이었고 탄탄한 역사를 가지고 있 다면 그 기업이 잠재 이익률에 도달하지 못할 이유가 없다. COO 직무가 다른 직무에 비해 취약한 실적을 이어왔다면, 이 기업은 슈퍼 컴퍼니가 아니며 회피 대상이다. 해당 기업의 잠재 이익률을 가감하는 이익률 진단에 COO의 능력에 대한 평가를 활용하라.

규칙 2 ⋯ 어느 기업의 잠재 이익률이 예측 공식에서 높게 나오고 일방적 경쟁우위가 경쟁자 편에 있을 확률이 일정 정도 있어 보인다면, 그 일방적 경쟁우위를 감안해서 공식상의 산업 성장률을 낮게 잡아야 한다.

정확할 수는 없다. 경쟁자의 일방적 경쟁우위가 크다면, 고려 대상인 기업은 슈퍼 컴퍼니가 아니다. 앞으로 산업의 성장이 어떻게 전개되든, 선수를 치는 쪽은 경쟁자가 될 것이다.

바로 이 논리에 따라, 우위를 확보한 기업을 제외한 다른 기업들 처지에서는 표면적인 산업의 성장률에 비해 성장의 기회는 줄어든다. 경쟁의 영향을 추정하면 잠재 이익률을 추정할 수 있다. 이 점을 감안해 이익률을 조정한 후에는 규칙 1에 있는 진단을 적용한다.

규칙 3 ⋯ 어느 기업의 잠재 이익률이 예측 공식에서 낮게 나오면, 그다음에는 일방적 경쟁우위에 주안점을 둬야 한다. 경쟁자들에 대한 이 기업의 일방적 경쟁우위가 분명하지 않다면 낮은 잠재 이익률을 능가할 가능성은 희박하다. 따라서 슈퍼 컴퍼니일 가능성도 희박하다.

제조업체들 대부분이 이런 경우다. 그들의 잠재 이익률은 낮고 경쟁자들에 대한 일방적 경쟁우위도 없다. 그들이 아무리 노력하더라도 매력적인 이익률을 달성할 가능성은 낮다. 이런 유형의 기업이 획기적인 이익을 내는 경우는 예기치 않은 큰 행운을 만날 때뿐이다(예컨대, 지진으로 경쟁자들이 모두 궤멸되는 사태와 같은 행운).

이런 기업들은 슈퍼 컴퍼니가 아니기 때문에, 자신의 운명을 조절할 능력이 부족하다. 이들은 행운의 덕을 볼 수도 있겠지만, 악운을 만나 치명적인 피해를 입거나 악화될 수도 있다.

규칙 4 … 예측 공식상의 잠재 이익률은 낮은데 경쟁자들에 대한 이 기업의 일방적 경쟁우위가 명백하다면, 이 일방적 경쟁우위를 감안해서 산업 성장률을 높게 잡아준다.

이것은 추정하기 가장 어려운 사례다. 우위의 경제적 효과를 양적으로 가늠하기가 극히 어려울 때가 많다. 이익률 향상을 위한 경영진의 논리가 전적으로 과거와는 다른 행동 계획에 바탕을 둔 것인지를 알아보라. 또 경영진의 사고방식이 어떠한지 조사해보라. 그들의 논리가 합리적이며 사업상 의미가 있는가? 경영진의 기본적 운영능력과 그 과거를 진단해보라. 그들의 능력과 실적이 높은 편이라면, 경영진의 이익률 목표를 어느 정도 '할인'해서 수용하는 것이 합리적이다.

'할인'이 필요한 이유는 경영진은 늘 성취 가능한 목표를 낙관적으로 보기 때문이다. 그들은 대부분 그럴 수밖에 없다. 그게 그들의 인생이다. 어떤 기업들은 이 일을 아주 격조 높게 해낸다. 누코의 켄 아이버슨 Ken Iverson은, 내가 처음으로 그의 회사를 찾아갔을 때 충분한 재무 실적을 달성하지 못한 상태였다. 그러나 그는 장기적인 이익 잠재력의 우위를 최대한 활용할 줄 아는 사람이었다. 경영진의 이러한 능력을 알아보는 것은 거의 예술에 가깝다. 그러한 식견은 권투에서 젊은 선수를 보고 결승에 올라갈 만한 소질을 갖췄는지를 알아보는 능력과 비슷하다.

규칙 5 ··· 오랫동안 동일한 경영진 밑에서 양호한 이익률을 달성한 기업이 최근 들어서 이익률이 떨어지고 있다면, 장기적인 산업 여건에 변화가 일어났는지 점검해보라. 그 변화가 좋은 쪽인가, 아니면 나쁜 쪽인가? 산업 여건이 예전보다 악화되지 않았다면 조만간 이익률이 예전 수준을 회복할 가능성이 높다. 회복에 필요한 시간은 3년으로 보라.

급속히 성장하는 신생기업들은 실수를 자주 범한다. 월등한 기업들은 이런 실수에서 배운다(파트1을 보라). 장기적인 산업 여건이 실적이 좋았던 시기보다 악화되지 않았다면, 이전에 확고한 의지와 성취 의욕을 보였던 경영진은 다시 양호한 이익률을 달성할 것이다. 이익 분석에서는 보수적인 태도가 안전하다. 이때도 이전의 이익률 실적에서 어느 정도 낮춰 잡는 게 좋다.

훌륭한 경영진은 난관을 이겨내고 조만간 성공할 것이다. 캘리포니아 마이크로웨이브의 젊은 경영진은 1979년에 마케팅에서 오류를 범한 탓에 재무 실적이 상당히 악화되었다(챕터34를 보라). 그러나 점차적으로 이 기업의 성격이 변했다. 이윽고 이 회사의 이익률은 예전 수준에는 못 미쳤지만, 명확히 슈퍼 컴퍼니에 적합한 수준으로 올라섰다.

완벽할 필요는 없다

/

앞의 5가지 규칙이 모든 상황을 포괄할 수는 없지만, 미래의 이익률을 추정하는 기초로 쓰일 수 있다. 아무도 완벽하게 추정할 수는 없으며 또 완벽할 필요도 없다. 이 일은 과학이라기보다는 기술이다. 이 규칙들은 적합한 밸류에이션 기법과 같이 쓰면 지속적인 수익을 내기에 충분한 효력을 발휘할 수 있다.

다가올 1987년에 아무개 기업의 이익률은 5.7%라는 식으로 추정한다는 게 아니다. 이런 식의 정확한 수치를 뽑는 것은 한마디로 불가능하다. 우리가 상당한 확신을 가지고 알 수 있는 것은 어느 기업의 장기적인 이익률이 평균 이상일 것이냐, 아니면 평균 이하일 것이냐. 장기적 이익률이 평균 이상인 기업들은 슈퍼 컴퍼니일 수 있다. 이런 주식을 적절하게 매수한다면 슈퍼 스톡이 될 수 있다.

어느 기업의 미래 이익률이 5%에 근접할 것인지, 아니면 10%에 근접할 것인지를 아는 것은 중요하다. 어쩌면 그 기업의 이익률이 1%대에 머물지도 모른다. 이런 지식의 차이로 큰돈을 벌 수도 있고 큰돈을 잃을 수도 있다. 장기적인 이익률에 주목함으로써 우리는 단기적 변동을 무시하고 장기 투자자의 관점에 서서 장기 투자를 밀고 갈 수 있다.

기민한 기업 소유주라면 하루나 한 주, 한 달, 석 달, 1년 사이에 기업 이익이 어떻게 되었다고 해서 지분을 팔아치우겠다는 사람은 없을 것이다. 성공적인 투자자는 1년이 아니라 장기적으로 기업이 벌 수 있는 이익에 주목한다. 내년의 기업 이익이 끔찍할 게 분명하다는 확증이 있더라도, 장기적인 사업 전망에 주안점을 둘 때 더 좋은 결과를 얻을 것이

슈퍼 스톡과 슈퍼 컴퍼니

다. 바로 여기서 큰 재산을 버느냐 잃느냐가 갈린다(로마는 하루아침에 이루어지지 않았다).

이익 분석의 중요성은 아무리 강조해도 지나치지 않다(이 주제로 책 하나를 족히 쓰고도 남을 것이다). 이익 분석은 산업마다 약간씩 다르고 또 기업에 따라서도 다르다. 그러나 기본 요소는 대부분 똑같다.

기본적인 사업 내용을 이해하고 일방적 경쟁우위를 조사해보라. 이익 분석은 애널리스트 방식의 상세하고 정밀한 분기별 EPS를 산출할 수 있을 만큼 정확하지는 않다. 하지만 후보 기업이 슈퍼 컴퍼니인지 아닌지를 판별하는 최종 단계가 될 만큼은 정확하다.

또 이익 분석은 슈퍼 컴퍼니가 슈퍼 스톡인지를 결정하기 위한 밸류에이션의 출발 단계이기도 하다.

우리가 어느 개별 기업을 슈퍼 컴퍼니로 판단했다고 하자. 그렇다면 이미 이 기업의 잠재력을 연구한 결과 만족스럽다고 판단한 것이다. 즉, 이 기업은 우리가 요구하는 이익률 조건에 부합한다. 그러면 어느 가격을 매수 가격으로 보아야 하는가?

어느 기업이 슈퍼 컴퍼니임을 알았고, 장기간 양호한 평균 이익률을 달성할 것이라는 점을 알았다고 해도, 어느 가격을 지불해야 할지를 모른다면 별 쓸모가 없다. 마찬가지로, 이미 주식을 매수해 여러 해 동안 보유하고 있는 어느 기업이 슈퍼 컴퍼니라는 것을 알고 있다고 해도, 어떤 상황에서 팔아야 옳은지를 모른다면 별 쓸모가 없다.

다음 챕터에서는 이익 분석과 PSR 및 PRR의 동태 분석을 한데 모아 투자의 방법론을 정립한다.

PART

4

가장 완벽한
매매 타이밍을 잡는 방법

슈퍼 스톡을 찾아내는 것이 기술이라면, 매매를 결정하는 것은 결단력이다. 마지막까지 긴장을 늦추지 말라. 그러나 확신이 들었다면 과감하게 행동하라. 걱정할 필요는 없다. 슈퍼 스톡을 찾아낼 때뿐 아니라 그것을 되팔 때도 PSR은 가장 정확하고 유용한 정보를 제공하기 때문이다. 남은 것은 당신이 얼마나 성실하게 투자 원칙을 따르는가다.

슈퍼 스톡을 알려주는
3개의 꼬리표

자, 이제 슈퍼 스톡을 분석하고 평가하는 과정을 들여다보자. 투자를 확실한 성공으로 이끄는 데 필요한 기본 단계들을 모두 밟아갈 시간도 없고 내키지도 않는 독자들이 많을 것이다. 그러나 그 하나하나가 전반적인 성과에 중요한 구성 요소다.

지금까지 전반적인 주식시장에 대한 논의는 거의 없었다(앞에서 단 한 문단에서만 거론되었다). 지금부터 시장에 대한 논의를 시작한다. 주식시장이 오를 것인가, 아니면 내릴 것인가? 이것은 보통 그리 중요하지 않다. 중요한 것은 슈퍼 컴퍼니를 찾아내는 것이고, 또 비싸지 않은 가격에 매수하는 것(즉, 슈퍼 스톡의 확보)이다. 슈퍼 스톡은 혹독한 약세장을 뚫고 상승할 힘이 있다(챕터33에 있는 버베이텀 사례를 보라).

시장에 연연하지 말라

/

주식시장의 방향을 가늠하느라 너무 많은 투자 시간이 소모되고 있다. 서로 뒤섞여 있는 다양한 요인들을 보고 투자자들은 시장의 진로에 대한 결론을 내린다. 사람들은 이런 생각을 바탕으로 투자 전술을 수립한다. 즉, 시장이 힘차고 상승한다고 생각하면 사람들은 매수한다. 이때 '이번' 시장에서는 어느 종목들이 잘나갈지가 사람들의 주안점이다. 반대로, 시장이 취약해 보이면 사람들은 매도한다. 또 한발 더 나아가서 공매도까지 한다. 정도 차이는 있지만, 이런 것들은 모두 부질없는 짓이다. 다만 얼마간이라도 연속해서 주식시장을 예측할 수 있는 사람은 없다. 투자자들 대부분이 대부분의 시도에서 틀린다. 왜 지는 게임에 승부를 거는가? 시장의 추이를 일관되게 예측할 수 있었던 사람을 만나본 적이 있는가? 나는 그런 사람이 있다는 말도 들어보지 못했다. 하물며 일반인이 예측할 수 있는 주식시장이 있다면, 도대체 어떻게 생긴 시장일까?

다우지수가 100포인트 이상 오르내리는 큰 주가 변동 때마다, 우리가 시장을 완벽하게 예측할 수 있다고 가정해보자. 나아가 공매도를 할 때마다 어김없이 주가가 떨어지고, 매수하면 주가가 100포인트씩 올랐다고 하자. 더 낙관적인 상황을 그려보기 위해 매매 수수료도 없고 거래세도 없다고 하자.

이런 이상적인 상황에서 얼마나 벌겠는가? 틀림없이 좋은 수익률을 얻겠지만, 슈퍼 스톡에 투자한 실적보다는 낫지 않다. 표 29-1은 1982년 12월 31일까지 5년 동안에 주가 상승 및 하락 구간을 기록한 것이다. 거래에 적중했다고 가정한 각 구간의 수익률도 나와 있다.

표 29-1 다우지수 100포인트 변동 시 적중한 매매실적(1978년 1월부터 1982년 12월 31일까지)

구간	시기 (연-월)	고점	저점	지수 변동 폭	변동률	구간 수익률	투자원금 1달러의 평가액(복리)
0	~1978. 1	n/a*		0	0	0	1.000
1	1978. 3~1978. 9	737	917	180	24.4%	24.4%	1.244
2	1978. 9~1978. 11	917	780	−137	−14.9%	14.9%	1.430
3	1978. 11~1979. 10	780	903	123	15.8%	15.8%	1.656
4	1979. 10~1979. 11	903	795	−108	−12.0%	12.0%	1.854
5	1979. 11~1980. 2	795	918	123	15.5%	15.5%	2.140
6	1980. 2~1980. 3	918	730	−188	−20.5%	20.5%	2.579
7	1980. 3~1980. 11	730	1.009	279	38.2%	38.2%	3.564
8	1980. 11~1980. 12	1.009	895	−114	−11.3%	11.3%	3.967
9	1980. 12~1981. 4	895	1.031	136	15.2%	15.2%	4.570
10	1981. 4~1982. 8	1.031	772	−259	−25.1%	25.1%	5.718
11	1982. 8~1982. 12	772	1.078	306	39.6%	39.6%	7.984

＊ 해당 없음

괜찮은 실적이다! 투자 원금이 5년 만에 거의 8배로 불어났다. 연복리 수익률은 51.5%나 된다.[33] 이론적으로는 훌륭하지만, 시장을 미리 예측해서 이런 실적에 근접하는 사람은 아무도 없다. 이런 게임에 승부를 거는 사람들은 대부분 돈을 잃는다. 게다가 현실에서는 매매가 실행된 연도마다 장기 투자에 부여되는 저렴한 자본이득세율보다 훨씬 높은 소득세도 물어야 하고, 11번 실행된 매매 때마다 1%에서 10%에 달하는 매매 수수료도 물어야 한다(매매 수수료는 포트폴리오 회전 시기와 현재 가치 할인율에 따라 달라진다).

주식시장을 예측한다는 많은 사람들이 명성을 얻기도 했다. 하지만

---

33 표 29-1에서 맨 우측 항목인 '투자 원금 1달러의 평가액(복리)'은 총 11개 투자 구간을 이어가며 각 구간 투자수익의 전액 재투자를 가정해 산출된 것이다. 투자 기간은 1978년 1월 1일부터 1982년 12월 31일까지 총 5년이다. 연복리 수익률을 r이라고 하면, 최종 평가액 7.984달러는 $1 \times (1+r)^5$가 되므로, 연복리 수익률은 $r = (7.984/1)^{\frac{1}{5}} - 1 = 0.515 = 51.5\%$가 된다.

예측을 반복할수록 대부분 망신만 당했다. 사람들이 주식시장을 알아맞히려고 찾아 나섰던 마법의 열쇠들은 끝없이 많다. 그중에는 다음과 같은 것들도 있었다.

컴퓨터, 점성술, 인구학적 연구, 태양 흑점, 경제학, 기술적 분석, 찻잎 점괘, 말린 도마뱀 가죽을 석양 때 바람에 날리는 점괘, 정치 분석, 그 밖에 상상할 수 있는 온갖 방법

이 중에 아무것도 효력이 없었다(말린 도마뱀 가죽은 내가 즐겨 들먹이는 '정신 나간' 비결이다. 그래도 한때는 살아 있던 생명이었는데 말이다).

우리가 주식시장을 예측할 때 아주 잘해봐야 절반 정도만 맞힐 수 있지만, 잘못하면 거의 다 틀린다. 주식시장 예언자들은 몇 년 정도는 세간의 이목을 끌 수도 있다. 그러나 시간이 지나면, 그들 대부분이 당혹스러운 상황에 빠진다.

최근에 있었던 가장 극적인 사례는 아마도 조 그랜빌Joe Granville일 것이다. 그랜빌은 1979년부터 1981년까지 시장 전환점을 족집게처럼 맞혀서, 그를 따르는 사람들이 갈수록 불어났다. 그는 갈수록 더 극단적인 예측을 내놓았다. 그가 그토록 강하게 주장했던 걸 보면 자신의 예측이 정확하다고 확신했던 게 분명하다. 시장이 그의 생각과 반대로 제 갈 길로 접어들었을 때, 그는 상당한 곤욕을 치렀을 것이다(시장은 사람들에게 겸손을 가르치기 위해 신이 만든 최고의 장치 가운데 하나일지도 모른다). 이기지 못할 게임에 승부를 걸지 말라. 당신의 시간을 더 값지게 쓸 일들이 있다. 시장의 모든 비밀을 벗겨낼 마법의 열쇠를 찾았다고 치더라도, 슈퍼

스톡으로 얻을 수 있는 수익보다 나을 게 없다.

우리는 주식시장을 통째로 사는 게 아니라 개별 종목들을 산다. 시장에 연연해하지 말고, 개별 종목들과 사업 내용에 신경을 쓰는 게 훨씬 낫다. 슈퍼 스톡을 찾아서 매수하는 것은 충분히 할 수 있는 일이다. 슈퍼스톡에 투자하면, 자나 깨나 찾아 헤매던 마법의 열쇠를 찾은 것만큼이나 어마어마한 수익률을 얻을 수 있다. 게다가 장기 투자에 배려되는 저렴한 자본이득세율의 혜택도 얻게 된다.

할 수 없는 것은 버리고, 할 수 있는 일에 중점을 두라. 주식시장을 그 본래 목적, 즉 기업의 부분적 소유권을 매수하는 장소로 활용하는 게 훨씬 낫다. 기업과 그 사업 내용에 주목하라. 위대한 주식들을 비싸지 않게 매수할 수 있을 때 매수하라. 그 밖의 나머지 시장은 신경 쓰지 말라.

좋은 종목을 알려주는 3가지 꼬리표
/
고객 한 분이 작은 액자를 선물로 주셨다. 나는 이 액자를 항상 볼 수 있도록 사무실 칠판 곁에 걸어뒀다. 거기에는 이런 구절이 쓰여 있다.

"내가 기회다"라고 선전하는 기회는 없다.

주식에서도 그렇고, 우리 삶의 여러 가지 영역에서도 맞는 말이다. 소문난 잔치에는 별로 먹을 것이 없는 법이다. 당신이 뭔가 매수하기를 누군가가 원한다면, 그 사람이 당신에게 매도하고 싶다는 이야기다. 틀림없이 돈 되는 종목이라고 누구나 알고 있는 '확실한 것'은 대개 확실하게 돈을 잃는 종목이다. 버나드 바루크Bernard Baruch가 자서전에서 말한 것처럼 "거지, 구두닦이 소년, 또 이발사나 미용사들이 부자가 되는 법을 설파할 때가 되면, 공짜로 뭔가를 얻을 수 있다는 생각은 위험천만하다는 사실을 명심해야 할 때다."[34]

"이게 바로 절약 비법"이라고 요란하게 유세하는 소매업체들의 온갖 광고들은 실제로는 "여기에다 돈을 써라"라는 뜻이다. 사람들은 아무도 찾지 않는 '주옥'같은 종목을 찾아낸 사람을 보며 놀란다. 그러나 그 종목은 아무도 주옥으로 보지 않았기 때문에 '버려진' 주옥에 지나지 않았을 것이다. 진정한 기회에는 "내가 기회다"라는 꼬리표가 없다.

월스트리트가 멋져 보이는 이유 중의 하나는 그런 꼬리표를 예쁘게 달아준다는 점이다. 그 꼬리표들을 보면서 혼동하지 말아야 한다는 게 문제다. 그 꼬리표들은 완벽하지 않다.

그러나 괜찮은 꼬리표들도 많다. 나는 다음과 같은 3가지 꼬리표를 가지고 투자 종목들을 물색한다.

- 내가 잘 알고 있는 산업 중에서 PSR과 PRR이 낮은 종목들
- 적자를 내는 기업인데 내가 잘 모르고 있던 종목들
- 다른 사람들이 미래 전망이 탄탄한 기업이라고 격찬하는 질적 분석 내용

---

[34] Bernard M. Baruch, 《My Own Story》(New York : Henry Holt & Company, 1957), p. 258.

첫 번째 꼬리표, 저PSR 종목

이 일은 비교적 수월한 편이다. 첫째로, PC를 한 대 장만하라. 애플이든 IBM이든 아무거나 괜찮다. PC가 여러 가지 일에 도움이 되므로 수백만 명이 PC를 쓰고 있다. 보조기억 장치(요즈음 PC로 치면 플로피디스크나 USB 같은 것)가 두 개 정도 있는 게 좋다. 인터넷 연결을 위한 통신 기능은 필수다(이 정도의 시스템을 갖추는 데 1983년 가격으로는 품목에 따라 2,000달러에서 4,000달러가 들었다).

모뎀의 통신회선을 작동시키는 단추를 누르면 〈리더스 다이제스트 Reader's Digest〉가 제공하는 '더 소스The Source'와 같은 광범위한 데이터베이스 서비스에 접속할 수 있다. 반드시 확인해둘 것은 선택한 서비스에 미디어제너럴파이낸셜서비스Media General Financial Services나 이와 대등한 내용의 자료가 들어 있어야 한다는 점이다(나는 '더 소스'를 쓰는데, 편리해 보이기 때문이다. 미디어제너럴류의 자료를 제공하는 다른 서비스업자들도 있다). 미디어제너럴은 산업별로 금융 및 재무 통계를 뽑아준다.

예를 들어 광고회사들이나 시멘트 산업 혹은 업무용 컴퓨터 서버 등 특정 업종에 관심이 갈 때가 있을 것이다. 미디어제너럴의 화면이 열리면, 분류돼 있는 산업 코드표를 보고 코드 번호를 입력한다. 이런 방법으로 해서 각 산업을 전부 훑어볼 수 있다. 특별한 관심 종목이 있다면, 종목별로도 자료를 검색할 수 있다. 여기서 자료는 12가지 화면으로 제공된다. 이 중에서 화면 6을 사용하라. 이 화면의 항목들 가운데 '% MKT TO REV'라는 명칭이 붙은 게 PSR이다. 이 화면에는 PSR 외에 현재 주가, PBR, 또 다른 투자자들이 많이 사용하지만 나는 일부러 무시하는 정보들(예컨대 베타 계수)도 제공된다.

가장 완벽한 매매 타이밍을 잡는 방법

또 우리가 원하는 대로 좀 더 유익한 정보들을 제공하는 화면을 활용할 수도 있다. 예컨대 화면 10에는 개별 기업의 최근 연간 매출, 이익률, ROE, 부채비율debt-to-equity ratio, 최근 분기의 부채비율 등이 나와 있다.

순식간에 슈퍼 컴퍼니 후보로 볼 수 있는 저PSR 주식들을 엄청나게 많이 접할 수 있다. 이런 정보를 나중에 활용하기 위해 전부 디스켓에 저장할 수 있는데, 저장해둔 파일을 범용 워드 프로그램으로 불러서 편집할 수도 있고 인쇄할 수도 있다.

이런 종목들을 훑어보면서 PSR 값을 기준으로 좀 더 살펴볼 만한 종목들을 선별할 수 있다. 일례로, 1983년 여름에 출판업종의 주식 목록을 검토하다가, 세 종목을 빼면 모든 종목들의 PSR이 너무 높아서 나머지 종목들은 더 살펴볼 필요가 없었다. 이런 식으로 많은 시간을 절약할 수 있다.

이런 데이터베이스 서비스는 분당 사용 요금을 매기는데, 서비스 회선의 부하가 가장 낮은 비업무 시간대에 사용자들의 활용을 촉진하기 위해 요금을 대폭 할인해준다. 아마추어인 개인들은 밤 시간대에 집에서 기업 사용자들이 내는 정규 비용의 $\frac{1}{3}$이나 그보다 싼값에 이런 서비스를 활용할 수 있다. 기업 사용자들이 이와 같이 개인들에게 주어지는 저렴한 요금으로 이용하려면, 교대로 밤에 일하거나, 피셔인베스트먼트에서 사용하는 방법처럼 노트북 컴퓨터를 가지고 다니며 자택에서 밤에 일해야 한다(1984년 현재, 더 소스의 가장 낮은 요금은 분당 10센트인 데 비해, 주중 업무 시간대의 요금은 분당 34센트다).

슈퍼 컴퍼니 후보군으로 저PSR 종목들의 목록을 만들어두라. 분명히 이들 중 대부분이 슈퍼 컴퍼니의 조건에 미달할 것이다. 또 슈퍼 컴퍼니로 찾아낸 종목들 중에서 슈퍼 스톡이 될 만한 것은 아주 극소수다. 가장 중요한 열쇠는 슈퍼 컴퍼니에 해당되는지를 판별하는 일이다. 질적인 평가가 어려운 일이다(저PSR 종목들의 목록은 나중에 계속 검토하기 위해 PC의 별도 폴더인 '후보기업 목록'에 저장해둔다).

두 번째 꼬리표, 낯선 적자 기업들

적자 기업에 관심을 두는 사람이 있다면 무슨 이유 때문일까? 적자 기업들에게는 금융계의 지원이 많이 가지 않는다. 생명공학 분야처럼 월스트리트의 총애를 받는 극소수 종목들만이 계속해서 적자를 내면서도 금융계의 환대를 잃지 않을 수 있다. 이런 기업들은 적자 기업들 중에서 열외다.

짧은 기간이라도 적자를 내는 기업들은 대부분 인기가 급전직하로 떨어진다. 나는 매일 〈월스트리트저널〉의 '기업 순이익 동향Digest of Earnings Report'을 샅샅이 훑어보며 적자 기업들을 찾아본다. 내가 들어보지 못한 기업들을 특히 주시한다. 기업들이 너무도 많아서 그 대부분을 알기는 거의 불가능한 일이다. 대형주들은 모두가 알고 있다. 매수세가 몰려드는 인기 종목들은 많은 사람들이 알고 있다. 모든 종목을 다 아는 사람은 없다. 전체 상장기업들은 아주 방대해서 어느 종목이 어떤 기업인지 짐작하기도 어려운 것들이 대부분이다. 나는 여러 해 동안 순이익 동향을 계속 눈여겨보는 중이다. 내가 들어보지도 못한 기업들은 결코 마를 날이 없을 것이다.

내가 순이익 동향에 나오는 낯선 적자 기업들에 파란색 펜으로 동그라미를 쳐서 업무 동료에게 넘겨주면, 그녀가 S&P의 기업 정보에서 해당 기업들을 찾아본다. 그러고 나면 그녀는 각 기업이 뭘 하며, PSR을 비롯한 재무지표들은 어떠한지를 한 쪽짜리 분량으로 요약해준다. PSR을 계산해서 0.75보다 높게 나오면 그녀가 바로 휴지통에 버린다. PSR이 0.75보다 낮은 기업 자료를 그녀가 내게 컴퓨터 파일로 건네준다. 이 중에서 내가 무시해버리는 경우도 있고, '후보기업 목록' 폴더에 저장해두는 경우도 있다. 무시해버리는 기업들은 관심이 아예 없거나 기업이 속한 산업에 대해 내가 아는 게 별로 없는 경우다. 이렇게 무시하는 것들 중에도 좋은 기회가 분명히 있었을 것이다(그렇지만 내가 전혀 모르거나 왠지 석연치 않은 분야에 많은 시간을 쓰기에는 인생이 너무 짧다. 이해할 수 있는 것에만 관심을 두라).

세 번째 꼬리표, 기업에 대한 질적 평가

이것은 앞선 두 가지 방법보다 더 유익한 수단이 될 수 있다. 이 방법으로 얻게 될 아이디어는 빨리 영글지 않지만, 내가 투자한 종목들의 대부분은 이렇게 실마리를 얻은 것들이다. 이와 같이 기업 분석 자료에서 얻은 정보는 아마도 몇 해가 지나서 갑자기 쓸모가 생기는 경우가 많다. 꾸준하게 업종 전문지들을 읽고, 금융 및 기술 관련 콘퍼런스에 참석하고, 산업계 및 증권가 사람들과 이야기를 나누다보면, 누가 "무엇을 어느 분야에서 왜 잘하는지"에 대한 감이 생긴다. 다시 한 번 강조하고 싶다. 누가 무엇을 어느 분야에서 왜 잘하고 있는가?

실례를 하나 들어두자. 나는 극초단파마이크로파, microwave 기술과 캘리포니아마이크로웨이브라는 기업에 관한 대단한 내용들을 여러 해 동안 들었고 또 읽기도 했다(챕터34를 보라). 이런 내용들은 콘퍼런스와 금융계

인사들로부터 들었다. 이 기업을 잠재적인 슈퍼 컴퍼니로 면밀히 따져볼 가치가 있다는 확신이 들었다. 하지만 이 기업에 대한 상세한 연구는 아직 시작하지 않은 상태였다. 이 기업이 결함 현상을 보이며 주가가 떨어지는 일이 1980년에 일어났다. 정말로 자세히 들여다봐야 할 순간이 온 것이다. 몇 해 전부터 자료를 축적해왔던 터여서 캘리포니아마이크로웨이브에 대해 개략적으로 파악해둔 질적인 정보를 바로 활용할 수 있었다.

증권업계가 총애하는 어느 기업에 대한 장밋빛 이야기들이 들려올 때가 있기 마련이다. 우리가 파트1에서 배웠듯이 이런 내용 중에 다수가 맞는 내용일 때도 많다. 반면, 우리가 앞서 보았던 것처럼 결함 현상을 겪는 기업에게 등을 돌리는 일도 금융계에서 자주 일어난다.

이와 같이 이래서 좋고 저래서 나쁘다는 내용들을 잘 새겨들으면, 누가 무엇을 어느 분야에서 왜 잘하고 있는가를 알 수 있고, 관심 종목을 선정할 수 있다. 그러다가 모름지기 몇 년 후에 그렇게 골라낸 주식에 낮은 가격으로 투자할 기회를 만나게 된다. 업종 전문지들을 보면 지금의 산업 동향을 알 수 있다. 또 어느 기업이 뭘 하는지를 세간에 투영되는 그대로 알기 쉽게 보여주는 광고는 특집 기사만큼이나 흥미로울 때가 많다. 특집 기사를 보면, 짤막한 뉴스 몇 구절에 지나지 않는 것들부터 특정 제품군에 대한 심도 있는 분석에 이르기까지 깊이가 다양하다. 가장 관심 가는 부분들을 모아두라.

나는 업종 전문지들 몇 개는 정기 구독을 할 뿐 아니라, 한 달에 하루는 조용히 이 잡지들을 살펴보러 도서관에서 보낸다. 시내의 중심가에는 내가 봤으면 좋겠다는 것보다 훨씬 많은 업종 전문지들이 비치돼 있는 곳들이 있다. 이런 잡지들은 해당 업종에서 뛰고 있는 기업들을 알아보는 데 유익하다. 누가 최고 품질의 제품을 만드는가? 또 그 업계의 '승자'라고 사람들의 입에 오르내리는 곳은 어디인가? 누가 기술대상과 판매대상을 받고 있는가?

금융이나 기술 관련 콘퍼런스에 참석하면 누가 어느 분야에서 무엇을 하는지를 아는 데 도움이 된다. 또 그뿐 아니라, 무엇보다도 중요한 포인트인 얼마나 잘하고 왜 잘하는지에 대한 얼마간의 해답을 찾는 데도 도움이 된다. 증권업계와 산업협회가 후원하는 금융 콘퍼런스에 가보면 기업들이 투자와 사업에 관해 발표하는 것을 볼 수 있다. 이런 자리에 가면 발표 내용에서도 배우고, 다른 참석자들로부터도 꽤 많은 것을 배울 수 있다.

다만, 가기 전에 당신의 '역발상 감지기'를 충분히 충전해두라. 군중 사이의 일률적인 생각은 워낙 확연해서 쉽게 알아챌 수 있다.[35] 매년 봄과 가을에 열리는 미국전자협회American Electronics Association의 콘퍼런스와 같은 행사는 대표적이고, 참석자들의 규모나 지명도 면에서 아주 유명하다.

이런 자리의 참석자들 중에는 산업계에 있는 사람들도 있고 투자업계의 사람들도 있다. 이 두 집단과 모두 이야기를 나눠보라. 콘퍼런스 사이사이에 이들과 두루 접촉해보라.

애널리스트들을 예로 들어보자. 이들이 투자에 능하기도 하고 아니기도 하지만, 자신이 담당하는 산업에 관한 한은 엄청난 지식을 가지고 있다. 우리가 세부적인 정보가 필요하거나, 아니면 어느 산업에 관한 세간

---

35 '역발상'은 미주리 주에 정착한 사람들로부터 이어진 정신적 전통인 것 같다. '증거 없이는 믿지 않는' 태도와도 관련이 있다. 역발상 투자자들은 대다수 사람들이 어느 주식이 오를 것이라고 하면, 반대로 주가가 떨어질 것이라고 믿는다(반대의 경우도 마찬가지다). 이들은 군중의 생각은 전부 틀린다고 생각한다. 이런 생각이 대개 맞는다고 하더라도, 군중의 생각이 무엇인지를 식별하기 어려울 때가 많다.

의 인식이 어떤지를 알아보려면 어떤 사람이 낫겠는가? 특정 업계의 동향을 진단할 때 애널리스트들은 아주 쓸모 있는 사람들이다. 이들 중 다수는 우리의 관심 종목에 대해서는 정확한 투자 결정을 내리지 못하겠지만, 그래도 그들의 지식이 풍부한 것은 분명한 사실이다.

애널리스트들은 아주 많이 알고 있기 때문에 그 자체로 관심을 둘 만하다. 나는 '누가 어느 분야에서 무엇을 왜 잘하는지'에 대해서 그들로부터 꽤 얻는 편이다. 나는 투자 결정을 그들에게 바라지 않는다. 나는 그들에게 이 제품에 비해 저 제품의 장점을 어떻게 보냐고 묻는다. 가장 성능이 뛰어난 제품을 어느 회사가 만드는지도 묻고, 특정 기업이 알찬 신제품을 새로 개발하고 있는 게 맞는지도 묻는다. 출중한 애널리스트들 중에는 이런 식의 세부적인 질문을 좋아하는 사람들이 많다.

안타깝게도, 애널리스트들과 접촉하지 않는 투자자들이 많다. 위탁매매 수수료가 수입원인 증권회사 소속의 애널리스트들이 자기 회사의 고객도 아닌 투자자를 상대해주겠냐는 생각에서다. 그러나 위탁매매 수수료를 많이 벌어주는 고객이 아니더라도, 적절한 콘퍼런스나 전시회 같은 곳에서 그들에게 말을 걸면 충분히 관심을 얻을 수 있다. 이들은 대부분 사교적인 데다 우리가 제대로 접근하면 기꺼이 대화에 응해준다. 그들의 바쁜 일정에 끼어들지 않는 여건에서 만나는 것이 중요하다.

다른 투자전문가들도 상당히 많은 지식을 가지고 있다. 사실, 애널리스트들보다 특정 산업에 대해 더 많이 알고 있는 투자자들도 있다. 이런 투자자들을 찾게 되면 역발상에 활용할 근거 자료들을 축적하는 데 도움이 된다. 앞서 지적했듯이 군중과 반대로 행동하는 게 필요하다는 점을 기억하라. 물론 이것만으로는 충분하지 않다. 군중이 어디로 가는지

가장 완벽한 매매 타이밍을 잡는 방법

를 알아야 군중과 반대로 갈 수 있다.

산업계 현장에 있는 사람들은 연일 최전선에서 뛰고 있기 때문에 흥미로운 구석이 많다. 그들은 자기 산업에서 먹고 자고 숨 쉬며 산다. 이들 또한 누가 잘하고 있는지에 대한 감각이 아주 뛰어나다. 이들은 기업의 운영 측면에서 현실을 보기 때문에, 어느 기업에 대한 증권업계의 태도를 투자자들이나 애널리스트들보다 좀 더 객관적으로 본다. 콘퍼런스에서 만나는 업계 사람들은 대개 사교적이며, 여러 가지 아이디어나 '무용담', 또 끔찍했던 경험을 나누기 좋아한다. 이런 온갖 사람들에게서 될 수 있는 대로 배워라. 미래의 어느 시점이 되면 반드시 쓸모가 생긴다.

CHAPTER
30

남들이 모르는
추가 정보 얻는 법

　차츰차츰 실마리가 될 아이디어가 생기기 시작한다. 저PSR 종목들을 훑어보는 과정에서 생기기도 하고, 〈월스트리트저널〉에 나오는 낯선 적자 기업들의 '순이익 동향'을 찾아보다가 생기기도 한다. 또 다른 사람들의 아이디어에서 질적인 논리들을 추적하다가 생길 때도 있다. 본격적인 연구에 나설 만한 아이디어는 어떤 것들인가? 시간 낭비를 줄이려면 어떤 아이디어가 더 낫겠는가?

최고의 자료는 도서관에 있다
/
이제부터는 더 공을 들일 만한 아이디어인지를 결정하기 위해 약간의 작업을 해야 할 때다. 즉, 도서관을 찾아간다. 많은 정보가 모여 있는 도서관은 사용자가 시간만 지불하면 되는 좋은 곳이다. 게임 중에는 공에서 눈을 떼지 않는 것처럼 시간 활용에 대한 자기 관리가 필요하다. 흥미 있는 내용이라고 해서 이것저것 뒤적거리다가 시간을 허비하지 않는 게 좋다. 나도 도서관에서 흥미로운 토막 지식들을 배우기도 했지만, 투자 성과에는 별로 도움이 되지 않았다. 슈퍼 컴퍼니들에 시간을 투자하라.

우선 S&P나 무디스의 자료로 시작하라. 나는 그냥 습관적으로 S&P를 본다. 개별 기업에 대한 이들 자료는 쉽게 소화할 수 있다. 자료를 보다가 더 조사해볼 필요가 없다고 판단할 때가 많다. 챕터17~24에서 살펴본 슈퍼 컴퍼니의 조건에 위배되는 점을 발견할 때가 그런 경우다. 어느 기업이 내 관심 밖이라고 빨리 결정할수록, 투자 대상이 될 수 있는 다른 기업에 더 빨리 시간을 투입할 수 있다.

시간을 투자할 만한 주식에 집중하라
/

이 대목에서 주제에서 좀 빗나가는 개념을 하나 소개하고 싶다. 이 개념은 나에게 큰 도움이 되었다. '시간은 희소하다'. 내가 하고픈 것 전부를 할 만큼 시간은 결코 충분하지가 않다. 시간을 값지게 쓰는 일이라면 나는 온갖 수단을 모두 활용한다.

하루에 내가 쓸 수 있는 시간을 쪼개보면 얼마나 되는가? 하루는 1,440분이다. 우리가 하루에 8시간을 잔다면, 깨어 있는 시간은 약 1,000분이다. 우리가 뭔가에 한 시간을 쓴다면, 하루의 6%를 그 일에 쓰는 셈이다.

$$1시간 = 60분$$
$$60/1{,}000 = 0.06 = 6\%$$

30분은 하루의 3%이다. 20분은 2%이고, 두 시간은 12%다. 점심을 같이 하자는 사람들이 있으면, 나는 그들을 만나는 데 하루의 12%를 쓸 만한 가치가 있는지 생각해본다. 그럴 수도 있고 아닐 수도 있을 것이다. 어쩌면 점심 식사 대신에 전화 통화 20분(즉, 하루의 2%)이면 족할지도 모른다. 만약에 그렇다면, 하루에서 더 생산적인 일에 쓸 수 있는 10%의 시간을 버는 셈이다.

기업들도 조금이라도 절약하느라 애쓰는데, 나도 그래야 하는 것 아닌가? 나는 낭비할 만한 시간이 없다. 그냥 흥미롭다고 해서 계속 조사하지도 않을 기업이나 아이디어를 도서관에서 뒤적거리는 데 두 시간을 낼 수 있는가? 내 하루의 12%를 그런 데 쓸 수는 없다. 내가 투자하려는 기업에 대해 도서관에서 조사하는 일에 두 시간을 낼 수 있는가? 이 경우는 물론 써야 할 시간이다. 나는 기업을 선별하는 데 들어가는 내 시간을 절약하는 일이라면 무엇이든 한다. 내가 알아야 할 것은 더 시간을 투자할 만한 주식인지, 아닌지를 판단하는 데 '필요한' 정보다.

증권업계도 몰랐던 희귀 자료 찾기
/

이 단계까지 어느 기업이 여전히 관심 종목이라면, 나는 두 가지 일을 한다. 우선 그 기업의 주소를 찾는다. 그다음에는 최근의 연차보고서와 그 후에 나온 분기보고서, 증권거래위원회SEC 양식의 연간보고서Form 10-K와 분기보고서Form 10-Q, 주주 참고 사항proxy statement을 요청하는 편지를 보낸다. 이 자료들을 검토하다가 해당 기업이 관심 대상에서 제외되는 경우도 있고, 다음 단계의 조사를 위한 기초를 얻는 경우도 있다. 이 책의 파트3에서 제시한 근본 원칙에 어긋나는 사항이 발견되면 더 이상 시간과 공을 들일 가치가 없는 기업이다. 나중을 위해 보류할 수도 있을 것이고, 고려 대상에서 완전히 제외해버릴 수도 있을 것이다.

근본 원칙에 어긋나는 게 없다면 〈F&S 인덱스F&S Index〉를 찾아본다. 이것은 내가 애용하는 가장 유익한 간행물 가운데 하나다. 아쉬운 일이지만, 이 자료는 리서치 분야 밖으로는 잘 알려져 있지 않은데, 〈독자들을 위한 정기간행물 길잡이Reader's Guide to Periodical Literature〉와 유사한 자료로 산업과 상업 정보에 특화돼 있다. 특정 기업에 관해 최근 특정 연도나 분기, 또 최근 몇 주에 나온 모든 간행물 정보를 찾아볼 수 있다. 〈F&S 인덱스〉에는 일반적인 자료들((비즈니스 위크Business Week), 〈일렉트로닉 뉴스Electronic News〉, 〈레이저 포커스Laser Focus〉, 〈페이퍼 트레이드 저널Paper Trade Journal〉, 〈월스트리트저널〉 등)부터 거의 모든 업종 전문지와 금융 간행물은 물론, 극히 희귀하고 잘 알려져 있지 않은 간행물에 실린 정보들이 목록으로 정렬돼 있다. 여기에는 미국 내 자료도 들어 있지만 해외 자료도 다수 포함돼 있다. 사용하기도 쉽다. 이 목록에서 찾아볼 정보를 골랐는데, 꽤 희귀한 간행물인 경우에는 원본을 찾기 어렵다는 게 문제다.

나는 관심 종목에 대한 모든 간행물 정보를 모아둔다. 증권업계의 보고서와 관련 보도 기사도 여전히 별도로 찾아봐야 할 영역이다. 정기적으로 〈월스트리트 트랜스크립트Wall Street Transcript〉의 내용들을 훑어보는 데, 이 자료에는 금융계에 있는 다양한 인사들이 무슨 생각을 하는지를 보여주는 기사와 논평들이 찾아보기 쉽게 정리돼 있다. 즉, 이 자료를 통해서 그들의 결론을 볼 수 있고, 자주 등장하는 증권업계의 리서치 보고서들의 원문도 볼 수 있다. 이런 리서치 보고서들은 기업에 대한 추가 정보로 활용하면 된다. 즉, 어느 주식에 대한 증권업계의 태도가 어떤지를 꿰뚫어보는 유익한 수단이다. 이를테면 내가 조사하는 기업에 대해서는 증권업계의 보고서가 드물거나 아예 없기를 바라는데, 이럴 때는 그 주식이 증권가에 아직 알려져 있지 않다는 뜻이기 때문이다.

애널리스트가 몰리는 종목은 피하라

/

슈퍼 컴퍼니는 보통 주가가 오르기 전에는 별로 증권가의 관심을 받지 않는다. 증권가의 경쟁을 피해 가면 위험을 줄일 수 있다.

관심 종목에 대해 얼마나 많은 증권회사들이 리서치 소견이나 보고서를 내고 있는가? 이 회사에 투자자 홍보 창구가 마련돼 있다면 애널리스트가 몇 명이나 회사를 방문했고, 또 관련 보고서를 썼으며, 그들이 누구인지를 전화로 문의할 수 있다. 투자자 홍보 담당자들은 이런 정보를 기꺼이 알려준다. 왜냐하면 이미 조사해 간 애널리스트들을 알려주면 그들의 상담 업무가 줄어들기 때문이다. 투자자 홍보 담당자가 따로 없는 회사라면 사장의 비서에게 문의하면 된다(새로운 친구를 사귈 좋은 기회이기도 하다. 나중에 이 사람의 도움이 필요할 때가 올 것이다).

두세 명 이상의 애널리스트들이 이 기업에 대한 보고서를 내고 있다면 금융계의 관심이 어느 정도는 있다는 이야기다. 보고서를 내는 애널리스트들이 대략 6명이 넘으면 금융계의 관심이 크다는 것이다. 또 애널리스트들을 비롯해 회사를 다녀가고 정기적으로 전화를 걸어오는 투자전문가들이 15명 이상이라면, 이미 금융계에서 이 회사에 상당한 자원을 투입했다는 이야기다. 표 30-1은 투자업계의 관심이 슈퍼 컴퍼니에 몰리기 전에 이 기업들을 추적하는 애널리스트들의 최대 숫자를 기업 규모별로 상정해본 근사치들이다. 확정적인 게 아니라 일반적인 예시다.[36]

표 30-1은 피셔인베스트먼트의 경험에 바탕을 두고 있다. 괄호에 넣은 근사치라는 말은 하나의 길잡이 정도라는 뜻이다. 이 표를 보면 기업의 규모에 따라 금융계의 관심이 어떠한지를 읽을 수 있다. 기업을 탐방하는 전문가들의 숫자에 대비해 증권업계 보고서의 숫자를 비율로 따져보면, 규모가 아주 작거나 아주 큰 기업일수록 보고서 산출 비율이 더 높다. 그 이유는 두 가지다. 소규모 기업에 대한 보고서 산출 비율이 높은 이유는 규모도 작고 인기도 없는 주식을 찾아 나서는 사람들이 드문 반

표 30-1 투자업계의 관심이 몰리기 전 슈퍼 컴퍼니를 정기적으로 추적하는 전문가들의 최대 숫자(근사치)

기업 매출액 규모 (백만 달러)	증권업계에서 발표된 보고서 숫자	투자전문가들의 기업 탐방 횟수
0 ~ 20	2	5
21 ~ 50	3	10
51 ~ 100	4	15
101 ~ 200	5	20
201 ~ 500	8	30
501 ~ 1,000	20	60

---

36 상황에 따라 많이 다르기 때문에 몇 명이냐를 확정적으로 정하기는 어렵다.

면, 그만큼 더 의욕적이기 때문이다. 그들은 작고 확실하지는 않은 기업이지만 매력적이라고 생각한다면 기꺼이 정기적으로 방문할 것이다. 또 과감히 기업을 두둔하고 나설 정도로 확신하고 있을 수도 있다.

대략 5,000만 달러에서 2억 달러로 기업 규모가 커지면 기업을 탐방하는 전문가들의 집요함은 떨어진다. 그냥 한번 들러보자는 식의 전문가들이 기업을 탐방했다면 보고서가 산출되는 비율은 떨어지기 마련이다. 반면, 대략 2억 달러에서 10억 달러로 슈퍼 컴퍼니의 규모가 더 커지면 규모 자체가 성공한 기업이라는 인식을 주기 때문에 투자업계의 관심이 커진다. 이런 주식들을 보유하는 기관투자가들도 늘어난다.

우리는 관심 종목에 대한 증권가의 관심이 별로 없거나 아예 없는 상황을 바란다. 최대 숫자라고 해서 상한선을 뒀다는 점에 주목하자. 정기적으로 찾아오는 투자전문가가 전혀 없거나 기껏해야 한두 명 있을까 말까 한 기업들이 많다. 투자전문가들이 기웃거리지 않을수록 매수자의 입장에서는 더 좋다. 반면, 금융계의 각광을 받는 기업에는 따라붙는 전문가들이 많이 몰린다. 관심 종목을 추적하는 전문가들이 많다면, 더 이상 그 기업에 시간을 낭비하지 말라. 인생은 너무 짧다(기업에 투자자 홍보 창구가 있다는 것 자체가 좋지 않은 징후다. 투자자 업무가 발생하지 않는 기업일수록 더 좋다).

경영진과 만나서 정보를 얻는 법
/
간행물이나 연차보고서 등 문서 정보들을 전부 검토했다면, 해당 기

가장 완벽한 매매 타이밍을 잡는 방법

업에 대해 상당히 많이 알게 된 셈이다. 그렇게 알게 된 지식과 판단에 오차가 있을 수 있다. 질문할 목록을 만들어두라. 마케팅 부서의 관리자들과 영업 인력의 숫자와 같은 사실 확인용 질문도 있을 것이다. 또 경영진의 사고방식이 어떤지를 알아보기 위한 질문들도 있을 것이다. 이런 질문 목록을 만드는 것은 아주 긴요하다. 질문을 만들다보면 내가 모르는 것이 무엇인지를 생각하게 된다.

'내가 아는 것은 무엇이고, 모르는 것은 무엇인가?'

나는 떠오르는 대로 질문거리를 메모해둔다. 그리고 나중에 그 질문들을 어떻게 활용해야 할지를 염두에 두고 다시 고쳐 쓴다.

부록 01에 가장 일반적인 질문들, 즉 기업을 탐방할 때마다 똑같이 묻는 질문들을 예시해뒀다. 구체적인 질문들은 대부분 기업 특성에 따라 따로따로 준비한다. 시간은 아주 귀하기 때문에, 다른 데서 쉽게 구할 수 있는 정보를 알아보자고 경영진에게 시간을 내달라는 것은 실례다(경영진으로부터 "그 내용은 SEC 제출용 연간보고서10-K의 어느 쪽에 나온다"는 대답을 들을 때는 참 민망하다. 경영진의 시간을 뺏기 전에 10-K에 뭐가 있고 뭐가 없는지를 내가 미리 알고 있어야 마땅하다). 질문 목록을 잘 준비해뒀다면 이제 기업을 찾아갈 태세가 된 것이다.

경영진이 내켜하지 않아 그들을 만날 약속을 잡기 어려울 때가 있다. 될 수 있는 대로 최고 경영진을 잘 아는 사람을 통해 개인적인 소개를 받는 것이 가장 좋다. 그 회사의 이사회나 회계법인, 법률고문, 아니면 주거래 은행이나 투자은행 중에서 내가 아는 인맥이 있는가? 보통은 없을 때가 많다.

나는 여러 해 동안 경영진을 만나고 싶다는 의향을 설명하느라 전화기를 붙잡고 보냈다. 비서의 벽을 통과하지 못할 때도 많았다. 외부 세계로부터 사장을 보호하는 게 자신의 임무라고 생각하는 비서들이 꽤 있다(또 그렇게 생각하는 사장들도 있을 것이다). 그래서 비서들은 내가 원하는 게 뭐냐고 묻게 된다. 그녀에게 내 사정을 설명해준다. 그러면 그녀의 대답은 사장의 일정을 확인해보겠다는 식으로 나온다.

그리고 나서 몇 주가 흘러가는데 아무런 소식도 오지 않는다. 그러면 다시 전화를 건다. 결국 똑같은 그 비서가 전화를 받는다. 그녀는 나를 제대로 기억도 못하고 있는 상태다. 다시 사정을 설명하며 대화가 이어지다보면 그녀는 미안하다며 다가올 몇 달간은 사장과 다른 임원들이 너무 바빠서 시간을 낼 수 없다고 말한다. 그러는 사이에 그들이 내게 시간을 내줄 때까지 나는 참고 견디며 경영진에 접근해가는 '다리를 놓는다'. 그쪽과 내 쪽에서 한 다리씩 걸쳐서 새로운 다리를 놓을 만한 고리를 찾는 일이다. 나는 그 '고리'가 되어줄 사람을 만나기 위해 사람들을 물색한다. 그 경영진을 아는 사람을 알 만한 사람 중에 내가 아는 사람이 없을까? 아마도 그들의 고객 중에 누가 있지 않을까? 그들의 도시에서 다른 사업을 하는 사람 중에 선이 닿는 사람은 없을까? 업계와 금융 콘퍼런스는 그 '다리'와 '고리'가 되어줄 사람을 만나는 훌륭한 장소다. 이런 과정에는 공이 상당히 들어가고 마냥 시간만 흘러갈 때도 많다. 나는 아직도 이렇게 해야 할 때가 있지만, 자주 있는 일은 아니다.

첫발을 들여놓는 요령

이와 같은 시도를 하다보니 편지를 보내는 편이 더 수월하다는 것을 알게 되었다. 어느 회사의 경영진을 만나고 싶으면 CEO 앞으로 편지를 보낸다. 편지의 첫머리 서너 줄에 내가 만나고 싶어 하는 이유를 설명한다. 그의 회사에 대한 투자를 염두에 두고, 이미 연구를 시작했다고 알려준다. 투자할 경우 얼마만큼의 주식을 매수하게 될지를 구체적으로 언급한다. 그다음에는 나와 내 회사에 대해 간략히 설명한다. 그리고 보통 내가 투자해 주식을 보유하고 있는 다른 회사들 몇 곳도 밝힌다(그들과 이야기할 때 나의 정체를 그들이 확인하고 싶어 할 때는 그렇다). 나에 대해 더 참고할 사항들을 알려준다. 또 최고 경영자 말고 다른 사람을 만나는 게 적절하다거나 그에게 '외유' 계획이 생긴다면 다른 사람을 만나겠노라고 내가 먼저 제안한다(이렇게 하면 그가 나를 전적으로 거부하기가 곤란해질 것이다).

편지의 마지막에는 내가 그의 회사 본부를 방문할 수 있는 5개 날짜를 제시한다. 즉, 이 날짜들 중에서 그에게 가장 편한 날짜와 시간을 정해달라고 부탁한다. 만약 그중에서 하루도 시간이 나지 않는다면 제시해주는 다른 날짜에 내 일정을 맞춰보겠다고 언급해둔다(내가 이와 같이 접근하는 것을 보면, 내가 어느 정도로 진지하고 중요하게 생각하는지를 그도 알게 될 것이다). 바로 이어서 약속 일시를 확정하기 위해 그의 비서가 나에게 전화 통지를 주도록 제안한다. 그가 내주는 시간에 감사의 마음을 미리 표하며 편지를 맺는다.

이렇게 내가 보낸 편지들 가운데 95%가 성공적인 응답을 얻었다. 낯선 관계에서 보내는 첫 편지치고는 놀랄 만큼 높은 응답률이다. 비서를 통해 응답이 올 때는 약속 일시를 정할 수 있었고, 비서들은 언제나 깍듯했고 신속했으며 많은 것을 도와주었다. 첫 편지를 보낼 때는 자기소개서도 함께 동봉하기를 권유한다.

약속 날짜가 되면 내가 준비한 질문들과 모아둔 서류철의 모든 정보를 다시 검토한다. 이 정보들을 다시 한 번 상기하고, 질문 목록과 메모를 챙겨서, 약속이 잡힌 사람들을 만나러 간다. 첫 약속 자리는 보통 두 시간 이내에 끝난다. 내가 질문한 것은 대부분 충분한 답변을 듣게 되는데, 그래도 확실해 보이지 않는 것들이 몇 개 생긴다. 24시간 이내에 첫 약속에서 새로 파악한 내용을 토대로 새로운 질문들이 떠오르기 마련이다.

고객, 경쟁회사, 납품업체, 투자전문가를 만나라
/

이제 사업의 내용을 더 알아보는 게 하나의 목표요, 그 회사에 대한 금융계의 견해를 알아보는 것도 또 하나의 목표다. 그러나 최종적인 목표는 그 회사가 훌륭한 회사라는 사실을 그 고객들과 경쟁회사, 또 납품업체들로부터 들어서 확인하는 것이다. 증권업계가 그 회사에 대해 별 관심이 없다는 것도 확인해봐야 할 사항이다.

여기까지 조사하는 과정에서, 그 회사와 거래 관계에 있거나 경쟁 관계에 있는 다른 회사들의 관계자 이름을 확보해둬야 한다. 고객과 경쟁회사, 납품업체마다 적어도 몇 명씩 목록을 확보하는 것은 수월한 일이다. 이런 정보는 그 회사에 물어보면 간단히 해결된다. 이들이 그 회사에 대해 가지고 있는 이미지를 합성하면 생생하고 예리한 결과를 얻을 수 있다. 대개 이들과는 전화로 접촉할 수 있다.

만약 접촉에 어려움이 생기면 다시 편지를 쓰면 된다. 내가 만나고자 하는 이유를 편지에서 설명하고 얼마 동안 전화로 부탁하면서 기다린다. 놀랍게도 대부분의 사람들은 잘 협조해준다. 누군가가 자신의 의견을 물

가장 완벽한 매매 타이밍을 잡는 방법

으러 온다는 것을 사람들 대부분은 좋게 본다.

　질문할 내용은 논리적으로 당연한 것들이다. 고객에게는 그 회사에서만 구매하는지, 그 회사의 경쟁회사들로부터 구매하는지를 물어본다. 그 고객이 구매하는 회사 제품을 왜 구매하는지도 물어본다. 또 그 회사에 대해 고객이 어떤 인상을 가지고 있는지 물어본다. 지금까지 제품에 대한 서비스는 양호한가? 그 회사 제품을 다시 구매하고 싶은가? 경쟁회사들과 비교하면 어떤가? 고객의 입장에서 볼 때 그 회사의 강점과 약점은 무엇인가? 시간을 두고 볼 때 점점 나아지고 있는가, 아니면 나빠지고 있는가? 만약 고객이 그 회사를 경영하게 된다면 어떤 점을 바꾸고 싶은가? 고객이 구매하는 그 제품의 시장이 어떻게 변하고 있다고 느끼는가? 이런 유형의 질문들은 고객의 생활에 대한 것이기 때문에 고객들은 보통 그에 관한 대화를 좋아한다. 나중에 참고하기 위해 메모해두라.

　납품업체들은 가끔 편견에 치우칠 때도 있지만 훌륭한 정보원이다. 납품업체들은 좋지 않은 이야기가 그들에게서 나왔다는 말이 해당 회사에 들어갈 경우에 거래가 끊길까 봐 두려워하기도 한다. 납품업체들은 대부분 고객을 긍정적으로 봐야 하는 입장에 있기 때문에 편견을 가지고 있을 수가 있다("그 기업은 성장할 게 분명합니다. 내년에는 우리에게서 구매할 물량을 금년의 2배로 잡고 있거든요"와 같이 그들 상황만 보고 판단할 수가 있다). 그래도 유익한 정보를 얻을 수 있다.

　납품업체들은 속성상 여러 고객들을 비교하게 된다. 그들이 여러 고객에게 얼마씩 납품하는지를 일러주기도 한다. 최근에 그들이 그 고객 회사로부터 주문을 받는 데 애로를 겪었다면(예컨대 주문 물량의 축소) 그들은 그 회사의 동향이 어떤지를 내게 물으려 할 것이고, 이 점은 그들이 나와 대화를 나눠야 할 만한 충분한 이유가 된다. 어쨌든 나는 그들의 고객에 대해 연구하고 있는 사람이니까. 그들은 매출을 일으켜야 한다는 한 가지 관점에서만 고객을 본다. 내가 좀 더 폭넓은 견해를 알려줄 수 있다면 그들은 큰 관심을 보일 것이다. 자신의 고객을 이해하는 데 도움이 되는 일은 결국 매출을 일으키는 데도 도움이 되는 일이다.

경쟁회사들을 허심탄회한 대화로 유도하기는 어려울 수 있다. 그들이 나에게 이야기해줄 이유가 있겠는가? 그들이 경쟁하는 회사에 돈을 투자하겠다는 사람이라면, 어쨌든 적의 친구가 아닌가! 이 점에서도 콘퍼런스는 아주 훌륭한 해결책이 될 수 있다. 같은 업계의 콘퍼런스가 열리면 경쟁회사도 그 자리에 있을 것이고, 그런 자리에서는 낯선 사람의 질문도 별로 민감하지 않다. 경쟁회사는 자신의 가장 좋은 점을 보여주고 싶어 한다. 그 경쟁회사의 사업에 대해 물어보라. 토론하면서 내 관심 종목 쪽으로 대화를 유도한다. '내가 투자하려는' 회사에 대한 정보를 얻을 수 있는 질문들부터 던진다.

경쟁회사들은 다른 회사에 대한 그들의 '경쟁 우위'에 대해서는 아무런 제한 없이 말해줄 것이다. 이 부분은 주의 깊게 들어야 한다. 어쩌면 그들이 우월하다는 게 옳을지도 모른다. 메모해두라. 경쟁회사들이 어떤 형국으로 맞서고 있는지를 파악하기 위해서 각 경쟁회사를 잇따라 접촉하면서 들은 내용들을 비교하라. 여러 경쟁회사들 간에 의견이 일치하는 부분은 어느 정도인가? 각 경쟁자에게 어느 회사를 가장 심각한 경쟁자로 보는지 물어보라. 기술이 가장 월등한 두세 개 회사는 어느 곳들인가? 마케팅 조직이 가장 월등한 회사는 어느 곳인가? 왜 그런가?

고객과 경쟁회사, 납품업체에게서 들은 이야기가 전부 해당 회사의 슈퍼 컴퍼니 이미지를 강화해주는 내용이라고 가정해보자. 금융계 사람들로부터 그 회사가 보잘것없다는 이야기까지 들었다면 안성맞춤일 것이다. 해당 회사 경영진에 문의하면 회사 내용을 정기적으로 파악해 가는 투자전문가들이 누구인지 알려줄 것이다.

그들은 또 예전에는 관심을 보이더니 지금은 아닌 것 같다는 투자전문가들도 알려줄 것이다. 이 두 번째 그룹을 먼저 접촉해보라. 회사에 대한 이들의 감각과 현재 회사를 탐방하고 있는 전문가들의 생각을 비교해보고, 내가 조사한 것과도 비교해보라.

이렇게 금융계로부터 들은 내용을 고객 및 경쟁회사, 또 납품업체에게서 들은 내용과 비교해보라. 투자자들이 가지고 있는 '낡은' 정보에는 각별히 유의해야 한다. 그들이 알고 있는 게 이제는 틀렸는가? 투자자들이 말하는 내용이 제대로 알고서 하는 이야기인지를 감별해보라. 혹시 그들이 돌아다니는 소문이나 과거에 겪었던 나쁜 감정에 휩싸여 있는 것은 아닌가?

확신이 들었다면
과감하게 매수하라

　수집된 정보는 전부 다시 한 번 검토해서 전체적인 조망을 해봐야 한다. 최종적인 판단은 이익 분석을 통해 내려야 한다. 이 기업이 빠르게 성장할 가능성이 상당히 확실해 보이는가, 아닌가? 이 기업이 순자산가치를 희석시킬 외부 금융 없이도 빠르게 성장할 수 있겠는가? 이 회사의 장기적 이익률은 어느 정도여야 하는가? 그러한 이익률을 달성하면서 성장하려면, 어떤 문제들이 극복돼야 할 것인가? 이런 예측을 뒤엎을 수 있는 가장 큰 3대 위험 요인은 무엇인가?

　PSR과 PRR은 낮은 수준에 있어야 한다. 아니었다면, 여기까지 조사할 정도로 많은 시간을 투입하지도 않았을 것이다. 하지만 이 기업의 성장 전망이 탄탄하며 슈퍼 컴퍼니의 자격에 부합한다는 확신이 들더라도 원칙에 따라 주가를 분석하는 과정을 거쳐야 한다. 나는 '매수 전 밸류에

이션 및 예측Pre-Buy Valuation-Projection'을 작성한다(자료 31-1 참조). 여기에
는 최종 결론을 내리는 데 필요한 모든 정보를 1쪽 분량으로 집약한다.
서류의 상단에는 주가와 완전희석주식 수를 기록한다. 동시에 이 종목이
거래되는 거래소를 적어둔다(뉴욕증시NYSE, 아메리칸증권거래소AMEX 혹은 장
외시장 등. 장외시장은 시장 조성자도 함께 표기한다). 그다음에는 PSR과 PRR
을 계산한다. 그 밑으로 결론을 내는 부분에서, 다음과 같은 내용을 평가
한다.

1. 주가를 떨어뜨릴 수 있는 요인들은 어떤 것들인가?
2. 향후 5년간 매출 성장률은 어떻게 예측되는가?
3. 이 기업이 달성할 수 있는 미래의 합리적인 이익률 목표는 얼마인
   가?
4. 향후 몇 년 내 일정 시점에 합리적이고 보수적인 관점에서 이 주식
   의 시가총액은 얼마로 평가해야 하는가? 언제 이런 주가에 합당한
   이익률이 달성될 것인가?
5. 이러한 주가 형성은 3년이나 5년 내에 어느 수준의 PER에 대응하
   는가?
6. 내가 원하는 주식 수량 전부를 매수하려면 매수 자금으로 총 얼마
   가 들며, 해당 기업의 발행주식 수에서 몇 %에 해당되는가?

서류의 중간에는 매출 성장을 예측하는 추세선을 그려 넣고 시가총액
의 흐름에 대한 사전적인 판단을 그림으로 표기해본다. 시가총액을 예
측할 때는 매출 추세선상의 일정 지점에서 PSR이 상승했다가 다시 하락

하고, 시간이 좀 흐른 뒤에 다시 상승한다고 가정한다. 이런 그림을 통해 잠재적인 PSR의 증폭으로 얻을 수 있는 수익은 어느 정도이며, 반면 매출액의 단순한 추세적인 성장으로 얻을 수 있는 수익은 어느 정도일지에 대해 감을 잡아본다. 가능한 한 단순하게 추정한다. 미래의 신주 발행과 옵션으로 인한 주식의 희석이나 여타 가상적인 상황은 고려하지 않는다.

자료 31-1은 '매수 전 밸류에이션 및 예측'의 가상적인 사례다. 서류 중간에 그래프로 그려둔 것처럼, 미래의 매출과 PSR이 예측치에 도달했을 때 두 개의 고점에 주가를 대비해본다. 주식이 시간의 흐름에 따라 그래프상 두 개의 고점에 도달한다고 가정하면(단순한 추측이다), 수익률 예측치를 계산할 수 있는 두 가지 기준점을 얻게 된다. 내 계산기에 정의해둔 '미래가치' 버튼을 활용해서 주식의 '기대' 수익률을 계산한다(가상의 시점에 설정한 내 추측이 실현된다고 가정하는 것이다).

슈퍼 스톡은 우리가 정의한 대로 25%가 넘는 장기 수익률을 내야 하고, 그보다 훨씬 높을 것이라고 보고 있다. 그러나 항상 예측치에 미달할 수도 있기 때문에 여유 있는 목표치를 기준으로 삼을 필요가 있다. 그래서 나는 기대 수익률의 하한이 40% 이상 되어야 한다고 본다. 이런 작업을 모두 마친 뒤에 그런 결론을 얻었다면 주식을 살 때다. 매수한 다음에는 언제 매도해야 하는가가 당연한 관심사이고, 이것은 다음 챕터에서 다룬다.

가장 완벽한 매매 타이밍을 잡는 방법

1. 장외시장의 현재 주가=12달러, 완전희석주식 수량=490만 주.
   시가총액=5,880만 달러(=12×490만 주)
2. 최근 12개월간 매출액=8,400만 달러
   PSR=5,880만 달러/8,400만 달러=0.70(문제 없음)
   최근 12개월간 연구개발비=500만 달러
   PRR=5,880만 달러/500만 달러=11.8(문제 없음)

결론
1. 12개월 내에 이익을 내지 못하면 주가 하락 확률이 높다. 그다음에 주가가 상승 반전할 것이다.
2. 향후 5년 동안 매출은 연복균 25%의 성장을 쉽게 달성할 것이다.
3. 36개월 후에는 순이익률이 연평균 7%는 될 것이다.

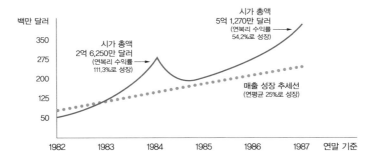

4. 앞으로 어느 시점에 도달하면, PSR 2에서 주가가 고점을 형성할 것이다(아마도 1983~1984
   년이나 1987년 예상).
5. 순이익률 7%를 가정하고, PSR 2에 주가가 형성된다고 가정하면, PER은 29가 된다(즉,
   PER=PSR/순이익률=2/0.07=28.6).
6. 주식 매수 자금으로 100만 달러를 투자하면, 매수 진행 중에 주가가 15달러로 상승한다고 여
   유를 뒀을 때, 매수 평균단가는 주당 13.5달러라고 어림할 수 있다. 그러면 매수 주식 수량
   은 7만 4,000주이고 전체 발행주식의 1.5% 지분에 해당된다.

---

* 그래프에 나와 있는 1984년과 1987년의 시가총액과 연복리 수익률은 다음과 같이 계산된다. 먼저, 매출액을 계산한
다. 매출 성장률이 연 25%이므로, 1984년 매출액=8,400만×(1+0.25)²= $13,125만이 된다. 둘째로, PSR을 2로 가정하
여 시가총액을 계산한다. 즉, 1984년 시가총액=매출액×PSR=$13,125만×2.0=$26,250만이 된다. 셋째로, 매수시점인
1982년부터 1984년까지 시가총액이 연복리 수익률 r로 증식했다고 하면, $26,250만=$5,880만×(1+r)²이 된다. 따라서
1984년까지의 연복리 수익률은 다음과 같이 계산된다. (26,250/5,880)⅓−1=1.113=111.3%. 마찬가지로 1987년 값도 똑같
은 과정을 밟아 계산할 수 있다. 원서에 표기된 복리수익률 84%(1984년)와 54.5%(1987년)는 잘못된 계산이어서, 각각
111.3%(1984년), 54.2%(1987년)로 바로잡는다(역자 주).

최고가에 매도하고
싶을 때도 PSR

슈퍼 스톡을 언제 팔아야 '적기'인가? 슈퍼 스톡은 거의 팔아야 할 일이 없다. 팔아야 할 때는 다음 두 가지 사태 가운데 하나가 발생할 때다.

- 해당 기업이 슈퍼 컴퍼니의 특징을 잃게 되었을 때
- PSR이 얼토당토않게 높아졌을 때

주가가 불규칙하더라도 상당한 속도로 오르지 않는다면, 주식을 보유해봐야 쓸모가 없다. 주식이 계속 오르지 않는다면, 차라리 지방채나 다른 안전한 자산을 보유하는 편이 나을 것이다. 사업 본질가치가 갈수록 악화되는 주식을 파는 게 현명하다는 데 의문을 던지는 사람은 없을 것이다.

사업의 펀더멘털이 이익에 바탕을 둔 자기자본으로 성장하는 모습을 잃고 있다면, 기업의 미래는 첩첩산중의 암흑일 뿐이다. 성장하는 환경에서 일하던 경영진은 성장이 실종된 환경에서 일하는 사람의 심리를 견디기 어려워한다. 투자 세계의 포트폴리오들은, 잘 오르는 성장주라고 매수했다가 이미 성장 엔진이 식어버린 주식들로 만신창이가 돼 있다. 훌륭했던 기업이 망가지기 시작하면 주가는 곧바로 무너진다.

변화하는 상황을 따라가려면, 투자한 기업을 처음에 알아볼 때처럼 정기적으로 그 기업을 주목해야 한다. 눈을 활짝 열고 기업을 주시하라. 또 역발상을 항상 염두에 두라. 사업의 펀더멘털에 변화는 없는가? 경영진이 바뀌었는가? 혹시 경영진이 성공을 거듭하다보니, 어느 정도 득의에 차서 경직되지는 않았는가? 시장이 변했는가? 혹시 다른 경쟁자들의 신제품들이 시장을 잠식하거나, 심지어 기존 산업이 새로운 산업으로 교체되고 있지는 않은가? 기술이 변하고 있는가? 경쟁 상황에 변화는 없는가? 혹시 실력 있는 기업들이 시장에 진입했을지도 모른다.

철저하게 객관적인 시각으로 보유 종목을 주목하기는 아주 어렵다. 거의 불가능하다고도 말할 수 있다. 투자자가 보유한 종목이 부진한 실적을 보이면, 고약한 시선으로 보게 되기 쉽다. 또 어느 기업이 여러 해 동안 훌륭한 실적을 기록해서 투자자에게 500%나 1,000% 혹은 2,000% 이상의 수익을 안겨주게 되면, 그 경영진은 당연히 엄청난 신임을 얻게 된다.

그렇게 엄청난 보상을 안겨주는 실적이 여러 해를 거듭하다보면, 투자자는 그 회사에 대해 만년불패라는 이미지를 가지게 된다. 그런 이미지는 성공이 현실로 입증되면서 천천히 형성되어간다. 이런 이미지가 강하게 뿌리내릴수록, 처음에 봤던 자세로 그 회사를 주목하기는 점점 더 어려워진다. 그 회사가 오류를 범하더라도 그냥 넘어가기가 쉽다.

객관적인 태도를 견지하라. 나도 그럴 수 있기를 바라지만, 잘 안 된다. 투자의 전체 과정에서 이것이 가장 어려운 일에 속한다. 지금까지 어느 회사의 경영진이 탁월한 능력을 발휘했다면 그들을 신뢰하게 되는 게 인지상정이다. 나 자신도 이 일에 뛰어나다고는 생각하지 않는다. 만발한 장미가 언제 시드는지를 알기란 여간 어려운 게 아니다.

끊임없이 PSR을 체크하라
/

슈퍼 스톡을 매도하기에 완벽한 또 하나의 시점은 PSR이 얼토당토않게 높아질 때다. 투자해놓은 회사의 PSR을 규모가 비슷한 다른 회사의 PSR과 비교해보라. 여러 기업의 PSR을 살펴보면, 현재 주가의 '고도'가 어느 정도나 높은지를 느낄 수 있다. PSR 5배라면, 기업의 순이익률이 10%일 때 PER 50배인 상황이다(챕터6의 표 6-1을 상기하자). PSR이 10이라면, 순이익률 10%에서 PER이 100배라는 이야기다. 이 책의 부록 02에는 1983년 2월과 1983년 5월 시점에서 'H&Q 통계 요약 기업들의 PSR과 기업 규모의 관계'가 나와 있다(부록의 이 표들과 표 6-1의 구조는 동일하다).

부록 02에서 보면 PSR이 5, 10, 15, 20 또는 심지어 30(29.67)에 달하는 수준에서 주가가 형성돼 있는 기업들이 많아서 놀랍다. 순이익률을 10%로 봤을 때, PSR이 30이나 되는 주식의 PER은 300배다. 1978년에 가장 높았던 PSR은 2.5밖에 되지 않았다는 점을 기억하자. 그때의 강세시장 구간은 극적인 고공행진을 연출했다. 즉, 1982년 11월에는 PSR이 6을 초과하는 기업들이 6개밖에 없었으나, 1983년 5월에는 16개나 되었다.

가장 완벽한 매매 타이밍을 잡는 방법

어느 주식이라도 PSR이 3을 넘는다면 나에게는 아주 걱정스러운 일이다. PSR이 5를 돌파했다면, 그야말로 겁나게 아찔한 높이에서 주가가 날고 있는 것이다. PSR이 5에서 30에 달하는 주식의 장기 보유는 내게는 상상할 수도 없는 일이다. 이런 지표는 강세장의 전형적인 현상이다.

장기적인 가치 증식보다 좋은 것은 없다

슈퍼 스톡을 제대로 매수했다고 하자. 그 후에 사업 펀더멘털이 자체 자금 조달로 평균 수준을 웃도는 성장률을 달성하기에 충분하고, 또 PSR이 적당하게 낮은 수준에 머물고 있는 상황이 계속된다면, 나는 그 주식을 영원토록 보유하겠다. 기업이 성장해서 규모가 커지면 주가의 상승 탄력은 둔화된다. 그때부터는 기업의 성장률과 근사한 속도로 시가총액이 커질 것이다. 슈퍼 스톡으로서 PSR이 0.6이고 매출 성장률이 연 25%(혹은 그 이상)라면 아주 훌륭한 수익률을 얻게 될 것이다. 이 주식의 PSR이 0.6 이하를 계속 유지한다면, 해에 따라 불규칙하기는 해도 연평균 25%로 시가총액이 커질 확률이 높다(연평균 25%의 주가 상승은 슈퍼 스톡의 최저 요건이다). 그렇게 5년이 계속되면, 시가총액은 매수시점에 비해 3배로 불어날 것이다. 이것은 복리증식이 가져오는 위력적인 효과다. 10년이 지나면, 9배가 될 것이다. 20년이 지나면, 85배를 넘어설 것이다.[37]

---

37 매수시점에 이 슈퍼 스톡의 시가총액을 1, PSR을 0.6으로 가정하면, 매수시점의 매출액은 1.67(매출액=시가총액/PSR=1/0.6=1.67)이다. 그 후 매출액이 매년 25%로 성장하며 5년 및 10년, 또 20년 후의 PSR을 0.6과 3 두 가지로 가정해보고, 시가총액과 매출액을 계산하면 다음과 같다(역자 주).

	매수 연도	5년 후		10년 후		20년 후	
PSR	0.6	0.6	3	0.6	3	0.6	3
매출액	1.67	5.09	5.09	15.52	15.52	144.56	144.56
시가총액	1	3	15	9	47	87	434

한편, 이 슈퍼 스톡에 대한 금융계의 인식이 높아지면 PSR이 상승하게 된다. 5년 후에 이 주식의 PSR이 3으로 상승하면, 주식의 시가총액은 15배로 불어날 것이다. 또 20년 후에 PSR이 3으로 상승한다고 하면(이때는 기업 규모가 매우 커져서 규모가 큰 다른 기업들처럼 PSR이 낮아질 것이기 때문에 현실적인 가정은 아니지만), 시가총액은 400배가 넘을 것이다.

이와 같이 시간이 갈수록 시가총액이 증폭되는 슈퍼 스톡을 왜 팔아야 하겠는가? 매수해서 영원히 보유함으로써 어마어마한 돈을 버는 게 낫지 않겠는가? PSR이 너무 높아지지만 않는다면, 영원히 보유해도 좋다. 기업 규모가 커질수록 PSR은 낮게 형성된다는 점을 기억하자. 매출 규모가 10억 달러대에 달하면서 PSR이 1보다 큰 대기업은 거의 없다는 것을 앞에서 봤다.

큰 기업들, 즉 대형주에게는 매력적인 테마를 갖춘 소형주에 비해 투기 매수세가 별로 몰리지 않는다. 누구나 IBM으로 좋은 결과를 얻을 수 있다고 보지만, IBM과 같은 대기업의 실적에 혁명적인 변화가 일어난다고 보는 사람은 거의 없다.

작은 기업의 경우에는 성장 여력에 따라 얼마든지 낙관적인 전망을 해볼 수 있다. 매출이 2억 달러인 작은 기업의 PSR이 6이라면, 이 주식의 시가총액은 12억 달러가 된다. 즉, 이 기업의 총체적인 가치는 12억 달러다. 그러나 이 기업의 매출 규모가 10억 달러로 성장한다면, 시가총액이 12억 달러보다 커지기 어렵다고 봐야 한다. 크다고 해도 많이 커질 수는 없다. 또 이 기업이 매출 규모 20억 달러까지 성장했을 때도 그 시가총액은 12억 달러보다 크지 않을 것이다. 일단 PSR이 높게 형성돼 있으면 다가올 수십 년간의 성장에서 전부는 아니어도 그 대부분이 이미 주가에 반영되었을 가능성이 높다. PSR이 과도하게 높아졌을 때 주식을 매도하는 것은 바로 이 때문이다. 매출이 10억 달러대에 이르는 슈퍼 스톡이라면, PSR은 우리가 상한선으로 삼고 있는 0.75나 그 이하에서 주가가 형성될 공산이 크다.

PSR은 기업 규모와 미래 성장 전망을 기준으로 높다는 평가를 할 수 있다. 매출 규모가 10억 달러인 기업에는 PSR이 3이면 아주 높은 것이다. 매출 규모가 300만 달러이고 폭발적인 성장을 눈앞에 두고 있다면, PSR 3은 낮다고 볼 수 있다. 슈퍼 스톡의 PSR이 대부분 2에서 5 사이 구간에 해당되면 과도하게 높은 수준이다. 아마도 창업 초창기일 때를 빼면, 높은 PSR이 장기적으로 정당화될 만한 기업은 거의 없다. PSR이 극히 높은 주식을 보유하다가는 조만간 혹독한 피해를 입는 경우가 많을 것이다.

이제 독자들은 슈퍼 스톡의 해부도를 확보했다. 중요한 것은 사업에 대한 펀더멘털 분석(즉, 월등한 사업을 만드는 펀더멘털 요인을 식별하는 것)과 비싸지 않은 가격에 매수하는 것이다.

그 밖의 모든 것은 세부적으로 다듬는 일이다. 슈퍼 스톡은 PSR이 과도하게 높아지거나, 슈퍼 컴퍼니가 확보해야 할 사업의 기본 내용을 상실하기 전까지 장기 보유해야 한다. 주식시장이 얼마나 높은지, 또 어디로 향할지에 대한 관심을 줄이고, 사업의 세부 내용에 더 주목해야 한다. 이어질 두 개의 챕터에서 실제 사례를 고찰한다.

PART

5

실제 사례로 살펴보는
슈퍼 스톡 투자 가이드

여기에 실린 두 가지 사례는 이 책에 담긴 모든 과정을 일목요연하게 보여준다. 수많은 성공 사례 중에서도 여기에 인용한 두 슈퍼 컴퍼니, 버베이팀과 CMIC는 각각 15배, 8배의 수익을 안겨준 전형적 슈퍼 스톡 모델이다. 더욱 매력적인 것은, 이것이 우연히 얻어낸 결과가 아니라 PSR과 PRR의 치밀한 분석을 통해 얻어낸 성과라는 점이다.

강한 기업은 문제를 이렇게 극복한다
: 버베이팀 사례

버베이팀은 1969년에 캘리포니아 주 서니베일에서 인포메이션터미
널스Information Terminals Corporation라는 기업으로 시작했다가, 1979년 11월
에 버베이팀으로 회사 이름을 바꿨다. 리드 앤더슨J. Reid Anderson은 컴퓨
터 관련 산업을 목표 시장으로 착탈식 보조기억 매체를 만드는 일로 이
회사를 창업했다. 앤더슨은 이전에 전자단말 제조회사인 앤더슨 - 제이
콥슨Anderson-Jacobson[38]을 창업해 성공시킨 바 있던 사람으로, 첨단기술
분야의 노련한 사업가였다.

오늘날 버베이팀은 플로피디스크를 생산하는 세계적인 주력 회사다.
플로피디스크는 착탈식 영구 보조기억 매체로, PC와 소형 컴퓨터 및 워
드프로세서 시스템에 많이 쓰였다(일례로, 이 책은 소형 컴퓨터에서 버베이팀

---

[38] 다음 자료를 참조. 〈Forbes〉, January 31, 1983, Appendix 3.

표 33-1 1978년 6월 30일 기준, 최근 12개월간 버베이팀의 매출 및 이익					
(단위 : 천 달러, EPS는 달러)					
	1974	1975	1976	1977	1978
매출	4,327	6,761	12,261	15,462	22,485
순이익	390	520	787	887	1,464
EPS	0.18	0.33	0.48	0.52	0.83

자료 : 1978년 2월 15일, 버베이팀의 기업공개 투자설명서. p. 13.

의 5.25인치 디스켓을 저장 매체로 활용해 만들어졌다). 좀 더 구형이고 성장이
더딘 디스크 시장으로 8인치 플로피디스크가 있다. 이후에는 3.5인치짜
리 '마이크로' 디스켓이 새로운 시장으로 빠르게 성장했다.

기업의 초창기 성공과 '결함'의 발생
/

버베이팀이 설립될 때는 플로피디스크 기술(즉, 플로피디스크를 매체로
데이터를 입출력하는 기술)이 개발되기 이전이었다. 초창기에 버베이팀의
매출은 주로 착탈식 테이프 데이터 카세트의 판매로 이루어졌다. 착탈식
데이터 카세트는 플라스틱 외장 용기 안에 설치돼 있는 두 개의 소형 회
전축에 자기 테이프를 감아서 쓰는 방식이다(즉, 음향 가전제품의 오디오 카
세트와 같은 방식이다). 이 데이터 카세트는 비교적 작은 데이터 용량을 속
도는 느리지만 저렴한 비용으로 저장하는 데 활용됐는데, 각종 컴퓨터
단말과 판매시점관리point-of-sales 시스템의 단말, 소형 컴퓨터, 통신 장비
에 쓰였다. 1974년에는 데이터 카세트가 버베이팀 총매출의 95%였다.[39]

39 1978년 2월 15일, 버베이팀의 기업공개 투자설명서. p. 13.

플로피디스크 기술은 IBM에서 개발되어 1974년에 처음으로 도입되었다. 1978년 6월 30일까지 최근 12개월 동안 플로피디스크는 버베이팀의 매출액 2,200만 달러에서 절반을 약간 웃돌았다. 플로피디스크는 데이터 카세트보다 훨씬 빠른 속도로 성장해서 1978년 하반기에는 매출의 $\frac{2}{3}$까지 늘었다.[40]

이때 버베이팀이 전 세계 시장에서 차지하는 데이터 카세트의 점유율은 약 절반이었고, 플로피디스크의 점유율은 $\frac{1}{3}$에 달했다. 이렇게 월등한 시장점유율을 기반으로 버베이팀은 주식시장이 부진한 와중에도 기업공개를 어렵지 않게 치렀다. 1979년 2월 15일, 버베이팀의 주식 공모가는 17.75달러였고, 그해 상장 후 주가는 17.75달러에서 29달러 사이를 오르내렸다. 기업공개 후에도 리드 앤더슨의 지분은 30%를 웃돌다가 꾸준하게 떨어지기 시작했다. 당시 그의 나이는 62세였다. 사장 겸 최고 운영책임자인 피터 매큐엔Peter A. McCuen 박사가 일상적인 의사결정을 맡았다.

1979년 연차보고서상의 주석에서 잠재적인 문제가 엿보였다. 주력 제품인 8인치 디스켓 생산의 비효율성 때문에 4분기의 이익에 차질이 생겼다는 언급이 있었다. 그래도 금융계는 낙관적인 평가를 유지했다. 예를 들면 버베이팀 주식 공모 때 공동 주간사였던 H&Q는 1979년 9월 5일에 14쪽짜리 보고서에서 이 주식에 대해 매수 추천을 했다. 이 매수 추천은 장기적으로는 수익 전망이 좋았지만, 단기적으로는 좋지 않았을 때였다.

단 한 분기도 '후퇴'하지 않고 성공적으로 7년을 달려왔던 버베이팀은 상장 후 두 번째 분기를 맞아 장애물에 발이 걸렸다. 디스켓 제조 공정을

---

40 앞과 같은 자료.

제대로 통제하지 못했다. 디스켓 내장 피복의 덧칠 재료가 충분한 검사 없이 교체되었다. 새로운 덧칠 재료가 너무 많은 윤활제를 흡수하는 바람에 디스켓 오류를 초래했다. 내부 디스크를 덧입히는 새 화학 공정에서도 문제가 생겨서 제품수명이 줄어들었다.

1979년 6월에 소량의 디스켓이 반품되는 일이 발생해서 품질 문제가 처음으로 표면화되었다. 1979년 12월까지 불량 제품의 생산량이 계속 늘었지만, 버베이팀은 문제를 찾아내지 못했다. 불량률은 1980년 봄에 최악을 기록했다가, 마침내 불량 원인이 밝혀지고 1980년 12월에야 교정되었다.[41]

불량은 주로 8인치 디스켓 생산라인에서 발생했는데, 이 때문에 이 제품의 시장점유율은 45%에서 15%로 떨어졌다. 불량 제품들을 반품 받아야 해서 매출이 급감했던 것이다. 5.25인치 제품은 새로 형성되는 시장이어서 별 영향을 받지 않았다. 또한 1980 회계연도 초반에는 비유연성(윈체스터Winchester 유형) 디스크 매체의 연구개발에 투자된 자산의 장부가치가 결손 처리되었다.[42] 1980 회계연도(1980년 6월 말 결산)의 4분기에는 상장 후 첫 손실이 발표되었다.

사장이 쫓겨나다

피터 매큐엔은 사장직에서 해임되었다.[43] 당시 사정은 1980년 연차보고서의 내용보다 더욱 심각해서 통제가 되지 않는 상황이었다. 쉽게 해결될 수 있는 가벼운 문제로 보고되는 바람에 문제의 심각성이 경영진

41　버베이팀의 CFO인 와일리 카터Wiley Carter와 나눈 대화(1981년 1월 27일).
42　〈Forbes〉, January 31, 1983, p. 47.
43　〈The Wall Street Journal〉, January 13, 1981, p. 18.

에게 제대로 보이지 않았다. 주가는 1979년의 고가 29달러에서 1980년 중반에는 10달러 밑으로 떨어졌다.

　적자가 계속되었다. 수율收率이 떨어지면서 매출원가가 절대액으로도 증가하고 매출액에서 차지하는 비율로도 늘어났다. 1980년 12월 31일 결산한 분기 실적은 매출액 1,131만 6,000달러에 120만 3,000달러의 손실을 기록했다. 이때의 손실에는 150만 달러의 재고상각도 포함되었다. 고용 인력은 1,538명에서 1,242명으로 축소되었다.[44] 자료 33-1에는 버베이팀의 1981년 연차보고서 표지 안면에 보고된 분기 실적이 나와 있다. 적자 규모와 자산 상각, 또 떨어진 주가가 내 관심을 끌었다.

경쟁자의 출현과 경영진 교체
/

　한편, 다이선은 버베이팀이 문제에 부닥치기 시작할 때인 최적기에 플로피디스크 시장에 진입했다. 다이선은 시장에 들어오면서 고가의 고급 제품을 겨누는 한편, 품질 문제로 버베이팀을 이탈한 고객들도 덩달아 확보했다. 이런 전략은 기술의 선도자라는 이미지를 부각시키는 아주 훌륭한 홍보 활동이었다. 주력 벤처캐피털의 투자로 월스트리트와 맺은 강한 유대를 배경으로 다이선이 유일한 기술 선도 업체이며, 곧 버베이팀을 따라잡을 것이라는 소문이 순식간에 증폭되었다.

　버베이팀 측에서는 금융계의 지원이 사라졌다. 버베이팀의 기업공개 주간사였던 H&Q는 몇 달 전만 해도 버베이팀 주식을 받쳐주었지만, 주

44　1980년 2분기 버베이팀 주주보고서에 보고된 내용.

　실제 사례로 살펴보는 슈퍼 스톡 투자 가이드

구분	1981	1980
매출	$ 53,822,000	$ 50,126,000
순이익	$ 1,014,000	$ 1,338,000
EPS	$ 0.45	$ 0.61
순자산	$ 16,072,000	$ 14,227,000
운전자본	$ 11,085,000	$ 13,208,000
총자산	$ 39,148,000	$ 36,124,000
발행주식 총량(연말 기준)	2,211,368	2,133,664

기업 개요

버베이팀 주식회사는 착탈식 자기 데이터 저장 매체를 생산하고 판매한다. 우리 회사의 제품은 수많은 컴퓨터와 워드프로세서 시스템에서 디지털 정보의 기록과 저장에 사용되며, 전 세계 유통망을 통해 판매되기도 하고 주문자상표 부착방식original equipment manufacturing(OEM)으로도 판매된다. 버베이팀이 생산하는 유연성 디스크와 데이터 카트리지 및 카세트는 캘리포니아 서니베일과, 아일랜드 리머릭, 일본 도쿄, 호주 멜버른의 제조공장에서 제조된다. 이 제조공장들과 협력해 함께 일하고 있는 미국, 스위스, 독일, 일본, 호주의 판매 거점들이 버베이팀의 자기 매체를 전 세계 고객 근거지에 공급하고 있다.

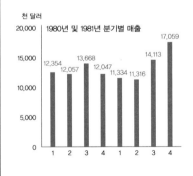

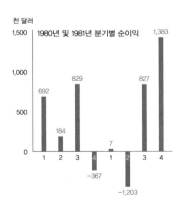

가가 떨어지고 몇 주가 지나자 이렇게 논평했다.

"거론되고 있는 문제가 어떤 식으로든 해소되기 전에는 주가가 계속 하락 압력을 받을 것이라고 본다."

H&Q는 버베이팀의 1980년과 1981년 매출 및 순이익 추정치를 하향 조정했다.[45] 내가 살펴보니 H&Q를 제외하면 버베이팀에 대한 자료를 발표하는 투자회사는 아무 데도 없었다. 또 그때 회사 측에 문의해보니, H&Q를 제외하면 버베이팀 주식에 대한 자료를 작성한 증권회사는 그룬텔Gruntel & Co.이라는 딱 한 곳밖에 없었다.[46]

내가 버베이팀이 언제 회복할 것인지 물어보니 월스트리트의 증권업계 사람들은 이렇게 대답했다.

"뭐, 회복을 해봐야 별것이 있겠습니까? 장기적으로 다이선이 그들 시장을 전부 가져갈 텐데요."

그들의 눈에 다이선은 어떻게 보였을까? 기술과 경영진, 제품 면에서 다이선이 더 낫다는 게 증권가에서 들리는 이야기였다. 나에게는 "다이선이 버베이팀에 장기적으로 어떤 영향을 미칠 것인가?"가 큰 문제였다. 이 점을 놓고, 나는 독립적인 컨설턴트에게 의뢰해 무작위로 추출한 다이선과 버베이팀의 디스켓 제품들을 대상으로 제품수명 검사를 실행했다. 검사 결과에서는 별다른 품질 차이가 없었다.

다이선의 주가는 17달러였고, 발행주식 수는 1,360만 주였다. 이 둘을 곱해보니 시가총액은 2억 3,100만 달러로 나왔다. 매출액은 7,100만 달러로 작은 규모였다. 즉, 이 회사의 PSR은 3.26이므로 버베이팀보다 7.5

---

45 H&Q interoffice memorandum, July 21, 1980.
46 Wiley Carter notes, January 27, 1981.

배나 높았다. 이것은 이 주식이 증권업계의 총애를 받고 있다는 명확한 증거였다.

다이선이 금융계의 호의를 두텁게 입고 있었기 때문에, 나는 반대로 그들의 우월성에 회의를 품었다. 많은 투자자들이 별다른 사실 확인도 없이 다이선이 우월하다는 고정관념을 가지고 있었다.

나는 예전에 금융계 콘퍼런스에서 다이선의 설립자이자 사장인 놈 디온Norm Dion을 만난 적이 있었다. 또 다른 기회에서도 그를 여러 번 만났다. 그와 짧게 접촉해보니 그가 남의 말을 주의 깊게 듣는 사람 같지가 않았고, 내 취향에서는 연예인에 가까워 보였다. 모름지기 관리자는 부하 직원들이 보고하는 내용을 십분 활용하려면 경청의 달인이어야 한다. 나는 금융계 사람들이 생각하는 것만큼 다이선이 잘해낼 수 있을지 의심스러웠다. 이 회사를 대하는 금융계 주변의 인식에는 군중행동의 양상이 아주 강하게 나타났다.

1981년 초까지 줄곧 버베이팀에 대한 우호적인 매수 추천은 전혀 없었다. H&Q는 나중에 이 회사 주식을 "이렇게 불확실한 시기를 가벼이 보는 위험 지향적인 투자자들에게 적합한 주식"이라며, "기대 미달"이라고 결론지었다.[47]

비공식적으로는 버베이팀을 더 심하게 혹평하는 사람들도 있었다. 투자업계의 다양한 사람들과 오가며 나눈 대화 중에 이런 이야기들이 들려왔다.

• 버베이팀의 경영진은 열악하다.

---

47 H&Q report, October 23, 1980. 그리고 거의 똑같은 표현을 동원한 그다음 보고서가 1981년 2월 2일에 발표되었다.

- 관리 감독이 온전하지 못하다는 문제가 있다.
- 버베이팀이 점유하던 시장을 다이선이 더 많이 가져갈 것이다.
- 더 뛰어난 기업들(다이선, 3M, IBM, 사이텍스, 일본 업체들)이 시장을 점유해 들어오면, 버베이팀은 곧바로 파산의 위기에 내몰릴지도 모른다.

관리 감독이 온전하지 못하다는 문제 제기는 흥미로운 일이었다. 여러 방면의 사람들이 품질 문제가 표출되고 있을 때 CFO인 와일리 카터 Wiley Carter가 자신들을 속였다는 생각을 하고 있었다. 애널리스트 한 사람은 버베이팀 주식에 대한 실망을 카터의 성품에 대한 평가와 혼동하고 있었다. 그는 카터의 외모와 행실까지 들먹이며 그의 인격적인 측면까지 공격했다. 내가 나중에 카터와 접촉한 바로는 전혀 근거도 없던 것이었지만 말이다(이러한 인식의 배후에 있는 심리 작용에 대해서는 챕터3을 보라).[48] 또 사람들은 품질 문제의 발생 시점을 1979년 기업공개와 연관 지어 의심하기까지 했다. 즉, 경영진이 품질 문제를 기업공개 전에 알고 있었을 것이라며, 그들이 개인투자자들의 돈을 사기쳤다고 분개하는 사람들도 여럿 있었다.

나는 자연스럽게 버베이팀에 투자하는 게 옳다고 생각하는 투자업계 사람들 20여 명과 이야기를 나눠봤다. 이때는 사람들을 대할 때마다, 그 회사에 대해 전혀 아는 게 없는 것처럼(대체로 그랬다) 행동했다.

나는 1979년부터 버베이팀에 관한 정식 재무 공시와 뉴스 기사를 서

---

48 애널리스트 한 사람과 나눈 대화 내용이다. 와일리 카터와 여러 해 동안 접촉하면서 나는 그가 보기 드물 정도로 정직하며 문제를 숨기지 않는 개방적인 사람임을 알았다.

류철에 모으기만 했고, 직접 탐방하지는 않았다. 특별히 서두를 만한 이
유가 없다고 느꼈던 것이다.

1981년 1월에 〈일렉트로닉스 뉴스〉와 〈월스트리트저널〉에 실린 보도
기사들(자료 33-2와 자료 33-3 참조)을 보고 서둘러 태도를 바꾸기로 했다.
버베이팀이 사장 겸 CEO로 새 인물을 영입했다. 로크웰Rockwell의 전자
기기본부Electronics Devices Division에서 일하던 맬컴 노스럽Malcom B. Northrup이
그 새로운 인물이었다. 그의 장점에 대해 알고 있던 것은 없었지만, 적어
도 버베이팀이 '잠에 취한 개'는 아니라는 신호라고 볼 수 있었다. 이 신
임 사장이 금융계에 강한 인상을 불러일으킬 수 있다면 모름지기 상황
은 변할 것이다. 나는 곧바로 작업에 들어갔다.

우선, 디스켓을 제조하는 경쟁업체들과 구매하는 고객업체들과의 인
터뷰를 서둘러 마치고 나서, 1981년 1월 19일에 버베이팀을 처음으로
방문했다. 마케팅과 연구개발 업무의 책임자들과 짧은 대화를 나누고,
대부분의 시간은 CFO인 와일리 카터와 인터뷰하는 데 보냈다.

(애너하임Anaheim 캘리포니아) 로크웰 전자기기본부EDD의 맬컴 노스럽 전무는 18년간의 회사 생활을 마감하고, 노스캘리포니아 소재 디스크 매체 제조회사의 사장으로 부임했다. 금주부터 업무에 돌입하는 노스럽은 캘리포니아 주 서니베일 소재 버베이팀에서 사장 겸 CEO를 맡는다. 노스럽은 로크웰에서의 최근 직책에서 14개월을 보냈는데, 전자기기본부의 하워드 월래스Howard D. Walrath 사장과 사장실을 나눠 쓰며 연간 매출이 2억 달러가 넘고 고용 인력이 약 4,100명을 헤아리는 사업의 경영을 보좌했다. 로크웰의 EDD 본부는 초소형 중앙처리장치MPU 및 관련 회로, 버블 메모리bubble memory, 초소형 컴퓨터 시스템 및 인터커넥트 시스템을 제조하는 사업본부로, 1978년부터 줄곧 흑자를 내왔다고 노스럽은 주장했다. EDD 본부에서 노스럽은 MPU와 관련 부품을 가장 많이 생산하는 태평양 연안 공장의 총괄 경영을 포함해 여러 가지 다른 업무도 맡았다. 월래스가 있는 이 본부의 본사 소재지는 댈러스다. "버베이팀과 같은 회사의 CEO가 되는 기회는 흔하지 않다"며 노스럽은 의욕에 차서 말했다.

"문자 그대로 그런 기회입니다. 전에는 미처 예상하지 못했던 일이지요. 오랫동안 생각은 했었습니다. 버베이팀은 훌륭한 회사입니다. 전문 경영인이라면 누구나 CEO로 일하고 싶은 회사입니다."

노스럽은 로크웰에 대한 불만은 없다며, 이 회사에서 그의 승진이 막혀 있다는 추측 기사들을 일축했다. "그런 문제는 로크웰에서 느껴본 적이 없습니다. 지금 나는 상장기업 하나를 도맡을 기회를 얻은 것입니다. 이 회사는 내가 경영을 맡았던 사업과 같은 규모의 기업입니다. 두 곳은 해결해야 할 과제가 다릅니다."

이어서 그는 "로크웰은 즐거웠던 곳"이라고 덧붙였다. 노스럽에 따르면, 적어도 당분간은 로크웰이 그의 후임을 뽑지 않을 것이며, 월래스가 그의 직무를 함께 맡을 것이라고 한다. 노스럽이 경영을 도왔던 로크웰의 EDD 본부는 모토롤라의 특허사용권을 얻어 '68000' 16비트 MPU를 제조해 공급하는 '2차 공급자second source' 협정을 체결했다. 당초 로크웰은 68000 시제품의 견본 생산을 지난여름에 시작할 계획이었으나 일정을 맞추지 못했다(〈안테나Antenna 지〉, 6월 3일자). 최근 보도 기사들에 따르면, 이번 분기 중에 68000의 시제품이 나올 전망이다. 68000 생산 일정의 지연이 그의 사임과 관계가 있냐는 질문에 노스럽은 "전혀 그렇지 않다"며 "조만간 68000 제품을 처리할 수 있을 것이다. 이번 분기에 시제품 생산 일정을 맞출 수 있을 것으로 본다"고 답했다. 최근 수개월 동안 회사를 떠난 EDD 경영자들이 여럿 있었는데, 노스럽은 가장 최근 사례다. 이보다 앞서서 여러 명의 영업 부문 경영자들이 회사를 떠났다(〈일렉트로닉 뉴스〉, 8월 11일자, 9월 22일자). 그의 사임이 이들과 관련이 있냐는 질문에 노스럽은 "전혀 없다"고 일축했다. 또한 EDD 본부가 관할하는 초소형 전자기기 사업부Microelectronics Devices Unit에서 한때 제너럴 매니저를 역임했던 찰스 코박Charles V. Kovac이 EDD 본부의 마케팅 부사장으로 임명되는 일이 최근 수개월 전에 있었다. 코박이 EDD 본부의 핵심 경영 직무를 다시 맡게 된 일이 그의 사임 결정과 관련이 있냐는 질문에, 노스럽은 "찰스 코박과의 충돌은 전혀 없었다. 그는 뛰어난 마케팅 임원이다. 나는 사업 확대를 지원하기 위해 마케팅을 집중하는 일에 앞장섰던 사람"이라고 말했다. 노스럽의 상황을 잘 아는 어느 취재원은 "그가 버블 메모리 분야에서 플로피디스크 제조회사로 가는 것은 흥미로운 일이다. 이 움직임에서 뭔가를 읽을 수 있을 것"이라고 지적했다. 버베이팀에서 노스럽은 회사의 설립자이자 회장을 맡고 있는 리드 앤더슨의 사장 겸 CEO 직무를 인수 받는다. 노스럽은 그의 주변기기 및 반도체 업무 경험을 지적하면서, 지난 5년 동안 반도체 분야에 몸담고 있었지만, 그 이전에는 통신과 컴퓨터도 경험해봤고 테이프와 디스크 드라이브의 설계도 맡아봤다고 말했다.

자료 : 〈Electronic News〉, January 19, 1981.

나는 또 버베이팀에 부임하는 신임 사장을 겪어본 이전 회사의 사람들과 납품업체 및 고객업체에서 일했던 사람들과도 인터뷰를 했다. 심지어 그가 해고한 사람들과도 이야기를 나눴다. 인상적이었던 점이 몇 가지 머리에 떠올랐다.

1. 새로 부임할 사장의 과거 기록은 훌륭했다. 모든 사람이 그를 좋게 보지는 않았더라도, 그는 두루 존중을 받았고 심지어 그를 좋아하지 않던 사람들도 그를 좋게 평했다.
2. 환멸에 빠진 투자자들이 신임 사장의 부임에 신경을 쓸 턱이 없을 것이다. 그들은 이 종목에 투자했다가 실망했다는 타령만 하고 있

을 것이다.

3. 재무 상태는 사업 중단 없이 상당 폭의 손실을 견딜 여력이 있었다.

4. 버베이팀은 5.25인치 플로피디스크 시장에서 35%의 높은 점유율을 가지고 있었다. 5.25인치 디스크는 전자산업에서 가장 빠르게 성장할 주요 시장이라는 예측이 폭넓게 형성돼 있었다. 그 이외의 사업 부문에서는 성장이 막히거나 미미할 것이다(8인치 디스크는 미미한 성장, 데이터 카세트와 카트리지는 성장이 불가능).

5. 버베이팀은 몇 해 후에 마케팅 메커니즘이 어떻게 변할 것인지를 일찍이 주목했다. 그들은 주문자상표 부착방식OEM과 같은 기업 고객들이 통제하는 유통망이 줄어들고, 대형 소매 유통과 도매 보급 경로가 통제하는 유통망이 늘어날 것에 대비하고 있었다.

버베이팀은 그들의 품질 문제가 불거질 찰나에 다이선이 시장에 진입하는 행운을 얻었다는 데 신경이 곤두서 있었다. 카터는 버베이팀이 다이선으로부터 애플컴퓨터의 주문을 다시 탈환했다며 자부심에 차서 말했다.

1981년에 5.25인치 디스크가 인기를 끌면서 플로피디스크 시장의 성장에 탄력이 붙었다.[49] 게다가 PC와 소형 컴퓨터 시스템은 이제 막 시장에서 효력을 내기 시작했다. 버베이팀에게는 유리한 환경이 분명했다. 한편, 1981년 초까지 버베이팀 주가 차트의 흐름을 보라. 또 버베이팀의 1981년 2분기 주주보고서(1980년 12월 31일 결산)에서 발췌한 몇 쪽도 보라(자료 33-4와 33-5 참조).

---

49 〈Chemical Week〉, February 9, 1983, p. 38.

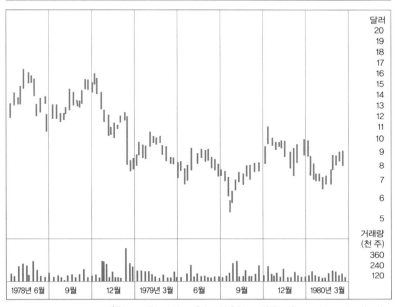

자료 : Long Term Values, Robert M. Drislane 11915 La Grange Avenue, Los Angeles, CA 90025. A division of William O'Neil & Co. Incorporated.

　기업의 재무 상태는 중요한 문제다. 버베이팀은 유동비율이 2.1로 충분한 수준이었다.[50] 그 분기의 손실은 120만 달러였다. 자기자본은 1,300만 달러였다. 이 정도의 규모라면 분기 손실이 계속되더라도, 적어도 10분기(2년 반)는 버틸 수 있어 보였다. 그동안 이 회사는 머리를 맞댈 시간이 충분해 보였다.

　현금흐름은 플러스였다. 대규모 감가상각으로 비용을 처리했다는 것

50　유동비율current ratio은 재무상태표에서 유동자산current asset을 유동부채current liability로 나누어 간단히 계산된다. 대다수 투자자들이 채용하는 표준적인 기준은 이 비율이 2.0을 넘어야 한다는 것이다. 그러나 금융 말고도 모든 분야에서 그렇듯이, 예외는 있는 법이다.

은 급변하는 전자업계에서 버베이팀에게 당당하게 일어설 수 있는 현금 흐름이 생겼다는 이야기다. 순이익이 130만 달러에 불과했던 1980 회계연도에 감가상각으로 온전하게 비축되는 현금이 200만 달러에 달했다는 것은 재무상태표의 현금성 자산이 풍부해짐을 뜻했다.[51]

시장점유율도 중요했다. 5.25인치 디스크 시장에서 절반 정도의 시장점유율을 확보한 곳은 아무 데도 없었다. 8인치 디스크에서는 버베이팀의 시장점유율은 생산 문제로 떨어지고 있었지만, 여전히 15%로 IBM과 공동 1위를 차지하고 있었다.[52] 이 기업은 시장점유율에서 절대 수준과 상대적 지위가 모두 우월했기 때문에, 문제만 해결된다면 곧바로 모든 제품의 매출이 뛰어오를 게 분명했다. 하지만 높은 시장점유율이 말해주듯이, 이 기업은 자신의 문제를 스스로 해결할 수 있는 선도 업체임을 보여줘야 마땅하다(챕터26에서 시장점유율 부분을 보라).

버베이팀은 문제의 심각성을 고려하여 극도로 엄격한 품질관리 체제로 전환했다. 즉, 출하 전 디스크 제품 전수조사로 100% 품질인증(디스크 생산현장 용어로는 검사testing)을 거치도록 했다. 이 때문에 비용은 더 늘었고 손실도 커졌다. 그러나 향상된 품질로 그간에 불거졌던 나쁜 이미지는 극복되었고, 신규 주문량은 다시 늘기 시작했다.

내가 회사를 방문하기 전에 생산 문제는 해결된 상태였다. 즉, 그 문제는 맬컴 노스럽이 사장으로 오기 이전에 해결되었고, 그간의 고약한 일들은 리드 앤더슨이 처리했다. 생산 공정이 제대로 복구되었고 수율이 올라가고 있으니, 영업실적은 향상되는 길밖에 없었다.

---

51 1981년 2분기 버베이팀의 주주보고서 및 1980년 연차보고서에 나온 내용이다.
52 버베이팀의 CFO 와일리 카터에게서 들은 이야기다(1987년 1월 27일).

버베이팀 코퍼레이션
착탈식 자기 매체

2분기 보고서 2
(1980년 12월 31일 결산 전 6개월)

버베이팀은 이번 분기에 휴렛패커드HP의 신제품에 탑재될 미니카세트 제품의 큰 구매 계약을 성사시켰습니다. 또 상당한 물량의 미니디스크 주문을 애플컴퓨터와 라니어비즈니스프로덕트Lanier Business Products, 탠디Tandy Corporation로부터 받았습니다. 이와 더불어 지난 분기보고서에 언급된 신제품인 데이터라이프Datalife가 시장에서 열렬한 호응을 얻고 있어서 대단히 기쁘게 생각합니다. 이 탄력을 받아서 최근에는 제록스Xerox가 그 소매상점들에 입점할 상품으로 제품군을 선택한 바 있습니다. 지난 7월에는 신임 사장 겸 CEO를 영입하기 위해 광범위한 인재 물색에 나섰습니다. 최고의 인물인 맬컴 노스럽이 우리의 제의를 수락해 1월 21일자로 우리 회사에 부임하게 된 것은 우리에게는 아주 큰 행운입니다. 그는 회사의 미래를 열고, 인재와 제품의 질을 높이며, 이익과 매출, 고객 서비스를 향상시키는 데 크게 기여할 노련한 전문가입니다. 지난 분기에는 자기 기록 분야에서 20년 넘게 경험을 쌓은 빌 브록Bill Brock 박사를 영입해 기술진도 크게 강화했습니다. 우리는 1월 8일에 노스캐롤라이나 샬럿Chalotte 인근의 유니버시티리서치University Research 단지에 15만 3,748㎡의 부지를 매입함으로써 미래의 성장을 위해 한발 더 내딛었습니다. 이 부지에 건설할 시설은 3년 내에 시공될 예정이며, 미국 내 테이프 코팅과 제조 설비를 캘리포니아 바깥으로도 펼쳐나가는 첫 단계가 될 것입니다.

충심으로 주주 여러분께 감사드리며, 리드 앤더슨 이사회 회장

1981년 1월 26일

버베이팀과 그 사람들
맬컴 노스럽은 신임 사장 겸 CEO로 부임하면서, 우리 산업의 폭넓은 지식을 버베이팀에 가

저왔다. 그는 로크웰인터내셔널에서 18년 동안 일했고, 최근에는 로크웰의 다국적인 주력 사업 분야인 전자기기본부에서 전무를 역임했다. 그는 일찍이 컴퓨터 주변기기와 통신 분야에서 기술경영 직무를 역임했고, 반도체와 자기부품 분야에서 일반관리 직무도 수행한 바 있다. 노스럽은 서던 메소디스트 대학교Southern Methodist University에서 물리학 학사 학위를 취득했으며, 암펙스Ampex Corporation에서 디스크 및 테이프 드라이브의 설계 엔지니어로 기업 생활을 시작했다. 빌 브록 박사는 첨단기술실장으로 버베이팀에 합류했다. 일리노이 대학교University of Illinois에서 응용역학Applied Mechanics 박사 학위를 취득한 그는 앞으로 버베이팀의 제품 향상과 신제품 개발의 기술 기반을 마련하는 엔지니어들과 기술 인력의 업무를 지휘하게 된다. 그는 버베이팀에 합류하기에 앞서 IBM에서 20년간 근무했으며, 그곳에서 디스크와 테이프 드라이브를 개발했고, 17개의 미국 특허권을 획득했다. 그의 기술 지식과 능력은 우리가 이 산업의 기술을 계속 선도해가는 데 큰 힘이 될 것이다.

버베이팀 코퍼레이션 본사

323 소컬 웨이, 서니베일, 캘리포니아 94086

(408) 245-4400

주주 여러분께

2분기 버베이팀의 순매출은 1,131만 6,000달러를 기록해 전년 같은 분기에 비해 6% 감소했습니다. 우리가 예상했던 매출 성장이 미국과 유럽에서의 경기 침체로 말미암아 둔화되었지만, 미니디스켓과 미니카세트의 매출은 전년 같은 분기에 비해 증가했고, 다가올 매출로 실현될 신규 주문량은 모든 제품군에서 늘어났습니다. 매출액의 감소, 판매관리비의 상승, 큰 규모의 자산상각 결정 때문에 이번 분기에는 120만 3,000달러의 손실을 기록했습니다. 재고를 철저하게 평가해본 결과 어떤 원재료는 지난 수개월 동안 출하해온 제품의 질적 요구 수준에 부합하지 못한다는 결론을 얻었습니다. 150만 달러가 넘는 자산상각을 통해서 이 비용이 미래의 이익을 저해하지 못하도록 처리되었습니다. 또 고정비용과 변동비용을 축소하는 조치를 이번 분기에 취해서 이번 회계연도 하반기에는 그 효과를 보게 될 것입니다. 지난 12월 말 버베이팀의 전 세계 고용 인력은 1,242명으로 1979년 말의 1,538명에 비해 감소해서 지난 분기에 시작된 피고용자 1인당 매출이 높아지는 추세가 이어졌습니다. 버베이팀의 호주 법인은 11월에 멜버른 인근의 공장에서 생산 활동을 개시했습니다. 이 공장의 공장 가동식은 멜버른에서 개최된 8차 세계 컴퓨터 콘퍼런스 및 전시회에 맞추어 진행되었고, 신제품

실제 사례로 살펴보는 슈퍼 스톡 투자 가이드

인 데이터라이프 디스켓 제품의 출시를 널리 알리는 큰 전시 공간도 마련했습니다. 데이터라이프의 출시와 버베이팀 호주 현지 공장의 준공은 호주의 유통업자들과 딜러, 또 고객들로부터 열렬한 호응을 얻었습니다. 멜버른 공장의 구축에 최선을 다한 버베이팀 인력의 노고 덕분에 제때에 생산 가동에 들어갈 수 있었습니다.

버베이팀 코퍼레이션 및 자회사들의 연결손익계산서(회계감사 전)

		결산일 직전 3개월 실적		결산일 직전 6개월 실적	
		1980.12.31	1979.12.31*	1980.12.31	1979.12.31*
매출액		11,316,000	12,057,000	22,650,000	24,411,000
비용	매출원가	10,308,000	8,724,000	18,639,000	16,713,000
	연구개발	519,000	592,000	968,000	1,146,000
	판매 및 일반관리	2,270,000	2,053,000	4,464,000	4,366,000
	단종 제품 개발 프로그램	–	203,000	–	260,000
	지급 이자	445,000	216,000	794,000	289,000
총비용		13,542,000	11,788,000	24,865,000	22,774,000
세전손익		−2,226,000	269,000	−2,215,000	1,637,000
법인소득세 사전공제		−1,023,000	85,000	−1,019,000	761,000
당기순이익		−1,203,000	184,000	−1,196,000	876,000
EPS		−0.56	0.08	−0.56	0.40

연결대차대조표(주요 항목, 회계감사 전)

	1980.12.31	1979.12.31*
총유동자산	18,994,000	18,429,000
총유동부채	9,171,000	11,079,000
순운전자본	9,823,000	7,350,000
총자산	36,136,000	30,244,000
장기부채(유동부채 전환분 제외)	11,744,000	4,458,000
순자산	13,256,000	13,567,000
주식발행 총수	2,160,000	2,112,000

* 국제회계 기준 제34호의 규정대로 이자비용의 자본화를 반영하기 위해 다시 게재함. 이로 인해 1979년 12월 31일 결산을 기준으로, 직전 3개월간의 순이익과 EPS는 각각 4만 7,000달러, 0.02달러 증가했다. 또 직전 6개월간의 순이익과 EPS는 각각 7만 3,000달러, 0.04달러 증가했다.

나는 버베이팀을 확실한 슈퍼 컴퍼니로 결론지었다. 그것도 고전적인 성장 결함을 막 통과한 슈퍼 컴퍼니였다. 이 회사에는 탄탄한 최고 경영진이 버티고 있었다. 그들은 성장의 엔진을 돌리고 조타를 맡는 경영자에게 꼭 필요한 모든 자질을 갖춘 사람들이었다(챕터18을 보라). 또 빠르게 성장하는 시장이 있었고, 시장점유율도 절대 수준과 상대적 지위 모두에서 높았다. 마케팅 기량도 탁월했다. 자, 그러면 그 주식은 어떤 상태인가?

매수 2년 만에 15배로 오르다

/

PSR을 살펴보자. 기업공개 때 공모가는 17.75달러였고, PSR은 0.7이었다. 주가가 1981년 최고가인 29달러였을 때 PSR은 2.71이었다. 주가가 내리막길로 치닫던 1980년 여름에는 낮은 주가에 매출은 늘어서 PSR이 0.43이었다(즉, 210만 주에 주가 10달러를 곱해서 1980 회계연도의 매출액인 5,010만 달러로 나눈 값). 1981년 1월, PSR은 여기서 약간만 높아졌을 뿐이다. 주가 10달러에서 PRR은 10.4(시가총액을 연단위로 환산한 연구개발비로 나눈 값)였다.

매수 실행

다이선은 PSR이 3.25로 아찔하게 높았기 때문에, 기절할 정도로 좋은 실적을 내지 못하는 한 주가가 떨어질 수밖에 없었다. 반면 버베이팀은 PSR이 0.5, PRR이 10으로 내려와 있는 지점에 있었기 때문에, 현상만 유지해도 메이저리그의 '선수'답게 다이선을 쉽게 따라잡을 것이다. 품질

실제 사례로 살펴보는 슈퍼 스톡 투자 가이드

관리 문제를 이미 해결한 상태여서 앞에 큰 위험이 있는 것도 아니었다.

자료 33-6은 1981년 2월에 버베이팀을 대상으로 내가 작성해본 '매수 전 밸류에이션 및 예측'이다. 최종적인 매수 결정에 필요한 모든 중간 결론들이 좋게 나왔다.[53]

그다음 몇 달 동안 나는 2만 2,000주 남짓한 주식을 매수했다. 이 매수 물량은 총 발행주식 수의 1%를 약간 넘는 수준이었고, 나중에 약간 높아진 주가에서 1만 2,000주를 더 매수했다. 내가 매수를 시작하면서 주가가 상승했다. 이런 현상은 더 나올 매도 물량이 없다는 좋은 징후다. 결국 매수단가 12~17달러에서 주식을 매수했다.

그 후의 과정은 황홀경 그 자체였다. 버베이팀의 주식은 단 2년 만에 10~15배나 상승했다. 매수 후 1년이 지나기 전에 175~290%나 올랐는데, 이때는 주식시장이 끔찍하게 폭락할 때였다. 표 33-2에는 〈로즌 일렉트로닉스 레터Rosen Electronics Letter〉가 집계한 전자산업 100대 종목의 1981년 실적이 나와 있다. 72개 종목이 하락했다. 28개 상승 종목 가운데 버베이팀은 수익률 1위에 올랐다.

첫 번째 상승 국면은 기업 실적의 반전이 확연히 드러나면서 시작되었다. 버베이팀의 순이익은 1981 회계연도의 3분기와 4분기 때 바닥을 벗어나 상승하기 시작했다. 신규 주문량은 꾸준히 늘었다.[54] 4분기 때 EPS는 61센트로, 연 단위로 환산하면 2.44달러였다. 2.44달러를 EPS로

---

53 자료 33-6에서 연복리 수익률과 시가총액은 다음과 같이 계산된다.
    매출액(1982년 중반)=$4,800만×(1+0.25)$^{2.5}$=$8,385만
    시가총액(1982년 중반)=매출액×PSR=$8,385만×1.5=$1억 2,578만
    연복리 수익률(1980~1982년 중반)=r→$2,900만×(1+r)$^{2.5}$=$1억 2,578만→r=($1억 2,578만/$2,900만)$^{1/2.5}$−1=0.798=80%
    1985년의 시가총액과 연복리 수익률도 똑같은 방법으로 계산할 수 있다(역자 주).
54 1981년 버베이팀 연차보고서, p.1.

1. 총 발행주식 수＝216만 주, 현재 주가＝13.5달러, 시가총액＝2,900만 달러
2. 최근 12개월간 매출액＝4,800만 달러, PSR＝0.60(문제 없음)
   최근 12개월간 연구개발비＝213만 2,000달러, PRR＝13.6(높은 편이나 괜찮음)

결론

1. 자산상각이 더 진행되거나 다음 분기에 적자 규모가 늘어날 경우, 주가가 떨어질 확률이 높음
2. 매출 성장률은 향후 5년 동안 족히 연평균 25%는 될 수 있음
3. 36개월 후에는 순이익률이 평균 7.5%는 될 것임

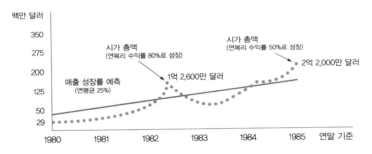

4. PSR이 1.5에 달할 때가 올 것이며, 그 시점은 아마도 1982~1983년이나 1985년이 될 것임
5. 버베이팀이 순이익률 7.5%를 달성한다면, PSR을 1.5로 잡았을 때 PER은 20배가 됨. PER이 20이면 적당한 수준임
6. 매수 자금으로 50만 달러를 투자하고 매수 과정에서 주가가 18달러로 오른다면, 평균 매수단가는 15.75달러에 달할 것임. 그러면 매수 물량은 3만 1,700주가 되며, 총 발행주식 수에서 1.47%의 지분에 해당됨

잡고 주가를 15달러로 잡으면, PER은 6배에 불과했다(PER=15달러/2.44달러=6.2).

실제 사례로 살펴보는 슈퍼 스톡 투자 가이드

표 33-2 로즌 집계 전자산업 100대 종목 실적(1981년, 수익률 순위별)

순위	기업명	1980.12.31 (달러)	1981.12.31 (달러)	연간 수익률(%)
1	버베이팀 Verbatim	17.00	46.75	175.00
2	MCI 커뮤니케이션스 MCI Communications	13.25	34.00	156.60
3	탠던 Tandon	16.00	28.50	78.12
4	노던텔레콤 Northern Telecom	28.75	48.50	68.69
5	유니트로드 Unitrode	19.50	30.50	56.41
6	컴퓨터앤드컴테크놀로지 Computer & Comm Technology	16.00	25.00	56.25
7	사이언티픽-애틀랜타 Scientific-Atlanta	18.62	27.00	44.96
8	제너럴인스트루먼트 General Instrument	31.00	44.25	42.74
9	인텔리전트시스템스 Intelligent Systems	16.00	22.50	40.62
10	이에프존슨 E.F. Johnson	17.50	24.00	37.14
11	탠디 Tandy	24.68	33.75	36.70
12	다이선 Dysan	13.50	18.37	36.11
13	커뮤니케이션스인더스트리즈 Communications Industries	25.00	33.00	32.00
14	콤사트 Comsat	48.12	63.50	31.94
15	시티에스 CTS	22.00	28.75	30.68
16	벡맨인스트루먼츠 Beckman Instruments	36.87	46.00	24.74
17	두코뮨 Ducommun	20.41	24.12	18.16
18	제너럴텔앤드일렉트로닉스 General Tel & Electronics	27.25	32.00	17.43
19	캘리포니아마이크로웨이브 California Microwave	10.50	12.12	15.47
20	소니 Sony	15.50	17.50	12.90
21	인터텍데이터시스템스 Intertec Data Systems	22.50	24.62	9.44
22	교토세라믹 Kyoto Ceramic	31.25	34.12	9.20
23	트레이코 Tracor	24.83	26.87	8.22
24	베리안 Varian	28.12	30.25	7.55
25	실리코닉스 Siliconix	20.00	21.25	6.25
26	알파인더스트리즈 Alpha Industries	26.62	28.00	5.16
27	아반텍 Avantek	16.25	17.00	4.61
28	이시스템스 E-systems	50.00	50.12	0.24
29	에이비넷 AVNET	46.36	46.12	−0.51
30	국제전신전화 ITT	30.00	29.75	−0.83
31	에이앰피 AMP	51.87	50.87	−1.92
32	해즐타인 Hazeltine	27.75	26.50	−4.50
33	오가트 Augat	27.16	25.25	−7.05
34	슈퍼스코프 Superscope	3.50	3.25	−7.14
35	다이나스캔 Dynascan	7.28	6.75	−7.29
36	코모도르인터내셔널 Comodore International	49.75	46.00	−7.53
37	드렉슬러테크놀로지 Drexler Technology	12.50	11.50	−8.00
38	텍트로닉스 Tektronix	61.12	55.00	−10.02
39	아메리칸마이크로시스템스 American Microsystems	29.25	26.00	−11.11
40	휴렛패커드 Hewlett-Packard	44.75	39.62	−11.45
41	코닝글래스 Coring Glass	59.62	51.87	−12.99

(다음 페이지로 이어짐)

순위	기업명	1980.12.31 (달러)	1981.12.31 (달러)	연간 수익률(%)
42	콜모건 Kollmorgen	24.83	21.37	−13.92
43	존플루크 John Fluke	23.57	19.25	−18.32
44	컴퓨터비전 Computervision	40.25	32.50	−19.25
45	아날로직 Analogic	32.00	25.75	−19.53
46	모토롤라 Motorola	73.00	57.75	−20.89
47	해리스 Harris	52.12	41.12	−21.10
48	엠에이콤 M/A COM	32.12	25.25	−21.40
49	바로 Varo	10.25	8.00	−21.95
50	퍼킨엘머 Perkin-Elmer	34.75	27.00	−22.30
51	애로일렉트로닉스 Arrow Electronics	20.62	16.00	−22.42
52	로랄 Loral	43.25	33.50	−22.54
53	비셰이인터테크놀로지 Vishay Intertechnology	12.85	9.87	−23.19
54	플랜트로닉스 Plantonics	21.75	16.25	−25.28
55	파이오니어스탠더드 Pioneer Standard	16.50	12.25	−25.75
56	샌더스어소시에이츠 Sanders Associates	62.50	45.87	−26.60
57	리전시일렉트로닉스 Regency Electronics	14.50	10.62	−26.72
58	왓킨스—존슨 Watkins-Johnson	40.00	29.00	−27.50
59	테라다인 Teradyne	48.37	35.00	−27.64
60	와일래보라토리즈 Wyle Laboratories	11.25	8.12	−27.77
61	에너지컨버전디바이시스 Energy Conversion Devices	16.75	11.75	−29.85
62	앤덤일렉트로닉스 Anthem Electronics	19.50	13.50	−30.76
63	롬 Rolm	46.75	32.00	−31.55
64	레이시온 Raytheon	55.00	37.37	−32.04
65	웨스턴디지털 Western Digital	9.87	6.62	−32.91
66	체리일렉트리컬프로덕츠 Cherry Electrical Products	16.50	11.00	−33.33
67	텍사스인스트루먼트 Texas Instruments	120.75	80.50	−33.33
68	인터내셔널렉티파이어 International Rectifier	18.75	12.37	−34.00
69	애플컴퓨터 Apple Computer	34.12	22.12	−35.16
70	실리콘시스템스 Silicon Systems	11.00	6.87	−37.50
71	알시에이 RCA	29.37	18.25	−37.87
72	아날로그디바이시스 Analog Devices	28.20	17.50	−37.94
73	에스이이테크놀로지스 SEE Technologies	23.18	14.25	−38.52
74	카도시스템스 Cado Systems	25.00	14.75	−41.00
75	케이엘에이인스트루먼츠 KLA Instruments	32.00	18.50	−42.18
76	젠러드 Genrad	24.00	13.87	−42.18
77	스탠더드마이크로시스템스 Standard Microsystems	10.87	6.25	−42.52
78	제니스라디오 Zenith Radio	19.50	11.12	−42.94
79	인텔 Intel	40.25	22.50	−44.09
80	지시에이 GCA	51.16	27.37	−46.49
81	웨이브텍 WaveTek	19.50	10.25	−47.43
82	비코인스트루먼츠 Veeco Instruments	27.41	14.25	−48.02
83	코헤런트 Coherent	29.50	15.25	−48.30
84	어드밴스드마이크로디바이시스 Advanced Micro Devices	34.50	17.62	−48.91

실제 사례로 살펴보는 슈퍼 스톡 투자 가이드

순위	기업명	1980.12.31 (달러)	1981.12.31 (달러)	연간 수익률(%)
85	어플라이드머티리얼즈 Applied Materials	27.66	14.00	−49.38
86	니콜렛인스트루먼트 Nicolet Instrument	21.62	10.75	−50.28
87	피니건 Finnigan	15.62	7.50	−52.00
88	내셔널세미컨덕터 National Semiconductor	40.25	19.12	−52.48
89	머티리얼스리서치 Materials Research	33.93	15.75	−53.59
90	마셜인더스트리즈 Marshall Industries	23.57	10.87	−53.86
91	이이코 Eeco	16.62	7.62	−54.13
92	에이비엑스 AVX	30.50	13.87	−54.50
93	크라토스 Kratos	20.25	9.00	−55.55
94	마이크로마스크 Micro Mask	17.00	7.50	−55.88
95	이에이치인터내셔널 E-H International	5.25	2.12	−59.52
96	스펙트라−피직스 Spectra-Physics	53.75	21.25	−60.46
97	하비그룹 Harvey Group	7.75	3.00	−61.29
98	쿨릭앤드소파 Kulicke & Soffa	32.00	12.25	−61.71
99	솔리드스테이트사이언티픽 Solid State Scientific	19.25	6.50	−66.23
100	스레시홀드테크놀로지 Threshold Technology	18.75	3.75	−80.00

자료: 〈로즌 일렉트로닉스 레터〉의 후신인 〈릴리즈 1.0 RELease1.0〉의 허가를 얻어 게재함(1982년 1월 15일).

뒤늦게 깨달은 경쟁자들

/

금융계는 완전히 잠에 취해 있었다. H&Q처럼 일말의 관심이라도 있었던 극소수의 증권사들은 버베이팀의 뛰어난 실적을 보고 눈이 휘둥그레졌다.

- 3분기 실적은 우리 기대치를 상회했다(1981년 4월 20일).[55]
- 버베이팀은 연말 실적 발표와 동시에 아메리칸증권거래소 American Stock Exchange 상장 추진 계획을 발표했다(1981년 8월 5일).[56]
- 1분기 실적은 우리의 기대치를 상회했다. … 우리는 이 회사의 매

---

55 H&Q update on Verbatim, April 20, 1981.
56 H&Q update on Verbatim, August 5, 1981.

출과 순이익 추정치를 모두 상향 조정한다. … 우리는 이 종목을 현재 주가 수준에서 장기 투자자들에게 매수 추천한다(1981년 10월 21일, 현 주가 35달러).[57]

• 이번 분기에 신규 설비투자와 연구개발 지출이 늘어서 전 분기에 비해 이익이 줄었다. 그렇지만 1983 회계연도 하반기에 계획된 더 큰 투자 지출을 감안하더라도, 앞으로 이익률의 추가 상승이 가능하다(1982년 1월 19일).[58]

H&Q는 아주 좋은 일을 했다. 이들은 이때부터 줄곧 버베이팀을 추천 종목으로 선정했고, 증권업계에서 최초로 이 종목의 매수를 추천했다. 이들의 매수 추천은 이미 버베이팀 주가가 바닥에서 2배 넘게 상승한 시점이었다(자료 33-7을 보라). 이 초기 구간의 상승은 단지 1980년 2분기와 1981년 1분기에 주가가 지나치게 짓눌려 있던 탓에 나타난 현상이다. 꽉 눌러놓은 용수철이 튀어 오르는 것과 같다. 1981 회계연도의 매출액은 1980 회계연도에 비해 7.4%밖에 증가하지 않았다. 그렇지만 4분기의 손익은 전년 같은 분기에 36만 7,000달러의 손실을 냈던 것과 대조적으로 138만 3,000달러의 순이익을 기록했다.[59] 매출액은 순이익에 비해서 훨씬 더 안정적인 흐름을 보였다(이 때문에 주식 분석에서 PSR이 유용한 것이다).

버베이팀은 실적 회복이 가시화되고 나서 신주 공모를 발표했다. 현금을 더 확보하기 위해서다(예기치 못한 악재가 터졌을 때 현금만큼 귀중한 것

---

57 H&Q update on Verbatim, October 21, 1981.
58 H&Q update on Verbatim, January 19, 1982.
59 버베이팀의 보도자료, 1981년 8월 5일.

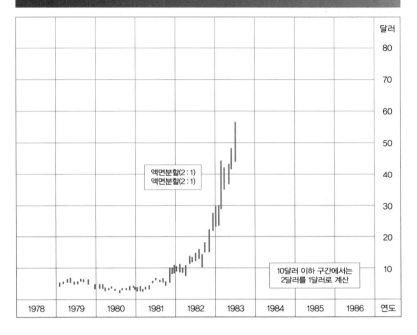

액면분할(2 : 1)
액면분할(2 : 1)

10달러 이하 구간에서는
2달러를 1달러로 계산

달러
80
70
60
50
40
30
20
10

1978 1979 1980 1981 1982 1983 1984 1985 1986 연도

은 없다). 그러나 최근까지만 해도 적자를 내던 기업에 대한 금융계의 반응은 시큰둥해서 신주 공모는 호응을 얻지 못했다.

신주 공모 몇 주 전에 (아마도 주식가치 희석에 대한 불안과 기업에 대한 신뢰 부족이 겹쳐서) 주가가 하락했다. 1981년 9월 3일 버베이팀은 신주 35만 주를 23.75달러에 일반에 판매했다. 신주 공모가 지나가고 안심할 만한 준비금이 갖춰지면서 주가는 금세 30달러대 중반을 회복했다. 이때부터 주가는 분기를 거듭하며 계속 치솟았다.

자료 33-8은 1982 회계연도 첫 분기의 버베이팀 주주보고서에서 발췌한 분기별 차트들이다. 이 차트들을 보면, 매출액과 연구개발비가 재

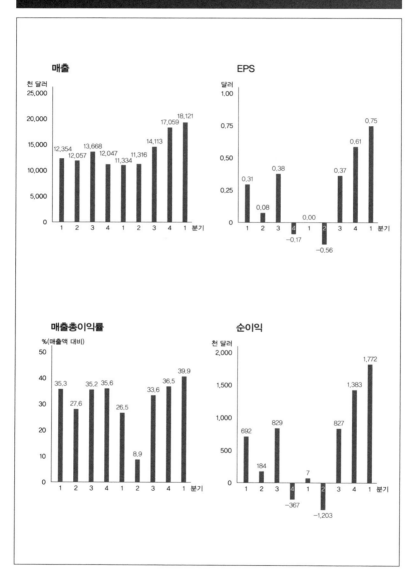

실제 사례로 살펴보는 슈퍼 스톡 투자 가이드

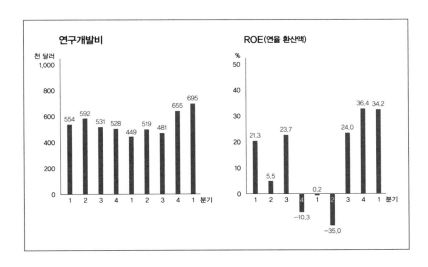

무제표상의 다른 항목들에 비해 비교적 안정적인 흐름을 보이고 있다. 이 차트들을 1982 회계연도 2분기(1982년 12월 31일 결산) 실적을 나타내는 자료 33-9의 차트들과 비교해보라. 나중의 실적 차트들을 보면 실적이 꾸준하게 향상되고 있어서, 금융계의 대중들을 이 주식에 투자하도록 설득하기에 족한 모습이다. 버베이팀의 주가는 상승을 이어갔다.

눈부신 수익 실현

두 번의 주식 액면분할과 신주 공모를 거치는 사이에, 버베이팀의 총 발행주식은 1983년 봄 시점에 1,200만 주로 늘었다. 분기를 거듭할수록 버베이팀은 멋진 경영실적을 이어갔다. 이익률은 10%를 훌쩍 넘어섰고, 매출액은 연율 기준으로 1억 달러를 돌파했다. 주가가 35달러에서 55달

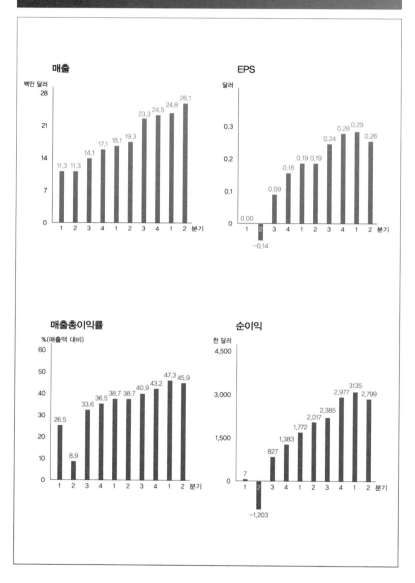

실제 사례로 살펴보는 슈퍼 스톡 투자 가이드

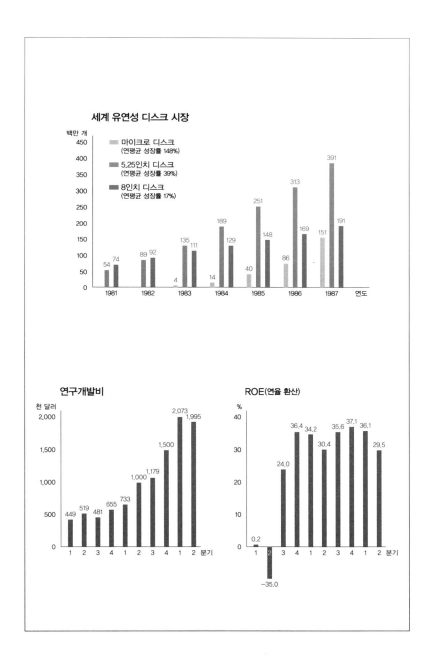

세계 유연성 디스크 시장

백만 개

- 마이크로 디스크 (연평균 성장률 148%)
- 5.25인치 디스크 (연평균 성장률 39%)
- 8인치 디스크 (연평균 성장률 17%)

연도

연구개발비

천 달러

분기

ROE(연율 환산)

%

분기

러로 상승하는 동안에도 이익률이 높았기 때문에, PER은 그냥 '높은 수준'으로 보였을 뿐이다(액면분할이 실행되었던 점을 기억하자). 그러나 PSR은 천문학적인 수치인 6.0을 넘어섰다(즉, 1,200만 주에 주가 55달러를 곱한 시가 총액 6억 6,000만 달러를 매출액 1억 달러로 나누면, PSR 값이 6으로 계산된다).

1983년에 보유 주식을 전량 매도했다. 1979년 약세장에도 불구하고 기업공개를 치러낸 몇 안 되는 주식을 말이다. 그렇지만 버베이팀은 주식의 수명 주기를 완전히 한 바퀴 마감한 상태였다. 즉, 이 주식은 PSR 2.75로 인기를 누리던 상태에서 PSR이 0.5 밑으로 떨어져 외면당하다가, PSR 6으로 화려한 인기를 회복하는 드라마를 연출했다. 이 주식은 단 몇 년 만에 높은 산악에서 깊은 계곡으로 추락했다가, 다시 훨씬 높은 능선으로 올라선 단계에 있었다. 버베이팀 자신은 예전 한때에 조그만 '디스코 베이비disco baby'였지만, 그간에 1억 달러 매출을 너끈히 올리는 슈퍼 컴퍼니로 크면서 황금빛의 재무상태표를 일구어냈다.

나는 그 사람들의 세계를 늘 생각한다. 맬컴 노스럽과 와일리 카터, 제프 베이트Geoff Bate, 해리 페키스Harry Fekkes…. 나는 그들이 잘되기를 바란다. 그들에게는 별다른 행운이 필요 없을 것이다. 능력이 출중한 사람들이기 때문이다. 그들이 몰고 가는 마차에 내 투자 수레를 걸어 매고 함께 달릴 수 있어서 감사히 여긴다. 또 PSR이 너무 높아졌을 때, 내가 수레와 함께 내릴 수 있게 허락해준 자유로운 주식시장 시스템도 감사하게 생각한다.

실제 사례로 살펴보는 슈퍼 스톡 투자 가이드

CHAPTER
34

잠깐의 판단 실수가 큰 위험을 부른다
: CMIC 사례

캘리포니아마이크로웨이브CMIC는 1968년에 데이비드 리슨David Leeson 박사가 캘리포니아 주 서니베일에 설립한 회사다. 이 회사는 극초단파 (마이크로파microwave) 기술에 바탕을 둔 전자 장비와 관련 제품들을 만드는 곳이다.[60] 연구개발과 설계, 제조, 판매 기능을 모두 갖추고 있다.

캘리포니아마이크로웨이브는 특수한 중계레이더와 공중레이더에 활용하기 위한 극초단파의 신호원signal source 요소를 개발하면서 사업을 시작했다. 이어서 이 회사는 무선 시스템의 현대화를 위해, 장비의 경제적 유용성을 유지하면서도 채널 용량의 확대와 유지비용의 축소가 가능한 신호원 요소를 개발했다. 극초단파 발생기mrcowave generator인 'CM41'을 개발하면서 이 회사는 금세 극초단파 현대화 시스템을 공급하는 미국

---

60 1981년 1월 기업공개 때의 투자설명서, p.4.

내 최대 회사가 되었다.

오늘날 캘리포니아마이크로웨이브의 제품들은 통신과 국방 분야의 각종 시스템에 쓰인다. 그중에는 음성 및 디지털 데이터의 지상파 전송 및 위성 전송, TV와 라디오 방송망의 배분, 레이더대항radar countermeasure(RCM) 시스템 및 군사용 전자대항electronic countermeasure(ECM) 시스템이 대표적인 것들이다. 이 회사의 고객으로는 벨시스템Bell System 및 여타 통신사업자와 미국 정부의 각 부처 외에 라디오방송사, 통신사, 위성통신사업자, 외국의 정부들이 있다.[61]

극초단파 기술은 전자 분야에서 최근 몇 년 동안 급속도로 확대되었다. 1970년대를 거치며 연방통신위원회Federal Communications Commission(FCC)는 개발 가능한 통신시장의 영역을 계속 넓혀왔다.[62] 이러한 통신시장의 확대 과정은 데이터통신 능력을 확대해야 하는 컴퓨터 기술의 발전과 발맞춰 진행되었다.

캘리포니아마이크로웨이브는 1979년 기업공개 이래 장외시장에서 그 주식이 거래되었다. 이 회사는 급속도로 성장했으며 1970년대 중반에 두드러진 실적을 달성했다. 다음의 표에는 1979년 6월 30일까지 5년간(회계연도 기준)의 매출액과 순이익이 나와 있다.[63]

1970년대 말에 매출액과 순이익이 각각 연평균 30% 및 35%로 성장한 것은 괄목할 만했다. 이때는 월스트리트에서 '스태그플레이션stagflation'을 걱정하던 시기였기 때문이다. 1979년에는 주가가 15달러에서 18달러 사이일 때가 대부분이어서, PSR은 0.92와 1.10 사이에 놓여

---

61 증권거래위원회에 제출하는 연간보고서(SEC Form 10-K), 1982년, p. 1-6.
62 같은 보고서.
63 1979년 연차보고서, p.16. 주당 계산된 1979년 자료는 정확하지만, 자료 산출 후 생긴 변화는 반영돼 있지 않다.

실제 사례로 살펴보는 슈퍼 스톡 투자 가이드

표 34-1 CMIC의 초창기 매출액과 순이익

	1975	1976	1977	1978	1979
매출액	10,753	18,062	26,061	33,167	40,036
순이익	526	829	1,496	1,889	2,368
EPS	0.29	0.46	0.78	0.96	1.17

EPS의 단위는 달러이며, 나머지 자료는 천 달러임. 자료 산출 후에 지급된 배당은 고려되어 있지 않음.

있었다. 즉, PSR이 높기는 했지만 과도한 수준은 아니었다. PER도 15.6
에서 18.75 사이여서 지나치게 높지는 않았다. 주가 수준이 과도하게 높
지도 않았고 기업은 꾸준하게 성장하고 있어서, 이 주식은 기관투자가들
과 증권업계의 투자와 매수 추천을 받고 있었다.

'결함' 발생과 PSR의 하락

/

1979년 11월 캘리포니아마이크로웨이브는 그해 회계연도 2분기(1979
년 12월 31일 결산)에 순이익이 전년 같은 기간에 비해 감소할 것이며, 연
간 순이익도 감소할 것 같다고 발표했다. 순이익 감소의 원인은 위성통
신 분야의 생산 착수비용이 예상보다 늘었고, 극초단파 무선 현대화 계
획에 공급되던 'CM41' 제품의 생산이 예상외로 일찍 종결된 데 있다고
지적되었다.[64]

이 공시가 나가자, 주가는 전일 18달러에서 뚝 떨어진 13달러로 '갭
하락'하며 거래를 시작했다. 기다리던 일이 벌어진 것이다. 매출액은 늘

---

64 다음 자료를 참조함. 기업공시 및 2분기 주주보고서, 1980년 연차보고서.

었는데 주가가 떨어졌으니, PSR은 대폭 하락한 0.64가 되었다(총 발행주식 수 206만 3,000주에 주가 13달러를 곱하면 시가총액은 2,680만 달러다. 이것을 지난 12개월간 매출액인 4,190만 달러로 나누어 PSR을 구하면, 0.64가 나온다).[65]

첫 번째 실수, 그리고 추가 조사
/

캘리포니아마이크로웨이브는 여러 해 동안 금융계와 엔지니어들로부터 높은 평가를 받았다. 11월에 서류철에 모아둔 자료들을 살펴봤다. 회사에 추가 자료도 요청해서 받았고, 항상 하던 대로 도서관 조사 작업도 시작했다.

나는 극초단파 제조회사 네 군데의 임원들을 알아내 인터뷰를 했다. 아반텍Avantek, 프리퀀시소스Frequency Sources, 옴니스펙트라Omni Spectra, 제타랩스Zeta Labs가 그 회사들이다. 옴니스펙트라는 실적이 고르지 못한 회사였다.[66] 그런데 프리퀀시소스가 옴니스펙트라 주식 전량의 공개매수를 제의한 일이 눈에 띄었다. 이때 프리퀀시소스의 PSR은 0.76이었다(총 발행주식 124만 주에 주가 16달러를 곱하면, 시가총액은 1,980만 달러이고, PSR은 1,980만 달러를 매출액 2,600만 달러로 나누어 0.76이 된다).

내가 주변을 수소문해보니, 캘리포니아마이크로웨이브를 설립했고 사장 겸 회장이자 CEO를 맡고 있는 데이비드 리슨이 좀 거친 사람이라는 인상을 받게 되었다. 즉, 독신에다 플레이보이 기질이 있으며 자동차

---

65 분기보고서 및 연차보고서상의 자료.
66 H&Q의 보고서는 "최근 얼마간 옴니스펙트라의 실적은 혼조 양상을 보였다"고 언급했다.

경주를 즐기는 기괴한 구석도 있다니 말이다(나중에 이에 대해 자세히 알게 되었는데, 그냥 돌아다니는 과장된 말들에 지나지 않았다. 독신과 자동차 경주는 맞지만, 거칠거나 플레이보이 같은 기질은 그에게 없었다). 캘리포니아마이크로웨이브에 납품하는 회사 두 곳과도 이야기를 나눠봤는데, 구매 주문이 들쑥날쑥하고 일관성이 없다는 말을 들었다. 하지만 구매 물량이 준 것은 아니었고, 구매 품목들이 변하는 과정으로 보였다(즉, CM41은 서서히 줄고, 신제품인 CA-42와 위성통신 제품들이 늘어나는 현상으로 보였다).

한편, 이렇게 인터뷰를 이어가다보니 리슨은 마음만 먹으면 대단한 능력을 발휘하는 사람이라는 느낌이 들었다. 내가 만났던 사람들 대부분은 리슨이 안일해졌다고 봤다. 돈도 충분이 많이 벌어서 아쉬울 게 없으니 회사 일을 예전처럼 면밀히 들여다보지 않는다는 것이다.

1979년 12월 7일, 나는 처음으로 캘리포니아마이크로웨이브의 CFO인 필립 오토_{Philip Otto} 전무를 만났다. 그는 내게 최근 발표된 순이익 감소는 무선 현대화에 들어가는 CM41 제품의 주문 감소와 위성통신 지상 터미널 제품의 생산 착수비용이 예상외로 불어났기 때문이라고 설명해주었다. 또 그는 CM41에 대한 주문은 이어지겠지만, 예전보다는 줄어들 것이라고 예상했다.

TD-2 극초단파 무선 장비를 현대화하는 벨시스템의 계획에 들어갈 CM41은 4만 3,000개 정도 되었다. 그리고 지금까지 3만 개 정도를 캘리포니아마이크로웨이브가 공급했다. 벨시스템은 여러 해 동안 기존의 소켓을 빠르게 CM41로 교체했다. 그런데 1만 3,000개 정도의 소켓을 남겨두고 콸콸 쏟아지던 주문이 갑자기 줄어들었다. 벨시스템은 잔여 소켓을 조만간 교체하겠지만, 캘리포니아마이크로웨이브가 CM41 생산을 원만하게 유지하기에는 주문의 흐름이 더뎠다. 그러나 캘리포니아마이크로웨이브는 이러한 애로는 잠시에 그칠 것이고, 다가올 신제품의 강점에 힘입어 그 충격을 흡수하고도 남을 것이라고 예상했다.

나는 오토에게 회사 일에 대한 데이비드 리슨의 관심이 예전만 못해진 것 아니냐는 우려를 내비쳤다. 오토는 리슨이 사업에 충분히 신경 쓰지 못했던 시절이 있었는지는 자신이 언급할 사항이 아니라고 했다. 그 대신에 그는 리슨이 현재 진행 중인 사업을 정확히 끌고 가고 있다는 점을 구체적으로 예시해주었다. 그는 앞으로 그런 문제로 걱정할 이유는 없다고 여러 번 강조했다.

나는 새로 알게 된 사실에 흡족해하며 그와 만나는 자리를 떠났다. 신제품인 CA-42가 투입될 소켓은 4만 3,000곳이 더 있었고(CM41이 투입되던 소켓과 같은 것이어서 이 회사에게는 CA-42 시장이 이미 익숙한 상태였다), 위성통신 지상터미널 제품군은 조만간 기존 제품들을 모두 합친 시장보다 규모가 커질 것으로 보였다. 단기적인 상황이야 어떠하든, 그들의 제품군은 전망이 밝다는 확신이 들었다. 그래도 리슨이 사업에 전념하고 있는지에 대한 일말의 의혹도 없애기 위해 그를 만나야겠다고 생각했다.

1980년 2월이 되어서야, 이 회사는 3분기 실적(1980년 3월 말 결산)이 "전년 같은 분기에 비해 다소 저조할 것이지만, 4분기(1980년 6월 말 결산)의 순이익은 전년 같은 분기보다 훨씬 나아질 것"이라고 밝혔다.[67] 이 소식을 호재로 주가가 조금 회복하기 시작해 1월에 평균 16달러를 유지했다.

나는 주식이 나를 따돌리고 상승세로 치달을까 봐 불안해지기 시작했다(나의 첫 번째 실수다. 절대로 서두르지 말아야 했다). 1980년 1월 11일, 행동

---

67 2분기 주주보고서(1980년 2월).

에 들어갔다. 나는 조급해진 나머지 15.75달러에 첫 번째 매수를 했다. 잘못된 매수였다. 나는 충분히 준비하지 않았고, PSR도 충분히 낮지 않았던 것이다(지금까지 이 투자 사례에 나온 정보만으로도 독자들은 이 주식의 PSR을 계산할 수 있을 것이다). 불안 심리가 내 투자 원칙을 압도해버렸다. 게다가 1월 말에는 매수 물량을 조금 더 늘렸다.

자료 34-1은 내가 1980년 1월 시점에 조급하게 만든 '매수 전 밸류에이션 및 예측'이다. 나는 주식을 소량이라도 '곳간'에 챙겨뒀으니, 좀 더 편안하게 조사 작업에 들어갈 수 있는 여유를 누릴 것이라고 생각했다. 그러나 마음이 편하기는커녕, 내가 충분히 알지도 못할뿐더러 슈퍼 컴퍼니인지(또 슈퍼 스톡인지) 확신도 없는 주식을 다만 소량이라도 보유하고 있다는 게 꺼림칙하기만 했다.

도서관 작업을 하면서 초극단파의 기술과 경제적 비용에 대해 더 알게 되었다. 또 전자산업과 금융계에서 풍부한 지식을 갖춘 사람들에게서도 정보를 얻었다. 1980년 2월 15일에 드디어 데이비드 리슨을 만났다. 그에게서 깊은 인상을 받았다. 그는 회사 문제에 대해 내게 툭 터놓고 솔직하게 말해주었다. 그는 또 내가 말을 꺼내지도 않았는데, 아무 거리낌 없이 자신이 사업에 충분히 집중하지 못했다고 인정했다. 그는 최근에 회사 경영이 정말로 자신이 원하는 길인지를 곰곰이 생각하며 고민했다고 말했다. 결국 그게 자신의 길이라는 결론을 얻었다고 했다.

리슨의 외모는 강한 인상을 주었다. 작은 키와 땅딸막한 체구에, 머리는 길게 길렀으며 정력이 흘러넘쳤다. 그는 외모로는 부족해 보인다고 해도, 섬세하고 충만한 인격을 갖추고 있었다. 또 남의 말을 귀담아들을 줄 알았고, 아랫사람들에게서 존경과 호감을 받고 있다는 점도 읽을 수

1. 총 발행주식 수 : 206만 3,000주, 현재 주가 : 15.75달러, 시가총액 : 3,249만 달러
2. 최근 12개월간 매출액 : 4,180만 달러, PSR=0.78(약간 높으나 거의 문제 없음)
   최근 12개월간 연구개발비: 260만 달러, PRR=12.5(약간 높으나 거의 문제 없음)

결론
1. 4분기에 위성통신 사업과 CA-42가 CM41의 매출 부진 이상으로 호조를 보이지 못하면, 주가가 하락할 수 있음. 또 3분기 순이익이 기대에 미치지 못해도 주가가 하락할 수 있음
2. 아마도 매출액이 향후 5년간 연평균 25%로 상승할 수 있을 것임(불확실)
3. 36개월 후부터는 연평균 5%의 순이익률을 달성할 것임(불확실)

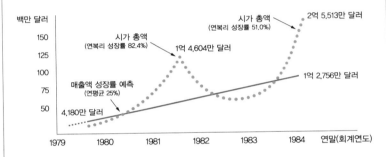

4. 언젠가 PSR 2.0에서 주가가 형성될 날이 올 것임. 아마도 그 시점은 1981~1982년이나, 아니면 1984년이 될 것으로 보임
5. 순이익률이 5%이고 PSR 2.0에서 주가가 형성된다면, PER은 40배가 됨. PER 40배면 지나친 수준이나 강세장에서는 실현 가능함
6. 소량만 일단 매수함. 나중에 매수 물량을 늘려감(주가가 오르든 내리든)

---

* 시가총액이 PSR 2.0 수준에서 증폭될 시점을 1981년 중반과 1984년 말로 잡으면 이 두 시점의 매출액, 시가총액, 연복리 성장률은 다음과 같이 계산된다.
  – 매출액(1981년 중반) = $4,180만×(1+0.25)^{2.5} = $7,302만
  – 시가총액(1981년 중반) = 매출액×PSR = $7,302만×2.0 = $1억 4,604만
  – 연복리 성장률(1981년 중반) = ($1억 4,604만/$3,249만)^{1/2.5}−1 = 82.4%
  – 매출액(1984년 말) = $4,180만×(1+0.25)^5 = $1억 2,756만
  – 시가총액(1984년 말) = 매출액×PSR = $1억 2,756만×2.0 = $2억 5,513만
  – 연복리 성장률(1984년 말) = ($2억 5,513만/$3,249만)^{1/5}−1 = 51.0%
  원서 214쪽의 그래프에서 1981년 중반의 시가총액($2억 3,100만)과 연복리 성장률(100%) 및 1984년 말의 시가총액($2억 2,800만) 및 연복리 성장률(54%), 매출액($1억 1,400만)의 계산 오류를 위와 같은 계산 결과에 따라서 바로잡는다(역자 주).

있어서 좋은 느낌이 왔다. 그가 사업에서 부딪힌 문제들은 핵심적인 제품기술이 단 하나인 다른 기업들에게서 흔히 보이는 단순한 문제였다. 그의 회사는 성장 결함을 겪고 있었다. 또 문제의 양상도 고전적이었다.

- CM41의 제품수명주기를 과대평가했다.
- 차세대 제품을 준비하는 데 소요될 시간을 과소평가했다(특히 위성통신 지상터미널과 CM41과 대상 시장이 똑같은 CA-42).

그는 CM41의 제품수명주기를 너무 길게 잡았던 데다, 당시 어느 정도나 길게 잡았는지를 모르고 있었다. 물론 나도 몰랐다. 리슨과 헤어지면서 그가 문제를 극복할 것이라는 확신도 들었고 좋은 느낌도 가지게 되었다. 나는 다음 분기의 순이익은 초라하든가 간신히 손익분기점에 머물 것이라고 생각했다(그들의 실적이 얼마나 악화될지 나도 가늠할 수 없었다). 내 생각에는 실적이 좋지 않아도 주가가 한 분기 정도는 버텨줄 것으로 보였다. 어쨌든 분기별 주주보고서를 통해 다음 분기에 실적 악화가 예상된다는 '예고 방송'이 나갔으므로, 시장이 놀라지는 않을 것이기 때문이다. 주가가 곧 무너질 것이라는 생각은 들지 않았다. 나는 15달러에서 매수 물량을 다시 조금 더 늘렸다. 이 주식을 투자 대상으로 완전히 확정하지 않은 상태에서 기업 내용을 파악해간다는 자세로 임했다.

1980년 3월 31일 아반텍의 회장 겸 CEO인 로렌스 실렌Lawrence Thielen을 만날 기회를 얻었다. 당시 아반텍은 극초단파 분야에서 월스트리트가 총애하는 종목이었고, 나도 그럴 만하다고 생각했다. 이 회사는 뛰어난 기업으로서 슈퍼 컴퍼니의 자격이 있었다. 주식의 PSR은 2.5를 넘어서서 당시 아주 높은 수준에 있었다(이 시기에 첨단기술 기업의 PSR에 대한 내용은 챕터7~8을 보라).

아반텍이 주식 공모를 앞두고 비공식적인 점심 회동을 개최한다는 이야기를 들었다. 다행히 그 점심 회동에는 회사 임원들 이외에는 아직 참석자들이 확정되지 않았을 때였다. 모르긴 해도 점심 장소에 예닐곱 테이블은 있을 것이고, 테이블마다 여덟 자리는 있을 게 분명했다. 나는 용기를 내서 실렌에게 간략히 내 소개를 하고 그 자리에 참석할 수 있게 해달라고 요청했다.

나는 점심 회동에 참석해서, 실렌이 그의 사업과 산업에 대해 말하는 내용을 주의 깊게 들었다. 테이블에 둘러앉은 참석자들이 질문하면 실렌이 답변했다. 아주 인상적이었다. 그는 매우 능력 있는 사람임이 분명했다. 캘리포니아마이크로웨이브에 대해 어떻게 생각하느냐는 질문을 받자, 그는 크게 웃으며 말했다. 그는 "아반텍이 극초단파 무선 현대화 시장에 들어갈 것이며 계약을 한 건이라도 성사시키려면, 리슨은 더 많이 신경 써야 할 것"이라고 지적했다. 킥킥대며 웃는 소리들이 테이블 주위에서 들려왔다. 이 자리에서는 아반텍에 대한 신뢰는 무지막지했던 반면, 캘리포니아마이크로웨이브는 아무도 신뢰하지 않았다.

추락 속에서 매수를 고민하다
/
1980년 3월 19일 캘리포니아마이크로웨이브는 CM41 생산 부문에서 100만 달러 상당의 자산상각 계획을 밝히면서, 그 때문에 회계연도 3분기에 손실이 예상된다고 공시했다. 또한 연간 순이익이 전년에 비해 "상당히 낮아질 것"이라는 언급도 나왔다. 한편 지난달에 CM41의 주문량이 더 악화되었다는 내용도 들어 있었다. 이 공시의 표현을 보건대 자산상각의 규모가 정확한 것 같지 않았다.[68]

아니나 다를까, 올 것이 왔다. 주식이 또 한 차례의 '갭 하락'으로 전일 13달러에서 9달러로 떨어졌다. 며칠 뒤에 주가는 8.5달러에서 바닥을 확인하고, 그 후 몇 주 동안 8.5달러와 10.5달러 사이에서 움직였다. 주식을 손에 들고 있는 사람들 대부분이 불안해한다는 게 역력히 보였다. 즉, 이 회사가 문제의 심각성을 가늠하고 있는 중이고, 여전히 자산상각 규모를 정확하게 판단하지 못하고 있음이 드러났기 때문이다(성장 결함 도중에 신제품 매출을 다지기 전의 전형적인 과정에 대한 설명은 챕터3을 보라). 100만 달러라는 숫자는 그저 추정치일 뿐이었다.

바로 그동안에 경영진이 개편되었다. 선임 임원 두 명의 사임이 촉구되었고, 부사장급 임원 두 사람의 직무가 늘어났다(챕터3에서 설명했던 내용이다). 길버트 존슨Gilbert Johnson이라는 사람이 운영 담당 전무로 임명되었고, 하워드 오린저Howard Oringer라는 사람이 통신본부장으로 임명되었다.[69]

자료 34-2는 1980년 3월 말까지 몇 년간의 주가 차트다. 주가의 흐름이 아주 허약한 모습이다.

나는 고민에 빠졌다. 내가 막 매수한 주식이 매수단가 아래로 추락할 때는 마음이 편하지 않다. 이 모든 상황에 대해 캘리포니아마이크로웨이

---

68 〈Electronic News〉, March 31, 1980. 그리고 회사 공시 자료, 1980년 3월 19일.
69 3분기 주주보고서(1980년 5월).

달러	1978	1979	1980
26			
22			
18			
14			
10			
6			
2			

자료 : Mansfield Stock Chart Service, Jersey City, N.J. 07306

브의 경영진을 탓하기가 쉬울 것이다. 최근에 내가 데이비드 리슨을 만난 지 한 달 만에 이 회사는 커다란 문제를 공시했다. '그들이 그런 문제를 보다 일찍 알고 있지 못했다면 능력 없는 경영자들이 분명해. 아마 지금도 자기 회사의 문제도 모르고 있을 거야'라고 생각하게 될 것이다(이와 같은 잘못된 심리에 대한 설명은 챕터3을 보라). 그러나 주가는 떨어졌지만, 지금은 경영진을 용서해야 할 때다(마찬가지로 챕터3을 참조하라).

그다음 달은 주로 지난 몇 달 동안 내가 파악해온 내용을 천천히 다시 생각하면서 보냈다. 어떻게 할 것인가? 이 기업을 성장 결함을 겪고 있는 슈퍼 컴퍼니로 판단하고, 주식을 좀 더 매수할 것인가? 아니면 경영진이 회사 사정도 잘 파악하지 못한다는 판단하에, 보유 중인 소규모 주식을 처분할 것인가?

내가 캘리포니아마이크로웨이브에 대해 배운 내용들은 대부분 이 회사가 슈퍼 컴퍼니임을 말해주고 있었다. 극초단파 시장은 다양한 회사들이 공급하는 '틈새들'로 구성돼 있었다. 그리고 그 틈새시장들 대부분이 상당히 빠르게 성장하고 있었다. 캘리포니아마이크로웨이브는 자신의 틈새시장에서 차지하고 있는 시장점유율이 절대적으로나 상대적으로나 높은 수준이었다. 앞으로 이 회사가 평균 이상의 장기 성장률을 달성할 전망은 꽤 좋았다.

최고 경영진의 능력도 아주 훌륭했다. 물론, 리슨이 대단한 성공을 거둔 여파로 1970년대 말에 경영자로서의 궤도에서 좀 벗어난 적은 있었지만, 이제는 다시 본궤도로 완전히 돌아온 상태였다. 최근에 이 산업과 금융계에서 이 회사를 부정적으로 보는 사람들이 아주 많았다. 그러나 지난 여러 해 동안 회사 경영진이 언급한 내용들이나 리슨과 오토를 나스스로 평가해볼 때, 그러한 주변의 부정적인 시각을 덮고도 남을 만큼 긍정적인 면이 많았다.

사업을 평가하는 중요한 잣대인 이익률을 볼 때도, 이 회사는 오랫동안 좋은 성적을 유지해온 역사를 가지고 있었다. 예전의 이익률은 훌륭했다. 그러한 지난 역사와 경영진의 자질을 보면 이 회사가 '잠에 취한 개'가 아닌 것은 분명했다. 그리고 과거 실적에 준하는 이익률을 획득하겠다는 의지도 그들의 진술 내용에서 보였다. 이 회사가 자리 잡고 있는 시장의 전망이 좋고 또 시장점유율이 높다는 점에서, 그들이 밝힌 목표에 근접하지 못할 것이라고 판단할 이유는 없었다. 이익 분석도 하고 경영진이 내세우는 이익률 목표도 보수적으로 '할인'하더라도, 그들의 이익률은 조만간 5%는 될 수 있다고 나는 내다봤다.

캘리포니아마이크로웨이브는 비록 턱걸이 수준이기는 해도, 슈퍼 컴퍼니를 판가름하는 이익률 기준은 통과한 것으로 보였다. 강력한 성장이 전망되고 양호한 경영진을 갖추고 있어서, 사실 이 회사는 슈퍼 컴퍼니로 보였다. 다만 노련한 경험이 쌓이기 전에 이 회사가 너무 빠르게 성장하다보니, 지금은 성장 결함을 앓고 있는 국면이라고 봐야 했다. 그러면 그 주식은 어떤 상태에 있는가?

주가 9달러에서 이 주식의 PSR은 0.44에 불과했다(총 발행주식 수 206만 3,000주에 주가 9달러를 곱하면, 시가총액은 1,860만 달러이므로, PSR은 1,860만 달러를 최근 12개월간 매출액 4,180만 달러로 나누어 0.44가 된다). PRR은 7.2였다(시가총액 1,860만 달러를 연구개발비 260만 달러로 나누면 7.2가 된다. 연구개발비는 증권거래위원회에 제출된 연간보고서10-K에 나오는 금액과 제3자에게 외주로 진행한 연구개발비를 합해서 산출했다).[70] 충분한 매수 자금으로 과감하게 주식을 확보하는 게 적합해 보였다. 그러나 매수시점은 어떻게 잡을 것인가?

드디어 매수 결정
/

1980년 4월 29일 샌프란시스코 소재 증권회사 한 곳에서 개최하는 투자자들을 위한 1주간의 기술 콘퍼런스에 참석했다. 그 자리에는 리슨이 캘리포니아마이크로웨이브에 대한 프레젠테이션을 하기 위해 와 있었다. 군중 사이에서 회의적 반응이 아주 역력했다. 리슨은 얼굴에 미소를 머금고 연단에 올랐지만, 무안하게도 청중의 절반 이상이 자리에서 일어나 나가버렸다. 남아 있는 사람들도 대부분 멍한 무표정이거나, 신문을 뒤적거리고 있었다.

---

70 1979년 회계연도에 제출된 SEC Form 10-K와 뒤따라 발표된 분기별 주주보고서를 참조함.

리슨의 프레젠테이션 전에 몇몇 사람들과 대화를 나눠봤는데, 사람들은 지난 6개월 동안 쏟아진 이 회사의 나쁜 소식에 넌더리를 내고 있었다. 어떤 이는 리슨의 체구를 들먹이며 놀려댔다.

"리슨은 그 사업을 하기에는 너무 키가 작다니까."

한때는 좋은 회사이고 경영진도 좋다고 존중을 받았지만, 이제는 투자자들이 한마디로 캘리포니아마이크로웨이브를 거들떠보지도 않았다.

콘퍼런스에 나타난 리슨은 내가 그의 서니베일 사무실에서 만났던, 솔직하고 진지하며 섬세한 그 모습 그대로의 리슨이었다. 그는 디지털 인공위성 지상터미널을 완성인도turnkey 방식으로 공급하는 뉴욕 소재 회사인 새틀라이트트랜스미션시스템스Satellite Transmission Systems를 "주식가치의 희석 없이" 인수하게 되었음을 기쁘게 공표한다고 말했다. 또 이미 소규모 지분을 소유하고 있다가 이번에 100% 지분을 인수하게 되었다는 언급도 나왔다.

"주식가치의 희석 없이"라는 말을 듣는 순간, 나는 뭘 해야 할지가 떠올랐다. 나는 가지고 간 녹음기가 작동되도록 켜놓고, 자리에서 일어나 바깥으로 나갔다. 모름지기 내 모습은 그전에 나가버렸던 다른 청중처럼 보였을 것이다. 나는 길 건너 공중전화로 달려가서 캘리포니아마이크로웨이브 매수 주문을 냈다(그 콘퍼런스를 개최한 증권회사를 매수 창구로 활용했다). 주문이 유효하게 처리된 것을 확인하고 콘퍼런스 실내로 돌아왔다. 이때의 돌발적인 매수는 전적으로 순간의 충동 매수만은 아니었다. 그 전주에 나는 캘리포니아마이크로웨이브에 대한 '매수 전 밸류에이션 및 예측'을 수정했다(자료 34-3을 보라).

나는 몇 주에 걸쳐서 주식을 매수했다. 1980년 5월 8일 캘리포니아마

1. 총 발행주식 수 : 206만 3,000주, 현재 주가 : 9달러

   시가총액 : 1,860만 달러
2. 최근 12개월간 매출액 : 4,180만 달러, PSR=0.44(문제 없음)

   최근 12개월간 연구개발비 : 260만 달러, PRR=7.2(문제 없음)

결론

1. 4분기에 위성통신 사업과 CA-42가 CM41의 매출 부진 이상으로 호조를 보이지 못하면, 주가
   가 하락할 수 있음. 또 1981년 초 두 분기에도 적자가 이어질 경우, 주가가 하락할 수 있음
2. 매출액 성장률은 향후 5년간 연평균 25%를 쉽게 달성할 수 있음
3. 36개월 후부터는 연평균 5%의 순이익률을 달성할 것임

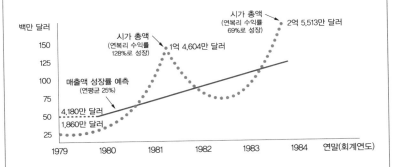

4. 언젠가 PSR 2.0에서 주가가 형성될 날이 올 것임. 아마도 그 시점은 1981~1982년이나, 아니
   면 1984년이 될 것으로 보임
5. 순이익률이 5%이고 PSR 2.0에서 주가가 형성된다면, PER은 40배가 됨. PER 40배면 지나친
   수준이나 강세장에서는 실현 가능함
6. 매수 자금으로 30만 달러를 투자하고, 매수 과정에서 주가가 12달러로 오른다면, 평균 매수
   단가는 약 10.5달러가 될 것임. 그러면 매수 물량은 2만 8,500주가 되고, 기업 전체 지분의
   1.4%에 해당됨

이크로웨이브는 같은 해 회계연도의 3분기에 210만 달러의 자산상각과 아울러 95만 8,000달러의 적자를 냈다고 공시했다. 이 공시 내용은 3분기에도 남아 있는 주문과 신규 주문이 줄었다는 것을 뜻했다.[71] 이 주식은 여전히 9달러에서 10.5달러대에서 거래되었다.

5월 31일까지 내가 매수한 물량은 고객 계좌와 내 계좌를 포함해 2만 7,000주가 되었다. 이것은 총 발행주식 수의 1.3% 남짓한 지분이었다. 매수 금액은 약 29만 5,000달러밖에 되지 않았다. PSR이 낮은 주식은 많은 물량을 매수해도 큰돈이 들지 않는다(또 그다음 여러 해 동안 주가가 약세를 보일 때마다 여러 번의 추가 매수를 했다).

주문량 폭주와 주가 상승
/

1980년 5월부터 주가는 분기를 거듭하며 1년 내내 상승세를 이어갔다. 기업 실적도 꾸준하게 나아졌다. 내가 맨 마지막의 대량 매수를 마치고 1년 뒤에, 주가는 32달러로 올라서서 매수 가격의 거의 3배로 상승했다. 이 주식은 왜 이렇게 두드러지게 상승했을까? 우선 주가가 지나치게 낮았기 때문에 상승했다. 캘리포니아마이크로웨이브는 월등한 기업으로, 슈퍼 컴퍼니다. 슈퍼 컴퍼니의 PSR이 0.75도 안 된다면 한마디로 주식 값이 너무 싼 것이다. 전에는 캘리포니아마이크로웨이브를 애호했던 월스트리트가 그 주식을 쳐다보지도 않게 된 것이다. 월스트리트는 나중에 이 회사를 그렇게 나쁘지만은 않다고 하다가, 이어서 아주 좋은 주식

---

71 1980년 5월 8일의 회사 공시와 1980년 5월 분기별 주주보고서.

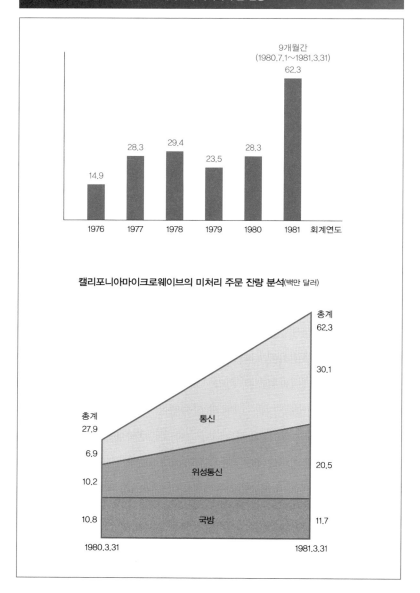

자료 34-4 **캘리포니아마이크로웨이브의 미처리 주문 잔량**(백만 달러)

9개월간
(1980.7.1~1981.3.31)
62.3

28.3   29.4   28.3

14.9   23.5

1976   1977   1978   1979   1980   1981   회계연도

캘리포니아마이크로웨이브의 미처리 주문 잔량 분석(백만 달러)

총계
62.3

30.1

총계
27.9

6.9   통신

20.5
10.2   위성통신

10.8   국방   11.7

1980.3.31   1981.3.31

316   실제 사례로 살펴보는 슈퍼 스톡 투자 가이드

이라고 생각을 바꾸게 되었다. 물론 시간이 흘러야 했다. 그 요인은 무엇이었는가?

캘리포니아마이크로웨이브가 큰 반전을 달성하게 된 요인은 유효한 주문 잔량에서 나타났다. 자료 34-4는 1980년까지 5개 회계연도 말(6월 30일 결산)의 주문 잔량과 1981년 3월 3일까지 9개월간의 주문 잔량을 보여준다. 데이비드 리슨이 자기 사업에 충분히 신경 쓰고 있다는 것이 분명히 보였다. 이어지는 주문의 흐름에 다시 활기가 돌았다. 신규 주문과 주문 잔량은 1981 회계연도 내내 분기를 거듭하며 꾸준하게 늘었다. 즉, 매출 실적이 가시화되기 전의 주문 흐름을 월스트리트는 보지 않았다. 그 때문에 캘리포니아마이크로웨이브에 대한 그들의 과소평가 폭이 엄청나게 벌어진 것이다.

주문 잔량이 크게 늘었다는 공시가 6월 4일부터 연이어 나왔다. 즉, 6월 4일 490만 달러, 8월 29일 820만 달러, 9월 12일 310만 달러, 10월 15일 660만 달러, 10월 16일 150만 달러, 10월 20일 130만 달러, 11월 7일 690만 달러, 12월 16일 1,550만 달러가 발표된 주문 잔량 금액들이다. 즉, 1980년 6월 말 2,830만 달러에서 주문 잔량이 6개월도 되기 전에 6,800만 달러로 증가했다.[72] 연간 매출 규모가 4,000만 달러대의 기업으로서는 밀물처럼 밀려드는 주문이었다.

기대 밖의 좋은 소식이 밀려드는 상황이어서 주가는 오르는 길밖에 없었다. 매출은 주문을 뒤따라 늘었고, 결국 그 뒤를 따라서 이익도 늘었다(이러한 진행 과정에 대해서는 챕터2~3을 보라). 자료 34-5와 34-6은 매출과 이익을 나타내는 차트다.

---

72 1980년 6월부터 12월 사이 캘리포니아마이크로웨이브의 수시 공시 자료.

새로운 경영진 영입에 따른 놀라운 성장
/

1980년 가을 중에 캘리포니아마이크로웨이브는 두 명의 중진 경영자를 영입했다. 신설 직책인 엔지니어링 담당 부사장 겸 최고 기술책임자로 프레드 스토크Fred Storke가 왔고, 기존 직책인 재무 담당 부사장 겸 CFO로 조지 스필레인George Spillane이 왔다.[73] 조지가 그 자리에 온 것은 "실망스러운 투자 실적에 회사를 욕하는" 투자자들을 상대한다는 의미가 있었다. 그는 새로운 인물이었기에 "투자자들을 물먹였다"는 부담 없이 그런 투자자들을 상대할 수 있었을 것이다.

1981 회계연도 초의 이익률은 슈퍼 컴퍼니라고 하기에는 너무 낮았다. 새로 도입한 제품들에서만 이익률이 낮았는데, 이런 현상은 어느 제품이나 제품수명주기의 초기에 겪는 현상이다. 그것도 이런 현상이 여러 가지 제품군에서 동시에 나타났다. 특히 위성통신 지상터미널과 CA-42 제품군(TD-2 무선망에 기존의 CM41 대신 새로 투입된 제품군)에서 두드러졌다. 그래도 주가는 저력 있는 모습을 유지했다. 왜냐하면 그전부터 월스트리트는 이 회사가 전혀 이익을 내지 못할 것으로 예상했기 때문이다.

1981년 1월 19일 캘리포니아마이크로웨이브는 신주 공모로 44만 주를 일반에 판매해서 820만 달러의 현금을 마련했다.[74] 순이익에 결함이 나타난 직후의 신주 공모는 슈퍼 컴퍼니들에서 보이는 일반적인 현상이다(이와 유사한 버베이팀 사례는 앞 챕터를 보라).

무릇 경영진은 '수중에 잡아둔 새'처럼 확실한 현금 확보를 중시한다.

---

73 2분기 주주보고서(1981년 2월).
74 2분기 주주보고서(1981년 2월) 및 신주 공모 투자설명서(1981년 1월 19일).

실제 사례로 살펴보는 슈퍼 스톡 투자 가이드

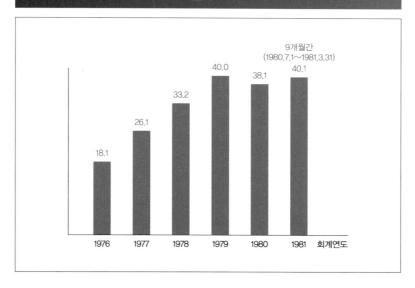

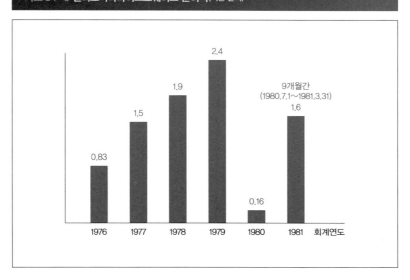

표 34-2 CMIC의 매출액과 순이익 변화(1979~1983)

	1979	1980	1981	1982	1983
매출액	40,036	38,066	56,971	88,615	101,209
순이익	2,368	158	2,521	4,154	5,375
EPS	0.39	0.02	0.35	0.52	0.65

EPS의 단위는 달러이며, 매출액과 순이익의 단위는 천 달러다.

그들은 나중에 더 높은 공모 가격('숲속의 새')으로 더 많은 현금을 마련할 수도 있음을 잘 알고 있지만, 얼마라도 당장 현금을 주입하는 쪽을 택하게 된다. 그들은 난관에 부닥쳤던 긴 시간을 이제 막 빠져나왔지만, 여전히 불안정한 상황에 있다. 앞으로 더 이상의 문제는 없을 것이라고 확신할 수가 없는 것이다.

그 후 몇 년 동안 꾸준하게 나아졌다. 표 34-2에는 1983년 6월 30일까지 4개 회계연도의 매출액과 순이익이 나와 있다.[75]

1980년부터 실적이 극적으로 호전되었다. 위 표에 나와 있는 숫자들은 이 챕터의 앞부분에 나왔던 1975~1979년 숫자들과 비교해보면, 캘리포니아마이크로웨이브가 매출 규모 1,000만 달러에 불과한 소규모 기업에서 1억 달러를 너끈히 해내는 기업으로 성장하는 과정에서 1980년은 전형적인 결함 현상을 연출하고 있다.

1979년 12월부터 1980년 9월까지 이 기업을 다룬 증권업계 보고서들은 드물었지만, 이때부터 순이익이 다시 회복되면서 이 기업에 주목하는 증권업계의 관심은 꾸준하게 늘어갔다. 1982년을 지나는 중에는 주가가 정상적인 조정을 거치며 대부분 제자리걸음을 했지만, 대단했던 약

75 기업공시 자료(1983년 8월 16일) 및 1982년 연차보고서.

자료 34-7 캘리포니아마이크로웨이브 주가 차트

달러
35
30
25
20
15
10
5

액면분할
(2 : 1)

액면분할
(3 : 2)

액면분할
(3 : 2)

액면분할
(2 : 1)

1978   1979   1980   1981   1982   1983   연도

자료 : M.C. Horsey & Company, Inc., P.O. Box H, Salisbury, Md. 21801.

세장의 와중에도 약간 하락하는 데 머물렀다. 그동안에도 기업은 계속 성장했다.

1982년 여름 이 주식의 시가총액은 6,600만 달러로, 1980년 봄에 비해 3.5배나 가치가 높아졌다. 그런데도 늘어난 시가총액을 매출액 9,000만 달러로 나눠보면 PSR은 0.74밖에 되지 않았다. 이것은 다시 한 번 매수할 좋은 기회가 왔음을 뜻했다.

1982년 8월 주식시장이 강세장으로 접어들 때, 캘리포니아마이크로웨이브는 급등세를 탔다. 자료 34-7은 이 주식이 3달러(이후 여러 번의 액면분할을 반영해 조정한 가격)에서부터 27달러까지 상승하는 전 과정을 보여주는 주가 차트. 3년 3개월 동안 시가총액은 8배나 늘어서 연복리 수익률로 매년 97%씩 성장했다. 이러한 폭발적 성장은 저가에 매수한 슈퍼 컴퍼니, 즉 슈퍼 스톡이 발휘하는 고전적인 유형이다.

누구나 좋은 결말을 바란다
/

이 투자사례에서 마지막에 소개하는 자료 34-8은 〈일렉트로닉 비즈니스Electronic Business〉에 실린 캘리포니아마이크로웨이브의 밝은 미래를 다룬 기사다. 우리가 봤던 것처럼, 캘리포니아마이크로웨이브의 해안가에는 항상 햇볕이 내리쬐었던 것은 아니었다. 캘리포니아의 해변에서 자란 아이들은 누구나 파도타기를 하러 물에 들어가려면 여러 가지 조건이 맞아야 한다는 것을 알고 있다. 캘리포니아마이크로웨이브가 몰고 가는 물결에 올라타기 위해서는 PSR이 낮을 때 들어가야 한다. 그러나 얼마나 대단한 파도를 탄 것인가!

자료 34- 8 밝은 미래를 앞두고 있는 캘리포니아마이크로웨이브

1980 회계연도를 어렵게 보낸 뒤에 매출과 이익이 다시 탄력을 받고 있다. 단측파대單側波帶. single-sideband 무선이 새로운 주력 제품군으로 부상 가능

고속도로를 달려가는 삶에는 충돌도 있었고 우회해야 할 곳도 있었다. 1968년에 캘리포니아 서니베일에 설립된 이래, 캘리포니아마이크로웨이브CMIC는 빠른 성장 가도에 올라, 매출과

실제 사례로 살펴보는 슈퍼 스톡 투자 가이드

순이익이 모두 연평균 25%로 성장했다. 이 회사는 계속 그 속도로 성장할 것 같았다. 그러나 1980 회계연도에 장애물에 부딪쳤다. 세전 자산상각은 200만 달러에 달했고, 위성통신 사업의 생산 착수비용이 급증한 데다, 극초단파 무선 현대화 제품이었던 CM41의 생산이 중단되는 바람에 매출은 떨어졌다. 이런 문제들을 한꺼번에 겪느라, 매출액은 1980년에 전년 4,000만 달러에서 3,810만 달러로 떨어졌고, 순이익은 240만 달러에서 15만 8,000달러로 줄었다. 이렇게 실적이 악화됨에 따라 자기진단을 거치지 않을 수 없었다. 이 회사는 문제가 순전히 내부적인 것이라고 판단했다. 취해야 할 조치는 경영관리를 더 엄격하게 하는 일이었다. CMIC는 그렇게 이를 악물었고, 그 재무 상태는 점점 나아지는 것으로 보인다. 1981 회계연도에는 매출액이 거의 5,700만 달러에 달했고, 순이익은 250만 달러로 치솟았다. 1981 회계연도에 CMIC는 기록적인 주문을 획득했고, 그동안 벤처투자가로서 지분을 투자해왔던 위성통신 공급업체를 인수했다. 나아가 신주 발행으로 확보한 820만 달러의 현금으로 은행 채무를 600만 달러 감축하고, 미래의 성장을 대비해 운전자본을 180만 달러 확보했다. 그리고 4분기에는 100%를 배당했다. 이 회사가 완연하게 회복했다는 추가적인 증거가 1982 회계연도 중반부터 나오고 있다. 즉 순이익은 2분기에 106% 증가했고, 매출액은 83% 늘었다. 반기 기준으로 순이익은 92% 늘어난 180만 달러로 성장했고, EPS는 55% 늘어난 34%로 개선됐다. 같은 기간에 매출액은 65%가 성장해 4,100만 달러에 육박함으로써, 반기 매출이 최근 몇 해 동안의 연간 매출을 뛰어넘었다.

기대를 경계하는 자세

14년 전 회사를 설립한 데이비드 리슨은 사장 및 최고 경영자와 회장을 겸하고 있다. 현재 그는 충분히 고무될 만한 상황이지만, 열광에 빠지지 않으려고 자신을 견제하면서 1980년에 시련을 통해 배웠던 신중한 자세로 흥분을 자제하고 있다. 그는 "기대에 부풀었다가 고삐가 풀렸을 때 혹독하게 배워야 했던 교훈을 간직하고 있다"고 말한다. 리슨은 1980년 상황이 고약했다고는 해도 회사가 파산할 정도로 위태롭지는 않았다고 한다. "우리가 심리적으로는 큰 충격을 입었지만, 우리의 재무상태표가 위험했던 적은 없다. 3분기 연속으로 실적이 주저앉았다는 게 문제가 아니라, 사업의 근간을 강화하는 일이 중요한 문제였다. 그리고 거기서부터 다시 시작하는 데 힘을 기울였다"고 그는 말했다. CMIC가 고객에 공급한 기술은 같은 것이었지만, 고객들은 동질적이지 않고 다양한 부류가 뒤섞여 있었다. "각각의 기술 그룹은 이질적인 고객들마다 따로 적응해야 해서, 기대했던 것보다는 일이 잘 풀리지 않았다. 그래서 가장 무난한 해결책만을 찾는 경향이 굳어져갔다. 이렇게 되면, 결국 나중에 일이 더 어려워질 수밖에 없다. 그게 바로 우리 스스로 빠져든 함정"이라고 리슨은 회상한다. 그는 외부의 영향력이나 요인을 탓하지 않는다. 그는 "우리가 자초해 문제에 빠졌었고, 또 우리 스스로 문제를 해결했다"고 말했다. 장애를 분석하고 그 원인을 찾아내면서 "각자가 솔직하게 문제에 임하면서도 즐거울 수 있는 분위기가 형성됐다. 그렇게 나쁜 점과 좋은 점을 모두 들여다볼 수 있게 됐고, 우리가 지금 어디에 있고 또 어디로 가야 할지를 파악할 수 있었다"고 리슨은 말한다. 하나의 해결책은 업무관리와 재무관리를 분리하는 것이었다. 업무관리는 꼭 지켜야 할 치명적인 것이지만, 재무관리는 결국 업무를 지원하는 것이라며, 리슨은 "한 사람이 이 두 가지 일을 다 맡기는 어려운 일이어서, 이 두 기능을 분리했다"고 설명한다. CMIC는 비용도 줄였고, 경영진을 보강하기 위해 조직도 개편했으며, 특히 부문별 재무관리도 강화했다. 기대에 부풀었다가 고삐가 풀렸을 때 배웠던 교훈에 대해, 리슨은 "시장은 우리가 바라는 대로 성장할 여건을 갖추지 못한 상태인데도 의욕에 차서 앞으로 나아가려고만 했던" 단기적인 오류였다고 지적했다. 그럼에도 불구하고, "우리의 기본 전략은 과거나 지금이나 아주 탄탄하다. 우리는 여전히 우리가 몸담고 있던 시장에 임하고 있다. 그런 상황이 다시 온다면, 우리 내부에서 좋은 점 못지않게 안 좋은 점도 쉽게 거론될 수 있도록, 우리 자신을 압박하는 강도를 줄일 생각이다. 그런 식으로 문제를 보다 훤히 들여다볼 수 있다면 문제 영역들이 생긴다 해도 치명적으로 작용하기 전에 잡아낼 수 있을 것이다."

기술의 최전선에서

뉴욕 증권업계의 딘 위터 레이놀즈Dean Witter Reynolds Inc.에서 리서치를 담당하는 제임스 매케이브James McCabe 수석 부사장은, 6월 30일 회계연도 말까지 CMIC가 매출액 1억 달러에 못 미치는 소규모 기업이지만, "무선 극초단파 사업에서 기술의 최전선에 서 있는 기업"이라고 말한다. CMIC는 벨시스템의 극초단파 장비를 대상으로 성능 향상 작업을 하고 있다. CMIC의 최대 고객인 벨시스템에는 극초단파 제품 외에 위성통신 지상터미널도 공급하고 있다. 또한 CMIC는 AT&T의 장거리회선 본부에 납품하는 얼마 안 되는 공급업체 가운데 하나다. 지난 5년간 AT&T는 극초단파 시스템을 두 번에 걸쳐 크게 개조했다. 첫 번째 개조작업에서 CMIC는 AT&T의 상시 납품업체인 웨스턴 일렉트릭Western Electric과 함께 90%의 사업을 따냈다. 매케이브는 이 점에 대해 "AT&T가 CMIC에 얼마나 의지하는가를 말해주는 사례"라고 했다. "다음 단계는 AT&T가 단측파대 무선시스템을 도입하는 것이며, 내 짐작에는 CMIC가 그 사업 계획의 대부분을 맡게 될 것"이라며, 매케이브는 이렇게 덧붙였다. "그 사업은 6~7년간은 계속될 것이다. 따라서 해당 사업에서 CMIC의 전도는 아주 밝다."

CMIC는 군수제품을 통해 또 다른 주 고객인 미국 정부와도 밀접한 업무관계를 맺고 있다. "CMIC는 지금 하고 있는 사업에 아주 능숙하며, 아직 작은 기업이지만 앞으로 성장할 여력이 크다"는 게 매케이브의 생각이다. "이 회사는 위와 같은 공급처들에 제품을 판매하고 있다. 사업의 당연한 수순은 기존 공급처들에 판매할 신제품을 개발하고, 새로운 공급처를 대상으로 신제품을 개발하는 일이다."

캘리포니아마이크로웨이브의 실적 개요

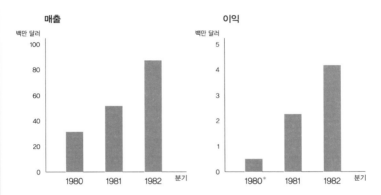

＊1980년의 이익은 200만 달러에 달하는 세전 자산상각과 신제품군의 생산 착수비용의 급증으로 인해 줄어들었다.
자료: 캘리포니아마이크로웨이브

샌프란시스코 소재 투자회사인 H&Q의 애널리스트 브루스 셀처Bruce Seltzer는 CMIC를 민수와 군수 양 분야의 극초단파 통신장비에서 "주도적인 혁신업체"로 보고 있다. 그는 이 회사가 그 핵심 기술인 신호원 요소로부터 새로운 분야인 극초단파 제품군으로 사업 역량을 성공적으로 확대했다는 점을 강조한다. 극초단파 제품군에는 아날로그 방식의 극초단파 무선 현대화 시스템과 민수 및 군수용 위성통신, 디지털 지상터미널, 디지털(및 T급 회선) 통신망의 정보처리 및 기기제어, 국방용 레이더 장비의 정보처리 및 기기제어, 전자지능 응용장비 등이 들어간다. CMIC의 판매 전략은 사업 금액이 큰 고객들을 겨냥한 집중 마케팅과 그들의 필요에 부응하는 제품 개발을 위한 밀접한 업무 유대에 중점을 두고 있다. CMIC의 세 가지 사업부문(통신, 위성통신, 군수용 통신제품)에서 이와 같은 판매 전략은 AT&T와 미국 정부의 각 부처를 주 고객으로 삼고 있으며, 부품이나 하위 시스템보다는 시스템 자체의 판매에 역점을 두고 있다. 작년까지 통신 부문은 CMIC에서 가장 큰 판매를 기록한 부문이었다. 1981 회계연도에서 이 부문은 CMIC 총매출에서 33%를 차지해서, 1979년(54%)과 1980년(47%)에 비해 판매 비중이 줄고 있는 중이다. 셀처는 금년에 통신 부문의 판매 비중이 48%로 다시 늘 것으로 보고 있다. 1981 회계연도에 통신 부문을 제치고 가장 큰 판매를 기록한 사업은 위성통신 부문이었다. 이 부문의 판매비중은 1979년과 1980년에 15%에 머물렀다가 작년(1981년)에는 43%로 늘었다. 이 부문의 판매가 늘어난 데는 두 가지 요인이 있었다. 하나는 디지털 인공위성 지상터미널을 완성인도 방식으로 공급하는 새틀라이트 트랜스미션 시스템스 Satellite Transmission Systems(STS)의 잔여 지분을 CMIC가 1980년에 모두 인수했다는 점이다. 다른 요인은 위성통신 수신 전용 지상터미널과 쌍방향 음성터미널의 판매가 늘었다는 점이다. 금년에 위성통신 부문의 판매는 아마도 총매출에서 32%는 차지하게 될 것이다. CMIC의 세 번째 사업 부문인 군수용 통신제품은 1981년에 총매출에서 24%를 차지했다. 이 부문은 1979년(31%)과 1980년(38%)보다는 매출비중이 떨어졌고, 금년에는 20%로 하락할 전망이다. 일찍이 CMIC의 사업 초기에는 대정부 사업이 총매출에서 60~80%를 차지했었다. 리슨은 이 부문의 매출비중을 35%로 유지할 생각이다. 그는 레이건 행정부가 추진하려는 국방비의 대폭적인 지출 확대가 CMIC에 유리하게 작용할 것으로 보고 있다. "국방예산에서 우리와 관련되는 부분은 통신과 첩보 부문이어서, 무기 시스템처럼 들쑥날쑥하게 변하지 않는다"고 리슨은 말하고 있다.

고객기반의 확충
지난 10월에 씨티뱅크는 전사적인 위성전송망에 쓰이는 주요 지상터미널을 공급할 회사로 STS를 선정했다. 씨티뱅크가 쓰게 될 최초의 지상터미널 네 곳은 9월에 완료될 계획이다. 이 지상터미널은 음성 및 데이터 전송과 메시지 기록, 쌍방향 다자간 회의통화 등의 통신서비스를 중계하게 된다. 리슨은 CMIC가 씨티뱅크 사례와 유사한 기업용 위성통신망 사업이 늘어갈 것이며, 자체 장비를 설치할 자금 여력이 충분한 다른 회사들을 그 시장으로 예상하고 있다. 그는 또 MCI와 같은 AT&T의 경쟁회사들 대상의 판매와 더불어, 케이블 TV 및 네트워크 TV의 프로그램 송출회사에 위성통신용 터미널을 공급하는 사업도 생각하고 있다. 작년 한 해 동안 케이블 TV 업종에 대한 CMIC의 매출은 총매출에서 5~10% 비중에 불과했다. 하지만 AP 통신의 경우, 이미 소형 위성통신용 터미널을 많이 사용하는 고객이라는 점에서, 리슨은 궁극적으로 "거의 모든 신문사가 우리 제품을 하나씩 사용하게 될 것"으로 예상하고 있다. 딘 위터의 매케이브는 올해 CMIC가 대략 9,000만 달러의 매출에 83%의 EPS

를 달성할 것이고, 내년(1983 회계연도)에는 1억 1,000만 달러의 매출에 1.1달러의 EPS를 달성할 것으로 예상하고 있다. 리슨은 이러한 예측에 대해 왈가불가하지도 않고, 자신의 예측도 언급하지 않고 있다. 통신산업의 전망은 밝고, 또 지금 통신산업이 경제침체의 와중에도 버티고 있는 중이지만, 리슨은 낙관적인 자세를 조심스럽게 자제하고 있다. 그는 또다시 고삐가 풀린 채 좋은 앞날만 보고 달려갈 생각은 하지 않고 있다.

슈퍼 스톡
사냥을 위한 자료

보다 효율적인 슈퍼 스톡 사냥을 위해 구체적 자료들을 추가했다. 본문에 없는 자질구레한 자료들은 물론, 이 책을 처음 쓸 때 미처 추가하지 못했던 피셔인베스트먼트의 흥미로운 분석 보고서도 수록했다.

01

기업 탐방 시 경영진에 대한 표준 질의 목록

다음에 수록한 목록은 모든 질문을 총망라한 것은 아니다. 경영진과
인터뷰할 때 반복해서 묻게 되는 질문들을 담은 것이다. 이 밖에 해당 기
업에 대해 더 구체적인 질문들도 항상 물어볼 필요가 있다. 아울러 인터
뷰 도중에 다른 질문들도 떠오르기 마련이고, 순간의 순발력으로 질문해
야 할 때도 있다.

도입

1. 금융계에서 귀사를 정기적으로 조사하는 사람은 누구입니까? 그리
   고 귀사에 대한 그들의 생각은 어떻다고 보십니까?
2. 기본적인 조직도를 예시해주시겠습니까? 즉, 사업이 어떻게 조직돼
   있으며, 기능 면에서 어떠한 업무 영역들이 주요 임원들에게 보고
   하도록 되어 있는지를 설명해주십시오.

마케팅

3. 제품 유형별로 귀사의 시장을 구분해주시겠습니까?

슈퍼 스톡 사냥을 위한 자료

4. 경쟁회사들의 제품을 놔두고 고객들이 귀사의 제품을 구매하는 이유는 무엇일까요?

5. 귀사 제품에 구현된 기술은 어떤 수준입니까? 귀사에서 사용하는 기술은 어떤 기술입니까?

6. 영업 활동은 어떻게 수행됩니까? 판매가 실행되는 과정은 어떻게 묘사할 수 있을까요?

7. 접근할 수 있는 잠재 고객을 찾게 되었다면, 최초로 그를 발견한 시점부터 판매가 종료되기까지 얼마나 시간이 걸립니까?

8. 귀사가 속한 시장 중에서 유효 시장으로 취급하지 않는 부문도 있습니까?

9. 제품별로 귀사의 시장점유율은 어떻게 나옵니까? 또 주력 경쟁회사의 시장점유율은 어떤 수준입니까? 어느 회사가 가장 강력한 경쟁자라고 보십니까?

10. 지금의 시장점유율은 몇 해 전에 비해 어떻게 변했습니까?

11. 최근 2년 동안 이 시장에 새로 진입한 회사들도 있습니까?

12. 제품별로 가격은 어떤 수준이며, 가격을 정하는 기준은 어떻게 다릅니까? 예전에 가격 인하가 시장 확보에 중요했던 적이 있었습니까?

13. 손익계산서에는 반영되지 않지만, 상당한 금액의 수입이 고객에 대한 서비스 활동에서도 발생합니까?

14. 신규 주문과 미처리 주문 잔고의 분기별 추이는 어떻습니까? (공개된 자료에 밝혀져 있지 않을 때만 질의한다)

15. 주문과 미처리 주문 잔고가 계절적인 영향을 받습니까? 이것 말고

사업에 영향을 주는 계절적인 요인은 없나요?

16. 해외 매출에서 상위 5개국의 각 매출 규모를 대략 지적해주시기 바랍니다. 개별 고객별 매출에서 상위 다섯 고객의 매출액도 말씀해주시기 바랍니다.

17. 해외시장의 경우, 마케팅 활동이 국내와 다르게 수행됩니까?

18. 귀사에서 제품 아이디어가 처음으로 등장해서 최초 출하로 이어지기까지 그 흐름을 설명해주십시오.

19. 귀사의 표준적인 영업 인력은 급여를 얼마나 받습니까? 그 급여 중에서 판매 수수료가 차지하는 금액은 얼마나 됩니까?

20. 영업 인력은 평균적으로 근속 기간이 얼마나 됩니까? 영업 인력들은 입사 전에 어느 곳에서 활동하던 사람들입니까? 그들을 어떻게 채용하셨습니까?

기업 전반 및 전략

21. 귀사의 장기적인 목적은 무엇입니까?

22. 장기적으로 이익률 목표치는 몇 %입니까? 그 목표를 어떤 방법으로 달성하려고 하십니까?

23. 향후 몇 년 동안 손익계산서 항목들 간의 상대적 관계는 어떻게 변할 것으로 보십니까?

24. 향후 몇 년 동안 귀사의 계획에 근거한 주요한 기업 인수나 사업 매각을 예상해도 되겠습니까?

25. 현재 경영진에 주요 기능을 추가할 생각을 가지고 계십니까?

26. 경영진의 각 임원을 소개해주시면서 강점 분야와 약점 분야를 설

슈퍼 스톡 사냥을 위한 자료

명해주시겠습니까? 예를 들자면, 조 블로 사장은 가장 강한 분야가 마케팅이고, 그다음으로는 어느 분야에서 강하며, 또 어느 분야가 약하다는 식으로 간략히 언급해주시면 좋겠습니다.

27. 향후 몇 년간의 투자 지출 계획을 설명해주십시오. 구체적으로 어느 제품 영역에 투자를 집중할 것인지도 설명해주시기 바랍니다.

28. 지난 몇 년 동안, 고위급 임원 중에서 회사를 떠난 분이 계시다면 (증권거래위원회에 제출하는 연간보고서 몇 해분을 미리 참조하라), 왜 이직했으며 어느 회사로 갔는지요?

29. 이사회 구성원들 가운데 가장 활발한 분들은 어느 분들이며, 가장 활동이 적은 분은 어느 분들입니까? (이런 질문에 경영진이 대답하기를 꺼릴 것이라고 생각되겠지만, 나는 그렇게 꺼리는 경우를 거의 본 적이 없다)

30. 각 기능별로 피고용자들의 숫자를 일러주십시오(공개된 자료에서 이 내용을 찾을 수 없을 경우에만 질의한다. 그리고 다음과 같이 준비한 메모지에 기록해둔다).

	올해	지난해
연구개발		
마 케 팅		
현장 영업		
서 비 스		
생 산		
재 무		
기 타		

기타 중요 사항

31. 앞으로 몇 개월 후나 몇 년 후에 매출액에서 차지하는 연구개발비 비율이 지금보다 높아지겠습니까, 아니면 낮아지겠습니까?

32. 연구개발비는 현재 어떤 분야에 지출하고 계십니까?

33. 매출원가에서 원자재 구매비용과 내부적인 공정비용은 각각 얼마나 됩니까?

34. 핵심적인 재료나 부품이지만 납품업체가 한두 개로 제한돼 있는 경우가 있습니까? 이런 납품업체들의 공급 물량이 부족해질 수도 있을까요?

35. 제가 여쭤봐야 할 질문 중에 빠뜨린 것은 없을까요? (이 질문에 대해 경영진이 한두 사항이라도 언급하지 못한다면, 생각이 없는 사람이거나 솔직하지 못하다고 봐야 한다. 또 누가 귀띔이라도 해주지 않으면, 모든 것을 다 기억해서 말하기는 힘든 일이다)

PSR과 기업 규모의 관계표

최근 12개월 매출 (백만 달러)	PSR									
	0~0.99	1~1.99	2~2.99	3~3.99	4~4.99	5~5.99	6~9.99	10~20	20 초과	
	기업의 숫자									총계
0~50	4	4	10	4	0	2	9	3*a	1*b	37
51~100	1	6	6	5	1	1	3*c	0	0	23
101~200	4	6	5	1	3	1*d	0	0	0	20
201~300	1	3	0	0	0	0	0	0	0	4
301~400	1	1	1	3	0	0	0	0	0	6
401~500	1	3	1	0	0	0	0	0	0	5
501~600	1	3	0	0	0	0	0	0	0	4
601~1,000	1	1	1*e	1*f	1*g	0	0	0	0	6
1억 초과	8	5	2*h	1*i	0	0	0	0	0	16
총계	22	29	26	15	5	4	12	3	1	120

각 그룹에 속하는 기업 이름은 다음과 같다.
*a Genentech, Home Health Care, Intecom
*b Centour
*c Cullinet, Seagate, Convergent Tech
*d Tandon
*e Intel
*f Apple
*g MCI
*h HP, AM
*i Wang

최근 12개월 매출 (백만 달러)	PSR									
	0~0.99	1~1.99	2~2.99	3~3.99	4~4.99	5~5.99	6~9.99	10~20	20 초과	
	기업의 숫자									총계
0~50	2	6	9	3	2	2	8	9	2[*a]	43
51~100	0	8	3	6	1	0	5	1[*b]	0	24
101~200	2	5	5	4	3	1[*c]	1[*d]	0	0	21
201~300	1	3	2	0	0	1[*e]	0	0	0	7
301~400	1	3	1	2	0	0	0	0	0	7
401~500	0	1	2	0	0	0	0	0	0	3
501~600	1	2	0	0	0	0	0	0	0	3
601~1,000	1	2	1[*f]	0	1[*g]	0	1[*h]	0	0	6
1억 초과	3	9	2[*i]	1[*j]	0	0	0	0	0	15
총계	11	39	25	16	7	4	15	10	2	129

각 그룹에 속하는 기업 이름은 다음과 같다.

*a Centocor, Apollo Computer
*b Convergent Tech
*c Intergraph
*d Diasonics
*e Tandon
*f Intel
*g Apple
*h MCI
*i HP, AMP
*j Wang

03

놓치지 말아야 할 교훈 몇 가지

캐스린 위그너KathLeen K. Wiegner, 〈포브스〉, 1983년 1월 31일

버베이팀은 창업자를 뛰어넘는 청출어람을 단시일 내에 보여준 전도 유망한 기업의 대표적인 사례다. 여기서 명심해야 할 교훈은 바로 이것 이다. 창의적인 과학자도 경영에는 미숙한 법이다.

1979년까지 5년 동안 리드 앤더슨이 이끄는 버베이팀은 눈부신 실적 을 과시하면서 소규모 첨단기술 기업의 매력을 마음껏 발산했다. 매출은 430만 달러에서 3,600만 달러로 성장했고, 순이익은 26만 달러에서 230 만 달러로 늘었다. 연평균 ROE는 30%를 훌쩍 넘어서서, 부채비율은 6% 로 떨어졌다. 버베이팀이 1979년 기업공개에 들어가고 난 뒤, 주가가 17 달러에서 29달러로 상승해, PER 23배에 달하는 힘찬 시세를 발휘한 것 은 전혀 놀랄 만한 일이 아니다.

그러더니 그와 같이 기적 같았던 모습이 갑자기 온데간데없이 사라졌 다. 1981년에 순이익은 100만 달러로 떨어졌고, ROE는 6.6%밖에 되지 않았다. 부채비율은 45%로 늘었고, 주가는 12달러로 추락했다. 버베이 팀에 무슨 문제가 생긴 것인가? 그 내용은 낯익은 이야기였다. 회사 설

립자인 앤더슨은 과거의 성공 탓에 너무 자만하게 됐다고 말한다.

버베이팀는 컴퓨터용 저장매체인 유연성 디스크, 즉 이 업종에서 플로피로 불리는 제품을 만든다. 플로피는 분당 45번 회전하는(45rpm) 얇은 플라스틱 레코드판과 비슷하다. 하지만 이 반들반들한 검은색 "레코드판"은 소형 컴퓨터 내부에서 아주 섬세한 곡들을 연주한다. 왜냐하면 플로피의 자기표면에는 컴퓨터가 지시하는 명령에 따라 디지털 부호가 기록되기 때문이다. 소형 플로피들은 자기테이프 매체만큼 많은 정보를 저장하지 못하지만, 더 저렴하고 빠르며 사용하기도 더 용이해서, 데스크톱 컴퓨터와 워드프로세서용으로 이상적인 저장매체로 쓰인다. 작년에는 5억 달러 정도의 플로피들이 팔렸는데, 1985년까지 판매량은 2배로 성장할 전망이다.

플로피를 사용하는 기업 고객들은 소규모 소프트웨어 회사에서부터 PC 제조업체(애플, 탠디 등), 또 대형 메인프레임 컴퓨터 제조업체(IBM, 버로즈Burroughs, 디지털 이큅먼트Digital Equipment 등)에 이르기까지 다양하다. 또 아이들은 친구의 비디오게임을 복사하려고 플로피를 사기도 한다. 공 디스크는 문방구에서 5달러 정도면 살 수 있고, 비디오게임이 복사 돼있는 플로피는 30달러면 살 수 있다. 플로피를 만드는 기업들은 20여 회사가 있는데, 3M이나 메모렉스Memorex, 다이선, IBM(판매량은 많지 않다) 등이 그런 회사들이다. 이들 중에서 버베이팀은 23%의 시장점유율을 확보하고 있는 가장 큰 회사다.

리드 앤더슨은 24년 동안 다른 기업들의 연구개발 부문에서 일하다가 51세의 나이에 버베이팀을 창업했다. 그중 17년 동안 그는 전자교환기와 저장장치 분야에서 상아탑의 최고봉인 벨연구소에 있었다. 또

NCR에서 2년 동안 일했고, 5년여 동안 스탠퍼드연구소_{Standford Research} Institute(SRI)에서 신제품 개발 업무를 했다. 전자 분야 엔지니어로서 그의 경력은 더할 나위 없는 것이었지만, 기업가에는 어울리지 않는 것 같다. 앤더슨이 46세 때 "내 회사 차리기" 바이러스에 걸린 것은 SRI에서 일할 때였다. "우리는 제품을 개발하는 일을 하고 있었고, 다양한 기업들이 신규 사업으로 도입하려는 제품개발이 그 목적이었다. 그래서 내가 스스로 해보자고 결정했다. 그 이전에 벨연구소를 다닐 때나, NCR을 다닐 때도 그런 생각을 했었지만, 아마 누구라도 그런 큰 회사에 몸담고 있을 때는 안정적인 생활에 익숙해져서 위험을 감수하지 않을 것이다."

그러다가 규모도 작았고 분위기도 더 기업가정신에 가까웠던 SRI가 그를 무기력에서 일깨웠다. 그곳에서 그는 가장 늦었을 때가 가장 빠른 때라는 것을 봤다. 클라리넷을 다루는 아마추어 연주가인 앤더슨은 트랜지스터를 활용한 메트로놈과 튜너를 설계했었다. 그가 SRI에서 개발한 제품을 가지고 다른 사람들이 사업을 하는 모습에 자극을 받은 그는 동료 음악가들에게 판매할 메트로놈을 제조하는 사업을 하기로 결정했다. 그러나 메트로놈을 팔 수 있는 시장은 너무 작아서, 그는 사업 3년 차에 벌써 시장이 포화 상태라는 것을 알게 됐다. 그때부터 그는 경영 컨설턴트인 레이 제이콥슨_{Ray Jacobson}과 제휴해서, 디지털 데이터를 아날로그 음성 전화선으로 전송할 수 있는 장치인 음향 데이터 결합기_{acoustic data coupler}를 만드는 합자회사를 차렸다. 앤더슨은 그간에 벨연구소에서 다뤘던 일들을 떠올리며, 자기테이프 카세트가 종이테이프를 대체할 것이라고 확신하게 됐다.

그런데 그의 파트너가 새로운 이 사업을 원하지 않는 바람에, 그는 그

합자회사(앤더슨-제이콥슨)를 떠났다. 그는 은행 차입금과 친지들에게서 마련한 자금을 기반으로 데이터 카세트를 만드는 인포메이션 터미널즈 Information Terminals를 창업했다(이 회사가 나중에 버베이팀으로 이름을 바꾸게 된다). 그렇지만, 앤더슨은 곧이어 그가 잘못된 제품을 선정했다는 사실을 알게 됐다. 왜냐하면 데이터 카세트마저 IBM이 1973년에 개발한 8인치 플로피 디스크로 금세 교체될 상황이었기 때문이다. 이때가 버베이팀이 설립된 지 4년 후의 일이었다. 앤더슨은 IBM에게 새로 개발한 플로피 디스크 기술의 특허사용권을 줄 수 있겠냐고 물었다. IBM은 5달러짜리 디스크보다는 100만 달러급의 컴퓨터에 관심이 더 많아서, 특허사용권을 허가해줬다. 버베이팀은 이렇게 해서 플로피 디스크 사업을 시작했다.

앤더슨이 62세에 달한 1979년에 회사 장부가치는 1,470만 달러가 됐다. 그러나 그 직후인 1981년에 거의 치명적인 실수가 발생해서, 앤더슨은 난관에 빠지게 됐다. 버베이팀의 문제는 작은 방심에서 시작됐다. 플로피 디스크에는 검은색 플라스틱 피복을 씌우는데, 그 안면에는 윤활제를 바른 부드러운 섬유질 성분의 덧칠 재료를 입혀서 디스크를 보호하고 디스크의 유연성도 유지하게 된다. 버베이팀은 피복 안면에 바르는 덧칠 재료를 적절한 검사 없이 바꾸었다. 새로운 덧칠 재료는 너무 많은 윤활제를 흡수해서 디스크의 마모를 초래했다. 그 결과 조금밖에 사용하지 않은 디스크에서도 오류가 발생했다. 이 오류는 디스크의 자기표면을 화학 재료로 덧입히는 공정을 바꾸는 바람에 더욱 악화됐다. 이 때문에 디스크가 더욱 빨리 마모됐다. 대규모 반품이 유일한 해결책이었다. 1980~1981년에 이 회사는 반품을 처리하기 위해 150만 달러의 준비금을 마련해둬야 했다.

다행히 이 문제들은 매출 성장이 더딘 8인치 플로피 제품들에서만 발생했다. 새로운 제품인 5.25인치 제품군은 그 영향을 받지 않았다. 그러나 8인치 제품의 시장점유율은 45%대에서 15%로 떨어져서 다시 회복되지 못했다. 심각하게 잘못된 일이 발생한 게 분명했다. 앤더슨은 충분한 통제장치를 확립해두지 않았었다. 변경된 설계사양이 적절한 검사 없이 그대로 제조과정으로 넘어갔다. 고객 주문이 뒤섞이는 일도 생겼고, 납품 일정이 완전히 어긋나는 일도 생겼다. 새로운 기술을 이리저리 찾아보는 앤더슨의 성향으로 인해 값비싼 개발 프로그램이 많이 추진됐다. 그중에는 동일한 공간에 더 많은 정보를 저장할 수 있는 경직성 디스크를 더 비싼 단가에 개발하는 일도 포함됐다. 그러나 문제가 생겼다. 컴퓨터 제조업체들도 경직성 디스크를 자체 개발하기로 했고, 일본 업체들도 자체 개발을 결정했기 때문이다. 1980 회계연도(6월 30일 결산)에 버베이팀은 경직성 디스크 관련 자산 230만 달러를 결손 처리했다. 그해에만 순이익이 43%나 줄었다.

버베이팀의 이사회는 마침내 행동에 나섰다. 그들은 1981년 1월에 로크웰인터내셔널의 반도체 부문에서 노련한 기술 경영자인 맬컴 노스럽을 최고 경영자로 영입했다. 20%의 회사지분을 보유하고 있던 앤더슨은 회장 직함만을 유지했다. 노스럽은 "회사에게 필요한 것은 리더십과 새로운 통제, 또 일정한 경영 구조였다"고 언급하고 있다. 이러한 여건을 마련하기 위해, 노스럽은 버베이팀의 경쟁회사 가운데 한 곳인 메모렉스Memorex에서 마케팅 부사장을 영입했다. 또 버베이팀의 제조과정과 검사 절차가 자동화됐다. 데이터라이프Datalife라는 새로운 고품질 브랜드를 도입해 이 업계 최초로 5년 동안 품질을 보증했다. 이와 같은 처방들이 효력을 발휘했다. 한때 디스크를 저가로 대량생산하는 회사로 알려졌던 버베이팀은 이전에 품질 문제로 환멸을 느꼈던 고객들에게서도 최고급 품질의 제조업체라는 명성을 얻기 시작했다. 빠른 시간 안에 노스럽은 회사를 정상 궤도로 다시 올려놓았다. 1982 회계연도에 버베이팀은 매출액 8,500만 달러, 세전 이익 900만 달러를 달성해서, 그 전년의 매출액 5,400만 달러, 세전 이익 100만 달러에서 극적인 회복을 실현했다.

지금 설립자는 회사를 떠났고, 43세의 노스럽이 경영을 맡고 있다. 그의 직무는 전혀 한가하지 않다. 버베이팀은 빠르게 변하는 기술의 선두 자리를 지키느라 눈코 뜰 새가 없다. 지금 컴퓨터 분야에 속하는 이 작은 산업에서는 또 한 차례의 경량화, 즉 3인치나 3.5인치 디스크를 둘러싼 움직임이 분주하다. 다가올 이 시장에서 가장 위협적인 존재는 일본 기업들일 것이라고 노스럽은 생각하고 있다. 히타치 맥셀Hitachi Maxell, TDK, 소니, 후지포토필름Fuji Photo Film 같은 일본 기업들은 모두 자기테이프 제조 경험을 갖추고 있고, 플로피 디스크 사업 진출을 기존 제품군의 논리적인 연장선으로 간주해왔다. 소형 디스크로 시장이 바뀌는 과정에서 이들 일본 기업들이 큰 시장점유율을 장악하게 되면, 버베이팀은 기존 제품군에서 지배력을 유지해봐야 퇴물이 될 제품군에 발이 묶이게 될지도 모른다. 그래서 노스럽은 비용 통제에 신경을 곤두세우면서도, 올해 매출액의 6%를 연구개발에 투입하기 시작해 향후 5년 동안 매출액의 9%로 늘려갈 계획이다. 또 마이크로디스크 신제품군을 생산하게 될 노스캐롤라이나에 있는 완전자동화 공장에 1,000만 달러 이상을 지출할 계획이다. 노스럽이 이러한 자금을 모두 조달하려면, 부채도 계속 늘려가야 할 것이고, 주식시장에서 또 한 차례의 신주 발행을 해야 할지도 모른다.

한편, 이 회사를 처음부터 일궜던 앤더슨은 어떻게 지내고 있을까? 그는 시간의 대부분을 여러 군데 투자해놓은 신설 기업들을 둘러보는 일로 보내고 있다. "내가 정말로 흥미 있는 일을 찾게 되면, 새로운 회사를 시작하게 될지도 모른다"는 그의 말 속에는 일말의 아쉬움이 엿보였다. 다음번에는 그가 다른 사람에게 경영을 맡기는 지혜를 보여주길 바란다.

04

MPC 사례로 본 마케팅 개혁 과정

    나는 몸소 체험을 통해서 연구개발보다 마케팅이 중요하다는 생각을 굳히게 되었다. 나는 머티리얼프로그레스Material Progress Corporation(MPC, 캘리포니아 샌타로사 소재)에 상당히 큰 금액을 투자했는데, 이사회에서 열띤 논쟁이 벌어지는 자리에서 이 회사와 그 사장이 각자 제 갈 길로 갈라섰을 때였다. 기존의 피고용자들 중에서 회사 경영을 맡길 사람을 선정할 방도가 없었다. 이사회 구성원들 대부분은 사업 소재지에 있지 않아서, 이들은 공식적인 경영자 알선을 통해 상근으로 사장 및 회장 겸 CEO를 물색하기로 했다. 불행하게도 이렇게 사람을 찾는 데 여러 달이 걸렸다. 이들은 그때까지 잠정적으로 비상근 회장 겸 CEO 역할을 해달라는 요구를 내게 해왔다.

    나의 첫 번째 역할은 내 자리를 이어받을 인재 물색을 시작하는 것이었다. 경영자를 물색하는 일은 사실 얼마나 오래 걸릴지, 또 심지어 적절한 후보를 찾을 수 있을지도 장담할 수가 없다. 나는 최악의 경우를 대비해야 했다. 어쩌면 이 회사의 관리인 역할을 오래 맡아야 할지도 몰랐다. 내가 우선적으로 취한 행동은 서해안의 주력 경영자 알선 회사인 데이

                                                 슈퍼 스톡 사냥을 위한 자료

비드포웰David Powell Inc.에게 이 일을 맡긴 것이었다. 그다음에는 내가 그 회사에서 할 일이 어떤 상태인지 점검하기 시작했다.

MPC는 엄청나게 출혈을 하고 있었다. 매출은 뚝 떨어졌고, 매월 8만 달러 이상의 손실이 누적되고 있었다. 그렇다고 상황을 타개해줄 만한 신제품이 있는 것도 아니었다. 게다가 연구개발이나 엔지니어링 기능이 공식적으로 구비되어 있는 것도 아니었다. 일정한 범위에서 작동하는 엔지니어링은 있었지만, 조직으로서 갖춰져 있지는 않았다. MPC는 전자 분야의 재료를 만드는 회사였고, 기존 기술을 새로운 시장으로 확장할 생각이었다. 그중에 정의된 시장도 있었지만, 생각만 하고 있던 시장도 있었다. 기존의 제품군들을 보면, 기술은 괜찮았지만 특출한 것은 아니었다.

출중한 기술 담당 부사장이 있어서 내 일이 훨씬 수월했다. 그에게 구체적인 목표를 제시하고 몇몇 사람들을 대처할 방법을 어느 정도 일러주었더니, 단 두 달 만에 제대로 갖춘 엔지니어링 조직을 만들고 굵직한 3가지 개발 프로젝트를 마련할 수 있었다. 우리는 아주 빠르게 우리가 접해 있던 시장에 적용할 아주 괜찮은 기술을 다듬었다. 그다음 몇 달 동안 여러 프로젝트를 더 추가했다. 그러나 그중 어떤 것도 성장 여력이 부족했다. 시장 규모가 너무 작았던 것이다. 애초에 시장에 대한 고려가 충분하지 못했다. 이 회사는 여전히 부족한 게 많았다.

이 회사는 결정화된 섬세한 전자재료를 공급하는 '결정성장結晶成長, crystal growth' 기업이라는 개념을 가지고 있었다. 즉, 이 회사가 만드는 제품들은 '가돌리늄 갈륨 가닛Gadolineum Gallium Garnet', '이트륨 알루미늄 가닛Yttrium Aluminum Garnet'과 같은 신기한 이름의 것들이었다. 크리스털을 고온의 화로에서 성장시킨 다음, 고객들이 필요로 하는 정밀한 형태로 가공했다. 가공 과정에는 MPC에서 개발된 고유 기술이 주로 사용되는데, 평평한 작은 조각들을 아주 매끈한 균질의 평면으로 연마해내는 '양면 연마double-sided polishing'라고 불리는 기술이 그것이다. 이렇게 연마된 평면은 아주 고도의 표면 품질을 갖추어야 했다. 허용 한계는 극도로 정밀해서 미크론micron(1/100만m) 단위로 측정되었다. 나는 이 회사가 크리스털을 성장시키는 데 뛰어났지만, 높은 평가를 받는 부분은 고품질의 가공 기술에 있다는 사실을 알게 되었다.

평범한 크리스털이라도 뛰어난 가공 기술로 처리한 제품이 고객의 눈에는 뛰어난 크리스털을 평범한 가공 기술로 처리한 제품보다 더 좋은 것이었다(기계에 끼워지는 강철 부품과 유사하게 볼 수 있다. 즉, 강철의 미세한 탄소 함유량 차이는 강철 부품이 기계에 완벽하게 들어맞느냐 하는 문제에 비하면 중요하지 않다). 우리는 크리스털을 판다는 생각을 하지 말아야 했고, 크리스털을 성장시키는 회사라는 인식을 버려야 했다.

그 대신에 우리는 연마 기술을 적용할 수 있는 제품 시장을 찾아야 했다. 이 취지를 회사 내에 두루 공유하고 나자 5.25인치 윈체스터 자기메모리 디스크를 연마하는 게 어떠냐는 아이디어가 나왔다. 이 시장 하나가 회사의 여타 제품들 시장 전체보다도 컸다. 게다가 우리만이 가지고 있는 기술이 있었다. 나는 디스크라는 아이디어는 생각하지 못했다. 내가 힘을 보탠 것은 잠재적인 시장에 접근하는 우리의 자세를 어떻게 취하느냐는 개념이었다. 그다음 일들은 피고용자들이 했다.

이 아이디어가 나온 시점부터 시장에 다가서는 데 1년여밖에 걸리지 않았다. 즉, 기술개발은 어렵지 않았다는 증거다. 그해 대부분은 시장에

슈퍼 스톡 사냥을 위한 자료

대한 이해를 분명히 하는 일로 보냈다. 고객이 평가한 결과를 직접 받아 보면서 우리 제품이 정말로 독보적이라는 것이 확인되었다. 생각만큼 그 시장이 큰지는 '잠재적인 거래처'의 구매 고객들을 조사해봐야만 알 수 있었다. 디스크를 구매하는 그들의 반응과 수요 규모를 알아야 하기 때문이다. 또 그래야만 단가를 정할 수 있다.

데이비드포웰의 인력 알선 컨설턴트들은 이상적인 인물을 찾아냈다. 그 덕분에 나도 책임을 덜게 되었다. 5.25인치 디스크 연마는 이제 MPC의 주력 사업이다. 필요했던 것은 시장의 관점에서 우리를 정확하게 이해하는 일과 마케팅이었다. 기존의 크리스털 시장에 매달렸다면 연구개발비를 계속 엉뚱한 데 쓰면서 사업 성과도 전혀 거두지 못했을 것이다. 우리가 접근할 시장을 이해함으로써 연구개발비를 여유 자금으로 확보할 수 있었다. 기술이 아니라 마케팅이 바로 핵심이었다.

05

PSR과 인수합병 시나리오

어느 날 어떤 환영幻影이 떠올랐다. 망상일 수도 있고, 어쩌면 악몽인지도 모르겠다. 아주 작지만 기술 수준이 높은 회사가 떠올랐다. 그런데 이 작은 회사의 PSR이 경이로울 정도로 높은 것이다. 주가가 매출액의 10배 수준에서 거래된다. 그런 기업은 아마도 컨버전트테크놀로지Convergent Technology일 것이다. 또 디지털스위치Digital Switch나 인터컴Intecom도 그런 기업일 것이다. 이런 회사들의 본사에는 성공하려고 안달하는 CEO가 앉아 있다.

이름하여 '미스터 빅Mr. Big'. 그는 착실하게 그의 길을 밟아왔다. 여러 해 동안 공부해서 경영대학과 공과대학에서 석사 학위를 취득했다. 그다음에는 '첨단 유령회사Integrated Bogus Makers(IBM)'에서 악착같이 일하며 높은 지위까지 승진했다. 또 제국과도 같은 그 회사가 펼치는 세계무대에서 온갖 일들을 경험했다. 마침내 그는 자기 회사를 창업했다. 그는 온갖 첨단 이미지를 합성해서 회사 이름을 '디지콤콘스위치트로닉스Digicom Conswitchtronics'라고 지었다. 이 회사는 미래의 인공지능 네트워크에 올려놓고 쓰게 될 항체 복제를 연구하는 유전공학자들에게 소프트웨어를 만

들어 공급한다. 시장 규모는 아주 작지만, 〈첨단기술〉지에 따르면, 산업 혁명 이래 가장 유망한 사업이라고 한다.

이 회사의 매출은 작년에 5,000만 달러에 불과했다. 그런데 주식시장이 〈첨단기술〉지를 읽었는지, 이 주식의 시가총액을 6억 달러나 쳐주었다(PSR이 12배가 넘는다).

장부상으로 '미스터 빅'은 큰 자산을 거머쥐게 되었다. 그런데 현실적으로는 주식을 많이 팔 수 없다는 것을 그는 잘 알고 있다. 그랬다가는 "사장이 자사 주식을 보유할 생각이 없다면, 누가 그 주식을 보유하겠는가?"라는 말이 나돌며, 당장에 주가가 주저앉을 것이기 때문이다. 언젠가 디지콤은 거대한 회사가 될 것이다. 하지만 그때까지 그가 기다려야 할 이유가 있겠는가? 그는 세상을 갖고 싶다. 그것도 지금 당장.

예전에 '사업'을 논하던 경영대학원 시절에, 그는 '미스터 미디엄Mr. Medium'과 절친한 친구였다. 미디엄은 아직 첨단 유령회사에 다니고 있다. 사실 미스터 미디엄은 그곳에서 최고의 문제해결사였다. 어떤 사업 본부와 문제가 생길 때 미스터 미디엄을 보내면, 그는 '아이비엠IBM'이라는 네 음절이 떨어지기 전에 문제를 말끔하게 처리해놓을 정도였다. 미스터 빅은 항상 미스터 미디엄을 아주 높게 평가했다. 사실 그는 미디엄을 디지콤에 채용하고 싶어 한다. 그는 지금 당장 세상을 갖고 싶은 것이다.

어느 날 문득, 미스터 빅에게 아이디어 하나가 떠올랐다. 그는 계획을 수립하고 '번개 작전Operation Blitz'이라는 암호명을 붙였다. 그는 미디엄을 불러서 부사장직을 제의하고, 덤으로 미디엄 사이즈의 책상이 넘칠 정도로 많은 옵션도 주겠다고 한다. 미디엄이 수락하자, 빅은 번개 작전에 돌입했다. 미스터 빅은 서해안의 소규모 자산운용사를 고용해서 다음과 같은 조건에 맞는 모든 상장 제조회사를 찾아달라고 했다.

- 매출액이 5,000만 달러에서 1억 5,000만 달러 사이의 규모일 것
- PSR이 0.0에서 0.15 사이일 것
- 지배지분이 여러 집단의 주주들에게 흩어져 있지 않을 것

이 회사 목록을 손에 든 미스터 빅은 10개 회사를 표적으로 정했다. 심한 정도는 아니지만, 회사들이 하나같이 엉망진창처럼 보였다. 모두가 적자를 내는 회사들이었고, 부채도 상당히 많았다. 미스터 빅은 이들 10군데를 합치면 어울리는 한 묶음이 될 것으로 생각했다. 그는 이 기업 목록을 회사 법률고문 '미스터 클린Mr. Clean'에게 건네주며, 그 기업들을 사고 싶다고 했다. 모조리 100% 지분을 인수하고 싶다고 했다. 미스터 클린은 "좋습니다"라고 답한다. 클린은 어느 회사를 먼저 사고 싶은지, 인수 자금은 어떻게 조달할 생각인지를 물었다(미스터 빅은 늘 미스터 클린이 좀 마음에 걸렸다). 빅은 또박또박 위엄 있게 그 회사들을 전부 7일 후에 한꺼번에 주식 교환 방식으로 사고 싶다고 말한다.

미스터 클린은 돌연 심장마비를 일으켰다. 미스터 빅은 그의 장례식이 끝난 후 다른 법률고문을 채용한다. 그리고 화요일에 행동에 들어간다. 오전 9시에 디지콤은 10개 회사를 주식 공개매수로 인수한다고 발표한다. 동시에 이 회사들은 신설 사업본부의 핵이 될 것이며, 신임 부사장 미스터 미디엄이 경영을 맡는다는 내용도 발표되었다(미스터 미디엄은 첨단 유령회사에서 바로 전에 사임했다).

이 10개 회사의 매출을 합치면 10억 달러가 되었다. 이들 주식의 시가

총액 합계는 1억 달러다. 디지콤은 인수가액을 50% 올려서 1억 5,000만 달러에 제시하고, 이 금액에 해당하는 디지콤의 신주를 발행해서 지불하겠다고 제의한다. 이 10개 회사의 주주들은 행여나 이 지긋지긋한 회사 주식을 털어버릴 날이 올까 생각도 못하던 차에 환호했다. 이 회사들의 경영자들은 호응하지 않았겠지만, 기존 주주들은 인수 제의를 환영했다.

하룻밤 새 미스터 빅은 10억 달러나 되는 제국의 CEO가 되었다. 그날 밤 공교롭게도 증권거래위원회의 감독위원이 심장마비를 일으킨 뒤 아무도 그의 소식을 듣지 못했다. 미스터 빅은 바라던 대로 그의 오랜 친구 미스터 미디엄을 채용했다. 미스터 미디엄은 '잠에 취한 개들'을 대청소하는 출동 명령을 받았다. 미스터 빅은 디지콤 주식의 25%도 안 되는 지분만 내어주고 이 모든 일을 처리했다. 그는 '썩 괜찮은 수란 말이야' 라고 속으로 생각했다. 디지콤은 순식간에 매출 규모 10억 5,000만 달러의 회사가 되었고, 시가총액은 7억 5,000만 달러가 되었다. PSR도 다른 10억 달러대 기업들처럼 0.75가 되었다. 미스터 빅은 아주 흡족하다.

미스터 미디엄은 2년 뒤에 그가 맡은 사업본부를 말끔하게 청소했다. 이때부터 이 본부는 매년 5%의 순이익을 디지콤에게 벌어주었다. 이전 디지콤 매출액보다도 큰 금액이다. 또 디지콤은 계속 PSR을 0.75로 유지했다. 모두가 더 나아졌고 피해를 본 사람은 아무도 없다. 디지콤이 애초에 만들기로 했던 '항체'에 대해서는, 그런 것이 있었는지조차 기억하는 사람이 없다. 6년 후에 회사명은 디지콤콘스위치트로닉스에서 '디시 인더스트리즈DC Industries'로 바뀌었다. 수십 년이 흐른 뒤에 미스터 빅은 성장을 향한 그의 창업 정신으로 그가 어떻게 DC를 경영해왔는지를 은퇴 기념 만찬에서 연설한다. 만찬은 지나갔고 모든 사람들은 편안한 말년을 맞는다. 그들은 주식의 배당금으로 행복하게 살게 된다.

일어날 수 없는 일이라고 보는가? 극적인 요소만 조금 다를 뿐 유사한 사례들이 수십 년 동안 되풀이되었다. 1960년대에 유행했던 기업집단 형성은 돼지 귀를 많이 모아서 큰 비단 지갑을 만들려는 거대한 시도였다. 주식시장의 쓰레기 처리장에 나뒹구는 그러한 돼지 귀들 가운데는 집어갈 사람을 기다리는 미래의 노다지들이 있다. 인수합병의 예술가들이 이들을 집어가기도 한다. 또 이들이 내다버릴 만한 개는 아니라고 금융계가 봐주는 주가 상승 시기에 새 주인이 나타나기도 한다. 어느 쪽이 되었든, 현명한 매수자들은 PSR이 낮은 주식들이 기회가 넘치는 비옥한 들판이라는 생각을 가지게 될 것이다.

슈퍼 스톡 사냥을 위한 자료

06

피셔인베스트먼트의 추가 연구 결과

이 책에 있는 내용의 초안은 1983년 9월 이전에 쓴 것이다. 그 이후로 기술주들이 폭락을 겪었다. 그와 동시에 피셔인베스트먼트에서는 PSR 연구에 몰입했고, 특히 기술주 이외의 분야에 눈을 돌렸다. 이 부록은 그에 관해 최근에 발견한 내용들을 독자들에게 전하기 위한 것이다. 이 책을 처음 쓴 이래 우리가 찾아낸 흥미로운 사실들을 본다면 PSR의 장점을 더 확신하게 될 것이다.

기업의 인기도와 PSR의 관계

PSR 값의 범위에 대해 파트3에서 언급한 수준보다도 더 낮은 하한선을 눈여겨봐야 할 필요가 있음을 알게 되었다.

그 과정에서 흥미로운 내용이 튀어나왔다. PSR은 거의 완벽한 인기도 지표이기 때문에, PSR의 값에 따라 판단할 수 있는 여러 가지 인기도의 수준을 보여주는 다음의 표를 도출하게 되었다. 이 표는 주식들을 3가지 부류로 나눈다. 첫 번째는 소규모 기술 및 성장 지향형 기업이다. 즉, 이런 주식들은 이 책에서 투자 사례로 다룬 그런 주식들이다. 두 번째는 매

기업 구분 \ 인기도	극히 낮음 (배척)	중간 (수용)	극히 높음 (환호)
소규모 기술 및 성장 지향형	0.75 미만	1.50 초과	3.00 초과
수십억 달러대 매출 혹은 성장 동인 부재	0.20 미만	0.40 초과	0.80 초과
제품(서비스) 속성상 극히 낮은 이익률	0.03 미만	0.06 초과	0.12 초과

출 규모가 수십억 달러에 달하는 대기업들과 산업 자체가 성장 동인이 없는 소기업들이다(이들의 PSR은 한꺼번에 평균을 냈다). 세 번째는 이익률이 극히 낮은 기업들이다. 즉, 제품이나 서비스의 속성이 이익률이 낮을 수밖에 없는 기업들이다(슈퍼마켓이나 유통업체 등).

이 숫자들은 통계를 통해 사후적으로 도출한 것들이다. 각 경우마다 흥미로운 것은 인기도의 단계가 올라갈수록 PSR이 2배로 높아진다는 점이다. PSR과 인기도의 절대값은 일관된 관계를 보여서, 인기가 있는지조차 모를 만큼 무시되는 단계에서 아주 높은 단계로 두 단계 오르면 PSR도 2배씩 높아져 4배가 높아지는 것으로 나타난다. 왜 이렇게 되는지를 논리적으로 설명할 수는 없지만, 흥미로운 현상으로서만 적을 뿐이다. 더 연구할 가치가 있다.

10대 승자 종목과 10대 패자 종목

1983년 10월 4일자 〈월스트리트저널〉의 '월스트리트 풍문' 칼럼에는 1983년 3분기(6~9월) 중의 10대 승자 종목과 10대 패자 종목이 다루어졌다. 우리는 최근 12개월간의 매출액과 1983년 7월 1일 기준으로 주가와 총 발행주식 수를 기초로 PSR을 계산했다. 자료는 S&P와 무디스에서 구했다. 표 A6-2에는 재미있는 결과가 나와 있다.

대부분의 기업들이 분기의 시작 시점에는 손실을 내고 있었다는 점을 주목하자. 즉, PER은 의미가 없었다. 그 밖에 손실을 내지 않는 기업들 중에서 PER이 꽤 높은 기업들이 많았다. 10대 승자 종목들의 PSR은 분기 초에 0.16~1.86이었고, 이들의 PSR 평균은 0.60이었다. 같은 시점에 10대 패자 종목의 PSR은 0.88~158.01이었고, 이들의 PSR 평균은 3.61이었다. 우리는 연말에 이런 기업 목록을 찾아봤지만 '월스트리트 풍문'에서는 찾아볼 수 없었다.

수익률 상위 20개 종목 분석

1984년 1월 〈포브스〉지는 '주식시장 종목별 동향'이라는 제목으로 통계 분석 내용을 실었다. 우리는 그 자료에서 1979년부터 1983년까지 5년간 수익률 상위 20개 제조업 주식을 발췌했다. 또 예전 자료로 거슬러 올라가서 1979년 1월의 PSR을 계산했다. 이 기업들의 1978년 매출액은 모두 5,000만 달러가 넘었다. 아쉽게도 1979년 분기 자료를 구할 수 없는 기업들이 많았다. 이 경우에는 연간 매출의 변동분을 분기별로 고르게 분할해서 분기 매출액을 추정해 넣었다. 이런 수치는 정확하지는 못해도, 기존의 다른 자료들에 비해 사실에 근접하는 좋은 추정치다.

예를 들면, 1월 31일 결산 기업을 생각해보자. 1978년 1월 31일까지 연간 매출액은 1억 달러이고, 1979년 1월 31까지 연간 매출액은 1억 2,000만 달러라고 하자. 연말 기준의 가장 최근 자료가 1978년 10월 31일에 결산한 3분기 실적(8~10월)일 경우에, 직전 12개월간의 매출액

종목명	주가 상승률(%)	주가* (달러)	주식 수* (백만 주)	시가총액 (백만 달러)	매출** (백만 달러)	PSR*	PER*
10대 승자 종목							
메리디안뱅코퍼레이션 Meridian Bancorperation	89	32.75	6,679	218.74	381.00	0.57	6.62^
디자인크래프트주얼 인더스트리즈 Designcraft Jewel Industries	84	6.25	1,149	7.18	13.79	0.52	19.00
숍스미스 Shopsmith	68	9.50	1,368	13.00	72.02	0.18	(적자)
아메리칸다이아그노틱스 American Diagnostics	67	3.75	1,451	5.44	2.93	1.86	(적자)^
키소르인더스트리얼 Kysor Industrial	66	13.13	2,898	38.04	122.52	0.31	(적자)
어드밴스서키트 Advance Circuits	59	4.63	3,008	13.91	22.43	0.62	(적자)
루이지애나랜드오프쇼어익스플 로레이션 Louisiana Land Offshore Exploration	59	6.38	9,696	61.81	50.58	1.22	10.00
캐롤스디벨롭먼트 Carrols Development	54	13.00	3,103	40.34	85.17	0.47	16.00
G.하일먼브루잉 G. Heileman Brewing	50	26.50	26,515	702.62	894.80	0.79	14.00
헤스톤 Hesston	48	11.38	3,388	38.54	243.65	0.16	(적자)
그룹 전체				1139.61	1888.89	0.60	
10대 패자 종목							
내셔널데이터커뮤니케이션스 National Data Communications	76	5.75	2,433	13.99	14.88	0.94	24.00
센코 Cencor	75	50.25	1,339	67.28	76.40	0.88	27.00
유니데이터시스템스 Unidata Systems	71	5.25	3,702	19.44	0.12	158.01	(적자)^
빅토테크놀로지 Victor Technology	70	14.25	16,270	231.78	116.82	1.98	(적자)
컴퓨터디바이시스 Computer Devices	70	12.38	2,798	34.63	20.74	1.67	(적자)
토콤 Tocom	69	10.00	7,023	70.23	25.47	2.76	(적자)
캠실 Camseal	67	5.75	9,199	52.89	0.44	120.21	(적자)^
텔레스피어인터내셔널 Telespheare International	66	20.75	9,699	201.25	20.49	9.82	182.96^
와이캣시스템스 Wicat Systems	64	18.00	20,340	366.19	25.30	14.47	(적자)^
아메리칸메디컬빌딩스 American Medical Buildings	63	24.50	4,419	108.27	21.95	4.93	(적자)
그룹 전체				1165.95	322.60	3.61	

*1983년 7월 1일. **1983년 6월 30일까지 12개월간 매출액.
^PER은 1차 자료에서 산출됨. 기타 자료는 S&P의 〈주식가이드 Stocks Guide〉를 참조함.

슈퍼 스톡 사냥을 위한 자료

종목명	5년 누적 상승률(%)	PSR 1979. 1	PSR 1983. 12	연간 매출액 1978(백만 달러)
풀트홈 Pulte Home	2,885	0.079	0.829	271
수바루오브아메리카 Subaru of America	1,637	0.058	0.536	441
토이저러스 Toys R Us	1,522	0.303	1.981	394
엠시아이커뮤니케이션스 MCI Communications	1,433	0.601	3.044	120
월마트스토어즈 Wal-Mart Stores	1,386	0.292	0.466	1,161
리미티드 Limited	1,307	0.466	1.715	212
콜레코인더스트리즈 Coleco Industries	1,236	0.167	0.499	129
자이레 Zayre	993	0.033	0.373	1,511
애닉스터브라더스 Anixter Brothers	881	0.136	0.845	215
왕랩스 Wang Labs	838	1.562	2.910	229
시카고앤드노스웨스턴 Chicago & Northwestern	830	0.094	0.945	723
버전브룬스윅 Bergen Brunswig	821	0.045	0.243	456
로즈스토어즈 Rose's Stores	800	0.048	0.352	491
옥스퍼드인더스트리즈 Oxford Industries	796	0.112	0.482	238
스톱앤드숍 Stop & Shop	740	0.035	0.243	1,850
버크셔해서웨이 Birkshire Hathaway	729	0.663	5.786	245
G. 하일먼브루잉 G. Heileman Brewing	728	0.200	0.746	500
베리안어소시에이츠 Varian Associates	726	0.247	1.646	401
일렉트로닉데이터시스템스 Electronics Data Systems	724	1.090	3.405	224
브이에프코퍼레이션 VF Corporateion	697	0.315	1.048	530

을 다음과 같이 계산했다. 분기별 자료가 없으므로 매출액 연간 증분인 2,000만 달러가 분기별로 고르게 늘었다고 가정하고, 1978년 10월 31일까지 12개월간의 매출액을 1억 1,500만 달러로 잡았다. 표 A6-3은 이와 같이 계산한 결과다.

이들 수익률 상위 20개 종목 가운데 11개가 1979년에 PSR 0.20 이하에서 출발했음을 주목하자. 그리고 4개 종목이 1979년에 PSR 0.20~0.35에서 출발했다. 1979년에 PSR이 0.75보다 높았던 종목은 2개뿐이었다. 나머지 3개 종목의 1979년 PSR은 0.35~0.75 사이에 고르게 분포돼 있다. 이들 20개 종목 가운데 8개(수익률 상위 2개 포함)는 PSR이 700% 이상 팽창했다. 풀트홈의 경우, PSR이 0.079에서 0.829로 상승해 10배가 넘는 1,050%나 팽창했다. 또 12개 종목(수익률 상위 4개 포함)의 PSR은 500% 이상 팽창했다. 자이레와 같은 일부 종목들은 PSR 상승률이 주가 상승률보다 높았다. 이런 현상은 신주 발행에 따른 주식가치 희석까지 충분히 포함해서, PSR이 시장에서 이루어지는 주식의 현재가치 환산을 반영하기 때문이다.

어느 주식의 PSR이 500~1,000%나 팽창하려면, 당연히 아주 낮은 수준에서 시작해서 아주 높은 수준으로 상승해야 한다. 2개 종목을 제외한 모든 종목들에서 PSR은 300% 이상 팽창했다. 그 2개 종목 중 하나인 왕 랩스의 PSR은 1979년에 20개 종목 중 가장 높은 값에서 출발했다. 이것은 주가 상승이 대체로 그 주식의 인기 상승을 동반한다는 점을 보여준다. 인기가 낮은 종목에서 시작해야 더 높은 인기 상승을 누리기 쉬운 것으로 나타난다. 참 알궂은 일이다.

1983년 다우지수 분석

1984년 초에 비인기 종목들에 대한 관심이 크게 일고 있었다. 저PER 주식을 인기가 낮은 주식과 동일시하는 게 일반화되고 있다. 나는 저 PER 학파에 반대하지도 않으며, 또 낮은 PSR이 평균 이하의 위험으로 평균 이상의 보상을 추구하는 적절한 방법의 하나라는 점을 인정한다. 그렇지만 PER이 낮다는 것은 인기도를 측정하는 강력한 척도가 못 된다. PER은 너무 들쑥날쑥하다. 우리는 유명한 대기업 위주로 구성된 다우지수를 들여다봤다.

순위	종목	1983년 수익률(%)	PSR 1983. 1. 1	PER 1983. 1. 1
1	인터내셔널하베스터 International Harvester	177	0.03*	적자
2	얼라이드코퍼레이션 Allied Corporation	72	0.17*	5*
3	아메리칸캔 American Can	52	0.13*	25
4	베슬리헴스틸 Bethlehem Steel	47	0.14*	적자
5	유에스스틸 U.S Steel	45	0.12*	적자
6	듀퐁 DuPont	45	0.25	9
7	아메리카알루미늄 Alluminum Co. of America	45	0.52	적자
8	웨스팅하우스 Westinghouse	41	0.35	8*
9	울워스 Woolworth	36	0.14*	10
10	오웬스일리노이 Owens-Illinois 32	32	0.21	8*
11	제너럴푸드 General Foods	30	0.24	8*
12	아메리칸브랜드 American Brands	29	0.39	7*
13	유나이티드테크놀로지스 United Technologies	28	0.23	9
14	IBM	27	1.79	13
15	엑손 Exxon	26	0.25	6*
16	잉코 Inco	26	0.76	적자
17	제너럴일렉트릭 General Electric	24	0.81	12
18	시어스로벅 Sears Roebuck	23	0.36	13
19	인터내셔널페이퍼 International Paper	22	0.59	16
20	제너럴모터스 General Motors 19	19	0.31	18
21	유니온카바이드 Union Carbide	19	0.40	12
22	텍사코 Texaco	16	0.15*	7*
23	3M	10	1.33	14
24	머크 Merck	9	2.07	15
25	소칼 SOCAL	9	0.29	8*
26	AT&T	3	0.81	7*
27	아메리칸익스프레스 American Express	1	0.79	11
28	프록터앤드갬블 Procter & Gamble	−4	0.81	12
29	이스트먼코닥 Eastman Kodak	−11	1.39	12
30	굿이어타이어 Goodyear Tire	−14	0.29	11
평균		20	0.54	계산 불가

*PSR이 가장 낮은 7개 종목 및 PER이 가장 낮은 9개 종목.

표 A6-4에는 다우지수 종목의 1983년 수익률이 나와 있다. 이 표에서 보면 인터내셔널하베스터 주가가 1983년 1월 1일에서 1983년 12월 31일 사이에 177% 상승했고, 굿이어타이어는 같은 기간에 14% 하락했다는 것이 나온다. 또 〈S&P 주식 가이드〉에서 발췌한 각 종목의 1983년 PER도 나와 있다. 1983년 1월의 PSR을 계산하는 데 사용된 매출액 자료는 밸류라인의 분기 자료에서 가져왔다(여기에서도 직전 12개월간의 매출액을 사용했다). % 숫자는 반올림한 정수 값이다. 그래서 유에스스틸은 듀퐁보다 수익률이 약간 높아서 순위는 높지만 % 값은 같은 수치로 나온다.

이 표를 훑어볼 때 다음 사항을 주목하라.

표 A6-5 **수익률 상위 종목과 하위 종목의 PSR 비교**			
		종목별 PSR 값의 범위	PSR 평균값
수익률 상위	5개 종목	0.03 ~ 0.17	0.12
	10개 종목	0.03 ~ 0.52	0.21
수익률 하위	5개 종목	0.29 ~ 1.39	0.82
	10개 종목	0.15 ~ 2.07	0.83

우리는 PSR이 낮은 하위 25%의 종목들과 PER이 낮은 하위 25% 종목들을 비교하려고 했다. 그러나 PER 값이 똑같이 8인 종목들이 너무 많아서, 저PER 주식을 저PSR 종목과 같은 숫자인 7개로 맞출 수가 없었다. 그래서 저PSR 7개 종목을 저PER 9개 종목과 비교하든가, 아니면 저PER 9개 종목을 저PSR 9개 종목과 비교하는 방법을 써야 했다.

두 가지 비교를 모두 해봤다. 표 A6-4에 저PSR 7개 종목과 저PER 9개 종목에 별표(*)를 달아두었다.

슈퍼 스톡 사냥을 위한 자료

- 저PSR 7개 종목의 평균 수익률: 63.57%
- 저PSR 9개 종목의 평균 수익률: 56.11%
- 저PER 9개 종목의 평균 수익률: 28.67%
- 다우지수 수익률: 20.3%

어떤 식으로 비교하든 저PSR 주식들이 저PER 주식들의 수익률을 앞질렀고, 그 격차도 크게 벌어진다. 저PER 주식들은 다우지수 수익률을 상회했다.

밸류라인 종합지수VALUE LINE Composite와 PSR

본문에서 언급했듯이, 나는 시장 전체의 시점을 잡는 투자 시도에 대해 회의적이다. 그런데도 시장 전체에 대해 PSR을 적용해보자는 요청이 계속 나왔다. 우리는 밸류라인 자료를 이용해 지난 15년 동안에 있었던 시장의 주요 고점과 저점에 맞추어 PSR을 계산했다. 이때도 다른 곳에서와 마찬가지로 PSR 계산 시점의 직전 12개월간의 매출액을 기준으로 했고, 분기 자료가 누락되어 있는 경우에는 연간 자료를 이용한 추정치를 활용했다(〈포브스〉 조사 사례에 썼던 것과 같은 방법이다). 표 A6-6은 밸류라인 종합지수의 주요한 고점과 저점 10개와 그 시점에 맞춰 계산한 PSR이다.

자료를 보면 1968~1972년 기간과 그 이후 기간이 다른 양상을 보이고 있다. 즉, 1974년 이후에는 밸류라인 종합지수가 PSR이 0.50에서 0.55 사이일 때 고점을 형성했다. 1974년 이후 10년 동안 시장은 PSR이 0.29에서 0.36 사이였을 때 바닥을 쳤다.

표 A6-6 밸류라인 종합지수와 PSR 비교 분석

고점/저점	연도	지수	PSR
고점	1968	23.4	1.07
저점	1970	14.3	0.63
고점	1972	28.7	1.07
저점	1974	13.2	0.36
고점	1976	24.5	0.55
저점	1978	18.7	0.36
저점	1980	22.5	0.33
고점	1980	37.0	0.50
저점	1982	23.1	0.29
고점	1983	42.0	0.53
	1984년 1분기	35.6	0.42

1984년 초에는 시장이 3월 초를 저점으로 바닥이 지나간 것인지에 대한 열띤 토론이 벌어졌다. 지난 10년 동안의 유형을 지침으로 삼는다면 바닥이 지나간 게 아니다. 그러나 1974~1984년 기간과 1968~1972년 기간 사이의 차이점을 보면, 지수에 대한 PSR 연구는 더 과거로 거슬러 올라간 장기간을 대상으로 확장될 필요가 있다.

H&Q 기업 통계의 추가 자료

본문과 앞선 부록들에서 PSR과 기업 규모 사이의 관계를 보여주는 표들을 집계했다. 그 대상 기업들은 H&Q의 통계 요약에 나오는 기업들이다.

이 두 변수 간의 관계를 1984년 2월 시점의 최근 자료를 반영해 표 A6-7에 다시 집계했다. 새로운 자료는 1983년 5월에 비해 1983~1984년간의 시장 하락을 반영하고 있다. 기업 간 상대적 비교로 구분하면 기업 규모와 PSR을 기준으로 볼 때 주가가 높게 형성된 주식들 중에서도,

슈퍼 스톡 사냥을 위한 자료

최근 12개월 매출 (백만 달러)	PSR									
	0~0.99	1~1.99	2~2.99	3~3.99	4~4.99	5~5.99	6~6.99	7~9.99	10 초과	
	기업의 숫자									총계
0~50	7	10	11	5	5	2	1	5	9	55
51~100	3	8	7	3	0	1	1*a	1*b	1*c	25
101~200	4	9	3	4	4	1*d	0	0	0	25
201~300	3	2	3	4	0	0	0	0	0	12
301~400	1	2	2	0	0	0	0	0	0	5
401~500	1	1	0	2*e	0	0	0	0	0	4
501~600	1	3	0	0	0	0	0	0	0	4
601~1,000	2	4	1	0	0	0	0	0	0	7
1억 초과	7	8	2	3*f	0	0	0	0	0	20
총계	29	47	29	21	9	4	2	6	10	157

각 그룹에 속하는 기업 이름은 다음과 같다.
*a Intecom
*b Network Systems
*c Eagle Computer
*d Micom Systems
*e AMD, Tandem
*f Wang, Intel, Glaxo

일부 주식들은 이상 지대의 우측 공간에 위치하는 것들이다. 즉, 이글컴퓨터와 네트워크시스템스, 인터컴, 마이콤시스템스, AMD, 탠덤, 왕, 인텔, 글락소가 이에 해당된다. 1983년 5월 시점에 그 지대에 위치해 있던 주식들은 뒤따른 하락기에 재앙적인 폭락을 겪었다.

결론

이 책《슈퍼 스톡스》의 본문이 완성되고 나서, 피셔인베스트먼트에서 수행했던 모든 연구는 다음과 같은 결론을 뒷받침한다.

1. 투자자들은 PSR이 높은 주식을 피해야 한다.

2. 투자자들은 인기가 낮고 PSR 값이 하단에서 중간 수준에 걸친 주식들 중에서 훌륭한 기업들을 고르는 방법으로 투자 기회를 추구해야 한다.

3. PSR에 대해 더 많은 연구가 필요하다는 판단하에 연구를 계속할 것이다.

슈퍼 스톡 사냥을 위한 자료

감사의 말씀을 전하며

이 책을 쓰면서, 나는 오래되었지만 정확한 격언 "책은 쓰는 것이 아니라 고쳐 쓰는 것이다"라는 말을 음미하게 되었다. 개인용 컴퓨터가 탄생한 덕분에, 나는 급한 성격임에도 여러 번 고쳐 쓸 수 있었다. 초안이 작성되면서 많은 사람들이 크게 기여해주었다.

〈포브스〉 편집자 짐 마이클스의 자극 덕분에 챕터13~16까지가 완성되었다. 이 장들이 그의 작품이라고 생각한다. 짐은 맨해튼에서 나와 함께 점심을 먹을 때 초고를 보고, 내가 당시 다루었던 것보다 더 폭넓은 모집단에서 타당성을 입증한다면 내 가격 개념이 더 설득력을 얻을 것이라고 제안했다. 짐은 훨씬 더 과거로 돌아가서 다양한 주식을 다루라고 조언했다. 그가 진지하게 물었다.

"그렇게 할 수 있겠나? 내가 대신 해줄까?"

이론적으로는 단순했지만(훌륭한 아이디어였지만) 작업량은 엄청났다.

다행히 훌륭한 자극이 탄력을 제공하는 경우도 가끔 있다. 내 동료 제프 실크는 의욕이 넘쳤으며 다음 3개월 동안 이 프로젝트에 많은 시간을 투입할 수 있었다. 그 결과 《슈퍼 스톡스》의 하이라이트가 완성되었고, 나는 아이디어를 제공해준 짐과 노력을 기울여준 제프에게 깊이 감사한다. 짐은 너무 어려서 아직 진정한 기회를 잡지 못한 상태이기 때문에, 나는 운 좋게도 이 총명한 젊은이의 재능을 잠시나마 활용할 수 있었다.

톰 울리히로부터는 통계에 관해서 큰 도움을 받았다. 톰은 피셔인베스트먼트에 근무하다가 더 크고 중요한 곳으로 옮긴 사람이다. 그는 챕터5~9까지 나오는 많은 숫자들을 처리해주었다.

일찍이 스탠퍼드 경영대학원 잭 맥도널드 교수는 나의 경박스러운 문체를 여러모로 바로잡아주었다. 교수의 가르침 덕분에 이 책이 진지한 책이 될 수 있었다. 그분이 부어주신 영감이 파트3에 가장 두드러지게 나타난다.

스탠리 크롤 덕분에 나는 투자업계에 대해서 전에 비해 감정을 다소 배제하고 비판의 강도를 낮출 수 있었다. 탁월한 작가이자 성공적인 투자전문가인 트레인스미스카운슬Train, Smith Counsel의 존 트레인은 출판사를 찾는 방법을 알려주었으며, 스트렁크와 화이트의 《영어 글쓰기의 기본The Elements of Style》을 내게 소개하여 글쓰기에 관한 기본을 가르쳐주었다(이 책은 작가를 꿈꾸는 사람들에게 필독서다).

역시 오래전, 하퍼앤드로Harper & Row 출판사의 해리엇 루빈은 내가 제안한 책의 개념을 거절하면서도 책의 구성과 형태에 대해 소중한 비판을 해주었다. 나는 그 내용을 초벌 원고에 반영했다. 유감스럽게도 도움만 받고 보답하지 못했다. 프랭크 브루니 박사는 챕터1 초고의 교정을 봐주었다(챕터1은 나중에 삭제되었다). 이 과정에서 프랭크는 내가 갈 길이 얼마나 먼지 깨닫게 해주었고, 이 프로젝트를 처음으로 현실감 있게 바라보게 해주었다. 뱅크오브캘리포니아Bank of California의 토니 스페어는 내가 기대하는 독자 수준에 맞는 적절한 수준의 전문 용어를 사용하라고 격려해주었다.

아버지 필립 피셔는 항상 나를 가장 가혹하게 비판하면서도 가장 적극적으로 지지해주셨다. 어느 누구보다도 나를 오랫동안 곁에서 봐오셨고, 탁월하게 성공하신 투자자 겸 작가이므로, 아버지만큼 내 작품을 비판하기에 적합한 사람도 없었다. 아버지는 인내심이 대단한 분이었지만, 착상도 부실하고 아무렇게나 휘갈겨 쓴 내 초고를 보시고는 많은 비평을 해주셨다. 또 어떤 부분이 왜 개선이 필요한지 사정없이 지적해주셨다.

샘 아론슨, 앨 해프트, 몬테 스턴은 수고스럽게도 투자자의 관점에서 원고를 읽어주었다. 각 문단과 씨름하면서, 이들은 적극적인 느낌을 주는 부분과 졸음이 쏟아지는 부분을 지적해주었다.

로널드 빈, 빌 고먼, 밥 매캘런을 포함해서 다른 사람들도 원고에 큰 노력을 기울여주었다. 해리엇 루빈의 조언과 더불어 고먼의 조언 덕분에 나는 이 책 첫 부분을 재구성할 수 있었다. 파트2 앞부분에 대한 첫 반응에 내가 낙담해 있을 때, 매캘런은 포기하지 말고 밀고 나가라고 격려해주었다. 로널드 빈은 내가 하고 싶은 말을 더 잘 표현할 수 있도록 편집 조수를 고용하라고 조언했다. 그 덕에 나는 바버라 노블을 만나게 되었다.

내게 조수가 필요하다는 사실을 알고 아내 셰리는 편집 경험이 있는 사람을 찾기 시작했다. 아내가 내게 바버라 노블을 소개해주자 일이 급진전되기 시작했다. 바버라는 임시 편집자로서 내게 완벽한 방법을 알려주었을 뿐 아니라, 내 능력껏 글 쓰는 법도 가르쳐주었다. 내 실력을 단박에 알아본 그녀는 처음에는 내가 쓴 글을 모조리 살펴보고 편집하려 했다. 내 실력을 키워준 뒤, 바버라는 어미 새가 새끼 새를 둥지 밖으로 몰아내듯 내가 스스로 할 수 있다고 판단한 작업은 대신 해주기를 거부했다. 이것은 훌륭한 학습 방법이다. 이 책이 읽기 쉽다면, 주로 그녀의 노력 덕분이다. 그녀의 열정과 인내는 끝이 없었다. 그녀에게 감사한다.

마찬가지로 재닛 서스턴이 없었다면 이 책은 나오지 못했다. 재닛은 피셔인베스트먼트의 업무집행 담당 최고 책임자로서 내 오른팔이다. 무엇이든 해야 할 일이 있을 때 나는 재닛에게 의지한다. 재닛은 내가 결과에 대해서 걱정할 필요가 없는, 세상에 몇 안 되는 사람이기 때문이다. 재닛은 첫 번에 일을 제대로 처리한다. 그녀가 교정을 봐주었다. 그녀는 나의 원고 작업을 지켜보다가 내가 비틀거리기 시작하면 짐을 계속해서 덜어주었다.

원고가 완성되어가면서, 이 원고를 처음 읽어보는 참신한 시각의 교열자가 필요했다. 이 시점에 지금까지 나를 도와준 사람들이 자신이 읽어보지 않은 부분을 맡아주었다. 내 원고를 처음으로 읽어주는 사람도 있었다. 애니 브로디, (로버타 셸던을 통해서 내게 애니를 소개해준) 켄 코스켈라, 잭 유프레이트, 윌리 해글런드, 짐 파머, 헨리 로버츠, 스티브 월스크, 그리고 여기에 열거하기 어려울 만큼 많은 분들이 이 책이 완성되기 전에 신선한 의견, 보완, 마지막 미세 조정을 제공해주셨다.

다양한 단계에서 다른 방법으로 도와주신 분들도 있다. 예를 들면, 내가 어린 시절부터 알고 지내던 샌머테이오 시 서점 주인 프레드 크럽은, 이런 책이 소매 서점의 세계에 어떻게 하면 어울리는지 손수 시간을 내서 보여주었다. 프레드와 딕 뉴하우스는 내게 브루스 데가르모, 잭 올리어리, 톰 터빈 같은 서적상을 소개해주었고, 이 서적상들은 내게 아낌없이 시간을 내주었다. 톰 파허티는 《슈퍼 스톡스》에 적합한 출판업계를 찾아내는 데 특히 큰 도움을 주었다.

제안이 들어오자 애니 브로디는 내 대리인이 되어 계약을 협상했으며, 믿음직하게 일을 수행하면서 원거리에서 나를 격려해주었다. 나는 어떻게 출판사를 찾을까 궁리하면서 다른 대리인들 외에 한동안 애니와 이야기를 나누었다. 그러나 애니는 그 이상의 일을 해주었다. 애니의 의견에 따라 나는 원고에서 불필요한 부분을 삭제했다. 센트럴파크북스 Central Park Books의 제프 셔틀리프는 표지에 쓸 디자인 아이디어를 위해 서가를 시험 촬영 하도록 허락해주었다. 마감 직전에 부록 06을 덧붙이도록 허락해주신 출판사에 특별히 감사드린다. 이 부분에는 이 책에서 가장 광범위하게 영향을 미치는 내용이 담겨 있다.

시간과 지면의 제약으로 그동안 나를 도와준 모든 사람을 열거할 수가 없다. 지면 부족이나 과실로 언급하지 못한 분들께 사과드린다. 그러나 어떤 일이 있어도 꼭 감사의 말씀을 전해야 할 분들이 있다.

감사의 글에서 가족에게 경의를 표하는 작가들이 많이 있지만, 나의 경우에는 감사해야 하는 보다 근본적인 이유가 있다. 아내 셰리는 이 책에 정말로 많은 노력을 기울였다. 셰리는 앞에서 언급한 바버라 노블을 발굴하는 개가를 올렸을 뿐 아니라, 혼자 또는 재닛 서스턴과 함께 나를 돕느라 많은 시간을 소비했다. 아내는 자신의 미술 작업도 제쳐두고 프린터 용지 공급, 초고 복사 등 일이 돌아가게 하느라 잡역부 같은 업무를 하면서 끝없는 시간을 보냈다. 1983년 대부분을 아내는 이런 일을 할 때만 나를 볼 수 있었다. 마찬가지로 성품 좋은 세 아들 클레이턴, 네이선, 제스에게도 1년을 빚졌다. 저녁, 주말, 휴일마다 '아빠'가 없는데도 잘 참아주었기 때문에, 나는 세탁실 안에서 문을 닫고 컴퓨터 앞에 들러붙어서 작업할 수 있었다.

내가 할 말을 하도록 도와주고, 되풀이할 필요는 없지만 결코 잊기도 싫은 경험을 하게 해준 여러분 모두에게 감사드린다.

슈퍼 스톡스

초판 1쇄 | 2009년 11월 5일
신개정판 1쇄 | 2019년 9월 3일
　　　 4쇄 | 2023년 6월 30일

지은이 | 켄 피셔
옮긴이 | 이건 · 김홍식
감수 | 신진오

발행인 | 박장희
부문대표 | 정철근
제작총괄 | 이정아
편집장 | 조한별

디자인 | 김윤남

발행처 | 중앙일보에스(주)
주소 | (03909) 서울시 마포구 상암산로 48-6
등록 | 2008년 1월 25일 제2014-000178호
문의 | jbooks@joongang.co.kr
홈페이지 | jbooks.joins.com
네이버 포스트 | post.naver.com/joongangbooks
인스타그램 | @j__books

ISBN 978-89-278-1039-1　03320

중앙북스는 중앙일보에스(주)의 단행본 출판 브랜드입니다.